Lothar Matthäus:

„Jubeln und leiden Sie mit den Stars von gestern und heute!"

DAS DEUTSCHE WEMBLEY:

60 JAHRE

VEREINSPOKAL

Ralf Grengel

CREATOR

60 Jahre Deutscher Fußballpokal

1935–1964

1965–1994

Stolz auf unser „Deutsches Wembley"

Es war keine leichte und eine in der Öffentlichkeit zunächst auch sehr umstrittene Entscheidung des DFB, die Pokalendspiele ständig nach Berlin zu vergeben. Denn warum, so wurde 1985 gefragt, sollen denn die Vereine und ihr Anhang beschwerliche Reisen, oft noch mit DDR-Grenzschikanen garniert, sowie gesalzene Hotelpreise in Kauf nehmen, wo doch die alte Lösung, nämlich eine geographisch günstig liegende Stadt zu bestimmen, viel pragmatischer war?
Alle Bedenken haben sich in der Berliner Luft aufgelöst. Man muß sie einfach selbst hautnah gespürt haben, das Flair unserer Hauptstadt und die Atmosphäre im Olympiastadion, um all diejenigen verstehen zu können, die von einem einmaligen Erlebnis schwärmen. Kein Wunder daher, daß der Kampf um die Eintrittskarten für das nächste Endspiel beginnt, wenn gerade erst der aktuelle Sieger gekürt worden ist.
Zugegebenermaßen haben wir immer mit ein bißchen Neid nach Wembley geschaut, weil das englische Cupfinale eine fast schon heilige Tradition besitzt. Doch nun können wir wirklich stolz sein auf unser „Deutsches Wembley", so daß ich die Idee, darüber ein Buch zu veröffentlichen, nur begrüßen kann.

Egidius Braun, DFB-Präsident

„Meine bitterste Niederlage"

Momente, die man nie vergißt

Nichts im Sport ist so emotionsgeladen wie ein Finale. Sieg oder Niederlage, Glück oder Frust, Held oder Versager: Der DFB-Pokal hat mich alle Höhen und Tiefen durchleben lassen. Mein verschossener Elfmeter im Endspiel gegen Bayern München 1984 war sportlich gesehen meine persönlich bitterste Erfahrung. Daß ich mich in meinem letzten Spiel für Mönchengladbach ausgerechnet mit einem Fehlschuß gegen meinen neuen Club verabschiedete, haben mir die Borussenfans nie verziehen. Sogar von Schiebung war damals die Rede. Das ist natürlich absoluter Quatsch!

Jeder, der meinen Ehrgeiz kennt, weiß, daß ich nur zu gerne mit einem Titel im Gepäck nach München gewechselt wäre. Aber erst zwei Jahre später war es mir vergönnt, den Pott in den Händen zu halten.

Ein Wahnsinnsgefühl, dieser völlig losgelöste Jubel. Mehr als 76.000 Zuschauer im Berliner Olympiastadion, Kaiserwetter und eine Gänsehautstimmung: Das sind Momente, die man nie vergißt. Momente, die in diesem Buch verewigt sind. Leiden und jubeln Sie noch einmal mit den Stars von gestern und heute.

Viel Spaß dabei wünscht Ihnen Ihr Lothar Matthäus.

Lothar Matthäus, Pokalsieger 1986, Finalist 1984 u. 1985

Zwei Pokalsieger aus Österreich

1938: Rapid Wien

1943: Vienna Wien

Österreichs besondere Erfolge

Ein Cupfinale bringt man unweigerlich mit der einmaligen, faszinierenden Atmosphäre des Wembley-Stadions in Verbindung.
Obwohl unerreichbar schön, gibt Wembley auch den Cupwettbewerben anderer Länder besonderen Reiz. Seit der Vergabe des deutschen Pokalendspiels nach Berlin ist ein „Wembley-Effekt" der Begeisterung zu beobachten.
Der Cup bietet traditionell den „Kleinen" Gelegenheit, Spitzenclubs ein Bein zu stellen. Die Geschichte des deutschen Pokalwettbewerbs lebt von diesen Eindrücken. Auch zwei österreichische Teams konnten – wenngleich unter den extremen politischen Umständen – dazu ihren Beitrag leisten.
Unsere traditionsreichen Vereine Rapid und Vienna Wien sicherten sich 1938 bzw. 1943 den „Tschammer-Pokal". In Anbetracht der ewigen Rivalität zwischen deutschen und österreichischen Sportlern ein besonderer Erfolg.
Im Namen des Österreichischen Fußball-Bundes gratuliere ich zur Veröffentlichung des Buches „Das Deutsche Wembley". Jede Publikation dieser Art trägt dazu bei, die Bedeutung des Fußballsportes in unserer Gesellschaft zu festigen.

Beppo Mauhart, ÖFB-Präsident

16 Finals im Berliner Olympiastadion

Burkhard Weber, RTL-Sportchef

Sportlicher Höhepunkt für Berlin

Mitte der 80er Jahre haben wir von RTL einige Pokalendspiele aus England, genauer gesagt aus dem Londoner Wembley-Stadion, übertragen. Für mich als Reporter war es ein phantastisches Erlebnis. Von der Atmosphäre in dieser traditionsreichen Arena war ich stets begeistert und beeindruckt. Schon damals habe ich mir gedacht, daß so etwas auch in Deutschland möglich sein müßte. Seit 1985 ist das Olympiastadion in Berlin Endspiel-Schauplatz in Sachen DFB-Pokal. Und der Verband hat ja bereits entschieden, die Trophäe bis 1999 dort auszuspielen. Eine Entscheidung, zu der man dem DFB nur gratulieren kann. Für Berlin, das derzeit leider über keinen Fußball-Erstligaclub verfügt, ist es einmal im Jahr ein willkommener sportlicher Höhepunkt. Nach dem „Olympia-Debakel" und der „Fußball-Länderspielpleite" auch eine gute Gelegenheit, sich als Hauptstadt zu präsentieren.

Seit zwei Jahren zeigen wir aus jeder Runde des Pokals ein Spiel live. Ich gestehe sehr gerne, daß ich mich auf diese Begegnungen immer ganz besonders freue. Spannung und Tore sind garantiert; Fußballherz, was willst du mehr.

Viel Vergnügen beim Lesen der nachfolgenden Seiten.

Der größte Favoritenschreck: Hertha BSC (A)

Vom Pokal und „seinen Gesetzen"

„Schuß, Tor, Hurra – Wir holen den Pokal." Der von den „Hertha-Bubis" eigens für den Cup-Wettbewerb kreierte Song trieb vor dem Finale 1993 den hochbezahlten Profis von Bayer Leverkusen tiefe Sorgenfalten auf die Stirn.

„Wir hatten riesige Angst, zu versagen und als größte Deppen Europas dazustehen", hat Bayers damaliger Abwehrrecke Martin Kree bei den Recherchen zu diesem Buch eingestanden. Allein dieser eine Satz stellt die oft zitierten „eigenen Gesetze des Pokals" eindrucksvoll unter Beweis. Gesetze, die es ermöglichen, daß innerhalb von nur 90 Minuten Fußballwelten auf den Kopf gestellt, Nobodys zu Helden und Stars zu Versagern werden können.

Die folgenden Seiten geben einen bislang einmaligen Überblick über das deutsche Pokalgeschehen der vergangenen 60 Jahre. Einmalig vor allem deshalb, weil die Stars von gestern und heute ihre Erinnerungen voller Emotionen, Glück oder Tragik für dieses Buch noch einmal aufleben lassen. Dafür möchte ich mich an dieser Stelle bei allen Trainern, Spielern und Funktionären, die dazu beigetragen haben, recht herzlich bedanken.

Ralf Grengel, Autor

Deutschlands Pokalsieger: Ehrentafel 1935 bis 1994

8. Dezember 1935: 1. FC Nürnberg – Schalke 04 2:0

Schalke im Schnee eingeseift: Club hat den Cup als erster!

Faustabwehr: Nürnbergs Keeper Georg „Hauptmann" Köhl klärt zur Ecke. Der Torhüter hält seinen Kasten im Finale sauber

Sonntag, 8. Dezember 1935 – ein historischer Tag für den deutschen Fußballsport. Zum erstenmal gibt es ein Endspiel um den Deutschen Fußball-Vereinspokal, kurz „Tschammer-Pokal". Mit Blick auf den englischen Fußball schrieben DFB-Präsident Felix Linnemann und Reichssportführer Hans von Tschammer und Osten die „Deutsche Vereinspokalmeisterschaft" aus.
„Das Cup-Final im Wembley-Stadion ist alljährlich überhaupt der größte Tag für die englischen Fußballer. Neben der Viktoria wird es für die deutschen Vereine nun eine zweite Trophäe geben, die eines sehr nahen Tages an Bedeutung den Kämpfen um die Deutsche Meisterschaft ebenbürtig sein wird", sinnierte von Tschammer, der als Präsident des Olympischen Ausschusses mitten in der Organisation der Sommerspiele 1936 steckt.
Trotz feuchtkaltem Wetter strömen rund 60.000 Menschen

Zuwenig Eintrittskarten

Richtung Düsseldorfer Rheinstadion. Im Gedränge bleibt auch der Nürnberger Mannschaftsbus hängen. Die Organisatoren sind vom großen Zuschauerinteresse überrascht. Nachdem eilig 1.000 Karten nachgedruckt wurden, können 56.000 die Neuauflage des Vor-

Sicher gefangen. Auch diesmal ist der „Hauptmann" zur Stelle. Schalkes Kuzorra kommt zu spät

Pokalsieger
1935: 1. FC Nürnberg

Die ersten deutschen Pokalsieger: Köhl, Munkert, Oehm, Carolin, H. Uebelein, Billmann, Friedel, Spieß, Schmitt, Gußner, Eiberger (von links)

jahres-Endspiels der Deutschen Meisterschaft erleben: Schalke 04, Meister der vergangenen zwei Jahre, gegen Alt- und Rekordmeister 1. FC Nürnberg. Beide Teams sind gegenüber den Mannschaften vom Sommer 1934 nur wenig verändert. Damals sahen die Nürnberger bis zur 87. Minute wie der sichere Sieger aus, ehe Tore der beiden größten Spieler der Knappen, Fritz Szepan und Ernst Kuzorra, das Schalker 2:1 sicherten.

Im Pokalfinale spielt Nürnberg, wie man es von Favorit Schalke erwartet hatte: Kurzpaß – kühl im Kreise, mit brillanter Balltechnik. Vor allem der Halbrechte Max Eiberger setzt immer wieder zu gekonnten Dribblings

Auch Tibulski mit Socken

an. „Den hochnäsigen Schalkern habe ich besonders gern die Hacken gezeigt", freut sich der kleine „Muckl" Eiberger. Nürnberg spielt gegen den Wind, doch das Spiel ist in der ersten Halbzeit nahezu ausgeglichen.

Schneetreiben setzt ein! Feld,

Ritt auf den Schultern: Den Pokal fest im Griff, wird Seppl Schmitt über den Platz getragen

Gleich klingelt's. Schalkes Schlußmann Mellage kann das Leder nicht festhalten, Clubstürmer Friedel ist zur Stelle, staubt ab: 2:0

Mannschaftsjubel: Nach dem Schlußpfiff gibt's kein Halten mehr. Der erste Pokalsieger kommt aus Nürnberg

Ballgewandt wie immer, aber diesmal ohne zählbaren Erfolg: Schalkes Ernst Kuzorra

Club 1. Deutscher Po

Spieler und Zuschauer sind in wenigen Minuten auf „Weiße Woche" dekoriert. Tibulski, der ansonsten lieber barfuß in seine Fußballschuhe schlüpft, freut sich, daß er heute Socken angezogen hat. Ernst Kuzorra, am Mittwoch zuvor noch im Nationaltrikot gegen England in London, setzt inmitten der tobenden Flocken zum Alleingang an; erst im letzten Moment wird er vom herauslaufenden Köhl gebremst.

Nach einer halben Stunde läßt das Schneetreiben etwas nach, aber der Himmel bleibt dunkel. Eine Verlängerung darf es bei diesen Lichtverhältnissen nicht geben, zumal das Spiel mit mehr als zehnminütiger Verspätung vom souveränen Berliner Schiedsrichter Alfred Birlem angepfiffen wurde.

Die letzten Minuten vor der Pause gehören dem Club. Neuling Hans Uebelein kam für den verletzten Luber ins Team und ist

Torschütze gesucht!

der Held der Abwehr. Er kommt fast immer vor Urban oder Kuzorra an den Ball.

Nach verkürzter Pause – wegen des frühen Zwielichts – bleibt der Club am Drücker. In der 48. Minute eine unübersichtliche Situation vor dem Schalker Tor. „Muckl" Eiberger reagiert am

Die stolzen Sieger: Mannschaftsfoto mit Lorbeerkranz und Tschammer-Pokal. Links die beiden Torschützen Friedel und Eiberger. „Muckl hat ihn reingemacht!"

kalmeister

schnellsten und drückt den Ball aus dem Gewühl heraus über die Torlinie. Auf der Tribüne gibt es heftige Diskussionen: Einige Journalisten wollen Mittelstürmer Friedel als Torschützen ausgemacht haben. Nach Spielende sorgt Georg Friedel selbst für Klarheit: „Der Muckl hat ihn reingemacht, ich hab' nur mitgeholfen."

Mitten in die Schalker Schlußoffensive fällt die endgültige Entscheidung: Karl Gußner flankt scharf und flach. Mellage wirft sich und läßt den Ball abprallen. Friedel ist zur Stelle und nutzt

Glückwunsch per Telegramm

den Fehler des Schalker Tormannes: 2:0 in der 85. Minute. Zu Zehntausenden verlassen die enttäuschten Schalke-Anhänger das Stadion, während „Hauptmann" Köhl in den letzten Minuten noch drei Großchancen der Blau-Weißen mit dem Glück des Tüchtigen vereitelt.

Beim Schlußpfiff gratuliert Ernst Kuzorra den jubelnden Nürnbergern als erster. Reichssportführer Hans von Tschammer und Osten kommt aufs Spielfeld und händigt den strahlenden Siegern „seinen" Pokal aus.

Tadellos: Auch diesmal ist „Hauptmann" Köhl mit der Faust zuerst am Ball, Schalkes Stürmer Urban und Pörtgen ohne Chance. „Bloß keine Verlängerung"

Der junge Club-Trainer Dr. Richard Michalke – er übernahm den Pokalsieger erst vor fünf Monaten – steuert vom Stadion aus gleich die nächste Post an. Seinem Vorgänger Alfred „Spezi" Schaffer telegrafiert er nach Ungarn: „Lieber Alfred, das war dein Sieg!"

Wieder nichts: Schalkes „Ala" Urban kommt zu spät, Köhl stürzt sich auf das Leder

Sport-Karikatur der Woche

„Wer hout gwunna? — Mir hom gwunna!"

Siegreiche Heimkehr unseres Altmeisters „Club", der im Endspurt gegen Schalke mit 2:0 endlich Deutscher Pokalmeister wurde.

Zeichnung: Peter Igel

3. Januar 1937: VfB Leipzig – FC Schalke 04 2:1

Gabriels Premiere: Erstes Tor, Pokal und 50 Mark Siegprämie

Begeisterter Empfang: Tausende empfangen am Morgen nach dem Finale ihre Helden am Leipziger Hauptbahnhof und lassen sie hochleben

Die Geburtsstunde des „Deutschen Wembley" schlägt am 3. Januar 1937. Erstmals wird das Finale im Berliner Olympiastadion ausgetragen. Gegner der zweiten Endspielauflage in der deutschen Pokalgeschichte vor der Länderspielkulisse von mehr als 60.000 Zuschauern: der krasse Außenseiter VfB Leipzig und Vorjahresfinalist FC Schalke 04.

Doch nach gut 30 Spielminuten können sich die Knappen kaum noch an der tollen Atmosphäre erfreuen. Zwei, drei Aktionen des wendigen Mittelstürmers Jacob May, des routinierten Halblinken Georg Reichmann und des überaus flinken, geschickten Linksaußen Herbert Gabriel genügen, und es steht 2:0 für den VfB. „Ich bekam den Ball von Schorsch Reichmann direkt an der Außenlinie, sah das lange Bein des rotblonden Bornemann und bin mit einem Haken vorbei. Da hatte ich nur noch den Schalker Tormann Mellage vor mir. Der stürzte raus, schmiß sich auf meinen linken Fuß. Da schlenzte ich als Linksfüßler den Ball aus ca. 18 Metern Entfernung mit rechts ins lange Eck."

Zu spät: Leipzigs Stürmer May kann nur noch zuschauen, wie Schalkes Keeper Mellage das Leder wegfaustet

Ohne Erfolg: Der Freistoß von Leipzigs Thiele bleibt in der Sechsermauer von Schalke hängen

Pokalsieger 1936: VfB Leipzig

Geschafft, aber glücklich: die Mannschaft des VfB Leipzig. Die Spielernamen von links nach rechts: Jähnig, Richter, Reichmann, Große, Schön, Breidenbach, May, Thiele. Vorn: Dobermann, Wöllner, Gabriel

Bevor Herbert Gabriel zu diesem „Schuß seines Lebens" ansetzen konnte, mußte er sich erst für die „Kampf-Mannschaft" qualifizieren. VfB-Trainer Heinz Pfaff hatte am Tag nach Weihnachten – eigens für Gabriel – ein „Befähigungsspiel" angesetzt, das aber wegen starken Nebels zunächst nicht stattfinden konnte. Erst als eifrige VfB-Helfer rund um den Platz große Feuer entzündeten, verzogen sich die Nebelschwaden, und die Partie konnte steigen. Dabei war der 25jährige Gabriel im Team der VfB-Reserve die überragende Figur und erzielte „vier oder fünf Tore". So geschah es, daß er ausgerechnet im Pokalfinale zu seinem ersten Einsatz in der 1. Mannschaft und zum spielentscheidenden 2:0 kam.

In die Parade gefahren: Schalkes Förtgen zieht von der Strafraumgrenze ab, rechts stört Dobermann

Welt im Bild

ILLUSTRIERTE WOCHENSCHRIFT DER LEIPZIGER NEUESTEN NACHRICHTEN

Nr. 2. 15. Jahrgang | Sonntag, den 10. Januar 1937 | Preis für die Einzelnummer 10 Pfg.

Schirner

VfB Leipzig gewinnt den Tschammer-Pokal

/ Bornemann links (Schalke 04) versucht Gabriel (VfB.) am Flankenschlag zu hindern

Schirner

Hartes Zusammentreffen von May (VfB.) links mit dem Schalker Verteidiger Schweißfurth

Presse-Bild-Zentrale

Woellner, Leipzigs Torhüter, bei der Abwehr eines hohen Balles

Presse-Bild-Zentrale

Woellner im Kampf mit Pörtgen, dem gefährlichsten Schalker Stürmer

Für zehn Pfennig kann sie jeder kaufen: „Welt im Bild" kennt auf der Titelseite des 10. Januar 1937 nur ein Thema: den Pokaltriumph des VfB Leipzig

Eingekreis(el)t: Dobermann, Richter und Gabriel nicht nur in dieser Szene obenauf. Schalkes Pörtgen am Boden

Sichere Beute: Leipzigs Schlußmann Wöllner hat keine Probleme, vor dem heranstürzenden Szepan an den Ball zu kommen

Den Schalkern gelingt kurz nach der Pause noch der Anschlußtreffer durch Kalwitzki. Doch alle weiteren Versuche der Königsblauen scheitern am kompakten VfB-Abwehrbollwerk mit den eisenharten Verteidigern Erich Dobermann („Wir hatten or-

Alltag hat die Helden wieder

dentlich zu tun!") und Rudi Große. Zudem präsentiert sich Torwart und Frauenliebling „Bruni" Wöllner in Topform, da er, wie seine Mannschaftskameraden berichten, seinen sonstigen Gewohnheiten zum Trotze „über die Feiertage und an seinem Geburtstag am Vorabend des Spiels, Wein, Weib und Gesang links liegenließ". Die VfB-Läuferreihe Richter/Thiele/Jähnig leistet bis zum Abpfiff des guten Berliner Schiedsrichters Egon Zacher zähe Störarbeit gegen Schalkes berühmtes Angriffs-Schwagerpaar Kuzorra/Szepan. Sie werden samt ihren Nebenleuten immer wieder aus dem legendären Kreiselspiel gedrängt – und futsch ist der Pokal!

Bei der Ankunft am Leipziger Hauptbahnhof erwarten Tausende begeisterter Fans den Pokalsieger 1936. Auf den Schultern ihrer Anhänger wird die Mannschaft zu einem kleinen Empfang beim Bürgermeister getragen. Anschließend hat der Alltag die Helden wieder: Abgesehen von einer heimlich gezahlten 50-Mark-Prämie aus den Taschen von Gönnern des Vereins, wartet auf alle Spieler der Arbeitsplatz – auch am Tag nach dem größten Erfolg ihrer Laufbahn.

Die Führung: May schaut seinem Knaller von der 16-Meter-Linie hinterher, Teamkollege Reichmann bückt sich, Sekundenbruchteile später zappelt der Ball im Netz

Die Vorentscheidung: Leipzigs Linksaußen Gabriel umspielt Mellage und macht in seinem ersten Pflichtspiel für den VfB das 2:0. „Schuß meines Lebens!"

9. Januar 1938: FC Schalke 04 – Fortuna Düsseldorf 2:1

Endlich: Schalker kreiseln zum ersten Pokalsieg!

Shakehands: Düsseldorfs Kapitän Pesch und Schalkes Spielführer Kuzorra bei der Seitenwahl. In der Mitte Schiedsrichter Grabler

Fangsicher: Pesch hat das Leder, Szepan kommt einen Schritt zu spät. „Stolz neben Kuzorra und Szepan spielen zu dürfen"

In der Meisterschaft kreiselt der Schalker Kreisel nach Belieben. Dreimal standen die „Knappen" in den vergangenen vier Jahren im Finale, dreimal gingen sie als Sieger vom Platz. So auch vor gut einem halben Jahr, als der Club aus Nürnberg mit 2:0 bezwungen und der Meistertitel '37 unter Dach und Fach gebracht wurde.

„Der Pokal hat dagegen seine eigenen Gesetze", das müssen auch die Stars der Königsblauen, Ernst Kuzorra und Fritz Szepan, erkennen. Die Niederlage im ersten Endspiel gegen den 1. FC Nürnberg war für die meisten nicht mehr als ein Betriebsunfall und wurde in der Kategorie „Kann ja mal passieren" eingeordnet. Die zweite Schlappe, im Vorjahr gegen die krassen Außenseiter vom VfB Leipzig, schmeckte den Schalkern schon viel weniger. Jetzt, im dritten Anlauf, wollen sie es unbedingt packen. „Wenn wir die Düsseldorfer schlagen, sind wir die erste Mannschaft, die sich das Double sichern konnte", verleihen sich die Spieler schon Tage vor dem Anstoß gegen die

Getümmel im Strafraum: Wieder ist Pesch im Glück, hat das Leder bereits unter seinem Oberkörper begraben

1937: FC Schalke 04

Die siegreiche Elf nach dem Spiel: Klodt, Kalwitzki, Kuzorra, Pörtgen, Sontow, Bornemann, Gellesch, Berg, Urban, Tibulski, Szepan (von links nach rechts)

Fortuna eine zusätzliche Motivationsspritze.
Dennoch beschleicht die Schalker auch diesmal ein mulmiges Gefühl. „Die Düsseldorfer stehen sehr kompakt in der Abwehr und machen die Räume eng, da tut sich unser Fünfer-Sturm bestimmt schwer", weiß nicht nur Herbert Burdenski, der als Jugendspieler des FC Schalke dem Endspieltag genauso entgegenfiebert wie die Finalisten. Und das nicht nur, weil der Nachwuchs der Königsblauen im Vorspiel auf dem Rasen des Kölner Stadions sein Können zum besten geben wird. „Wir

Zunge raus: Voll konzentriert versucht Schalkes Urban mit seinem Paß den freien Mitspieler zu finden. Kuzorra zieht den Bauch ein, um nicht die Flugbahn des Balles zu stören

Drei gegen einen: Schalkes Kalwitzki hat im Strafraum der Düsseldorfer einen schweren Stand. „Die stehen kompakt in der Abwehr und machen die Räume eng"

Mit dem Hinterkopf verlängert: Hans „Ala" Urban, ein „echt Schalker Jung", ist überall, auch diesmal setzt er sich gegen die Düsseldorfer Abwehr gut in Szene. „Wir brauchen keine auswärtige Hilfe"

verehren diese Mannschaft. Ich denke schon jetzt voller Stolz daran, daß auch ich demnächst neben Kuzorra und Szepan spielen darf", erklärt Burdenski.
Daß es schon bald dazu kommen wird, daran besteht kein Zweifel. Schon mehrfach hat Kuzorra ihn beim Training der Jugendmannschaft genauestens unter die Lupe genommen und ihm einen Platz im Kader der 1. Mannschaft in Aussicht gestellt. Der Kopf der Schalker legt bei der Auswahl der Spieler besonderen Wert darauf, daß es

Ernst Kuzorra zweimal untreu

Jungs aus Gelsenkirchen sind, die neben ihm kreiseln dürfen. „Wir haben genug Talente in unserer Stadt, wir brauchen keine auswärtige Hilfe", weist Kuzorra auch gestandene Nationalspieler ab, wenn sie sich in Schalke andienen wollen. Nur zweimal ist er bislang seinen Prinzipien untreu geworden. In der Meistermannschaft von 1934 und '35 stand mit Hermann Mellage ein Wuppertaler im Kasten der Schalker, und mit Ernst Pörtgen stürmt zur Zeit ein Bonner neben ihm in der berüchtigten Angriffsreihe.
Einen Tag vor dem Finale sitzen die Erfolgskicker wie immer bei Mutter Thielmeier und lassen sich in der gleichnamigen Vereinsgaststätte das Mittagessen schmecken. Längst hat sich Ernst Kuzorra für Erny Sontow als zweiten Abwehrspieler neben Hans Bornemann entschieden. Damit stehen gegen Düsseldorf zehn Spieler der Mei-

Vorbeigerauscht: Die Grätsche von Schalkes Pörtgen kommt zu spät, der am Boden liegende Düsseldorfer Torhüter Pesch hat längst gesehen, daß der Ball an seinem linken Torpfosten vorbei ins Aus fliegt

stermannschaft von vor gut einem halben Jahr auf dem Platz, nur der verletzte Otto Schweißfurth muß passen.
Ernst Kuzorra setzt auf Beständigkeit, wer nicht zu den Stammspielern zählt, muß geduldig auf seine Chance warten. „Wer aufmuckt oder widerspricht, kann seine Sachen packen – für immer!" wissen sogar schon die Jugendspieler, die auf dem Sprung stehen. Doch die „diktatorische" Regentschaft von Kuzorra ist unumstritten, der Erfolg gibt ihm recht. Selbst Trainer Otto Faist hat nicht viel zu melden, die Aufgabe des deutschen 400-Meter-Meisters aus Mannheim beschränkt sich darauf, die Mannen konditionell in Schuß zu halten, denn das Prinzip des Schalker Kreisels ist eigentlich ganz einfach: „Während die anderen sich müde laufen, lassen wir lieber den Ball laufen."
Mit dieser Taktik soll im dritten Anlauf auch endlich der Pokal gewonnen werden. Doch die Skeptiker halten mit ihrer Meinung nicht hinter dem Berg: „Die Zuschauer werden einen hochklassigen Kampf erleben, den, wir wagen es zu sagen, Fortuna knapp gewinnen kann. Wir denken dabei an das geheimnisvolle Pokalpech der Schalker", spekuliert die Sportredaktion des „Völkischen Beobachter", und bis zur Pause

Schalke macht Double perfekt

des Finales sieht es ganz so aus, als würde der Spruch: „Aller guten Dinge sind drei" für die „Knappen" bedeutungslos sein: 0:0! Doch ein Doppelschlag von Kalwitzki und Szepan macht der Mär vom Pokalpech ein Ende, daran ändert auch der Anschlußtreffer per Janes-Elfmeter nichts mehr: 2:1! Schalke 04 hat als erster deutscher Verein das Double perfekt gemacht. Doch der überschwengliche Jubel bleibt aus. Der Erfolg gehört „auf Schalke" längst zum Alltag.

Hans Dampf in allen Gassen: „Ala" Urban hat sich erneut ins Getümmel gestürzt und sich diesmal sogar per Bocksprung durchgesetzt

Geschafft, aber stolz: Die Sieger marschieren vom Feld. Bornemann, Torhüter Kloth und Kapitän Kuzorra mit Siegeskranz

8. Januar 1939: Rapid Wien – FSV Frankfurt 3:1

Berühmte Rapid-Viertelstunde spielt Schicksal für den FSV!

Das Jahr 1938 beschert Europa einschneidende politische Veränderungen. Die Annexion Österreichs wirkt sich auch auf den Fußball aus. Statt des „Österreich-Cup" spielen die Mannschaften der „Ostmark" mit um den „Tschammer-Pokal". Und das gleich sehr erfolgreich: Nach einer internen österreichischen Ausscheidungsrunde stehen erstmals in der noch so jungen Pokalgeschichte vier Teams des Alpenlandes im Viertelfinale um den Deutschen Fußballpokal. Dabei muß der renommierte SK Rapid Wien beim Geheimtip der diesjährigen Pokalrunde antreten: Waldhof Mannheim. Die starken Gastgeber sind von der versammelten deutschen Sportpresse mit Vor-

Wiener Sturmwirbel

schußlorbeeren überhäuft worden. Doch am Ende müssen sie sich durch Tore des Wiener Innentrios mit Georg Schors, Franz Binder und Wilhelm Holec vor heimischer Kulisse und 28.000 Zuschauern 2:3 geschlagen geben. Auch der Wiener Sport-Klub zieht durch ein 6:1 über den Grazer SK in die Vorschlußrunde ein. Der dritte Club im Wiener Bunde, Vienna, unterliegt 1:3 beim 1. FC Nürnberg. Mit der Herrlichkeit des Clubs ist es allerdings im Halbfinale vorbei: 0:2 bei Rapid Wien. Am 8. Januar (österreichisch 8. Jänner) 1939 kommt es im

Zweikampf: Rapids Rechtsaußen Hofer zieht an Frankfurts linkem Verteidiger Schweinhardt vorbei

Hängengeblieben: Wiens Mittelstürmer Binder scheitert am Schneeboden und an der dichten Frankfurter Abwehr. „Oh, das hätte man nicht machen sollen. Den Schnee walzen ..."

Pokalsieger 1938: SK Rapid Wien

Die erfolgreiche Rapid-Elf: Wagner, Pesser, Skoumal, Schlauf, Holec, Hofer, Binder, Hofstätter, Schors, Sperner, Raftl (von links)

Berliner Olympiastadion zum „Tschammer-Pokalendspiel" zwischen Rapid und dem FSV Frankfurt. Die Hessen hatten erst, im einzigen rein deutschen Duell, 1860 München mit 2:1 nach Verlängerung bezwungen, ehe sie im Halbfinale durch ihren 3:2-Sieg über den Wiener SK ein österreichisches Endspiel verhinderten.
Zwei Tage vor dem Spiel, pünktlich am Freitag abend, 20.12 Uhr, trifft der „Rapid-Zug" aus Wien am Bahnhof Friedrichstraße ein. Im Gegensatz zu ihren mitgereisten Fans ist die Stimmung der Spieler eher gedämpft, das

„Wir fürchten nur den Schnee"

Wetter bereitet ihnen Kopfzerbrechen: „Wir fürchten nicht Frankfurt, sondern nur den Schnee", erklärt Trainer Leopold Nietsch die Sorgenfalten in den Gesichtern seiner Schützlinge. Erst als Reichstrainer Sepp Herberger und der lange „Bimbo" Binder, der später bei seinen neun Länderspieleinsätzen insgesamt zehn Treffer erzielen sollte, sich die Hände schütteln und herzlich begrüßen, lockert sich die angespannte Stimmung. Die Frage, die allen Wienern auf der Zunge liegt, läßt trotzdem nicht lange auf sich warten: „Wie ist das Spielfeld beschaffen?" DFB-Schatzmei-

Platzwahl: Frankfurts Kapitän „Bubi" Armbruster (links) mit seinem Wiener Pendant „Bimbo" Binder. Dazwischen Schiedsrichter Rühle aus Merseburg

Kein Durchkommen: Die Deckung von Rapid steht gut. In ihrer berüchtigten Schlußviertelstunde lassen die Wiener hinten nichts mehr anbrennen

Binder kommt vor Tempus zum Schuß, Rapid bezwingt Austro Fiat 5:1 und zieht ins Viertelfinale des Tschammer-Pokals ein

Binders Elfmeterknaller landet an der Latte, trotzdem reicht es für Rapid zum 3:2-Viertelfinalerfolg bei Waldhof Mannheim

Nürnbergs Torhüter Stolz fliegt am Ball vorbei. Am Ende muß er im Halbfinale gegen Rapid zweimal hinter sich greifen: 0:2!

„Bimbo" macht den Sieg perfekt: Wiens Mittelstürmer Binder stürmt an Frankfurts Torhüter Wolf vorbei und schiebt den Ball ins leere Tor. 3:1! Alle Achtung: Vor dieser feinen Einzelleistung wird sogar der Hut gezogen (Foto Mitte)

ster Stenzel versucht mit einer kurzen Antwort alle Bedenken zu zerstreuen: „Alles in Ordnung, wir haben den Platz walzen lassen." Doch damit lassen sich die bedenklichen Wiener Mienen nicht erhellen: „Oh, das hätte man nicht machen sollen. Den Schnee walzen ..."
Der vor dem Spiel einsetzende Regen gibt den Verantwortlichen jedoch recht: Trotz der widrigen Umstände präsentiert sich das Spielfeld in einem erstaunlich guten Zustand. Im krassen Gegensatz zu den

Nur Platz für 40.000 Fans

Tribünen: Dort bietet sich nur für 40.000 Zuschauer Platz. Die oberen Ränge konnten trotz Intervention des Reichssportführers von Tschammer und Osten nicht rechtzeitig vom Schnee befreit werden. „Junge, Junge, muß die Liebe zum Fußball groß sein ...", sinniert der Berichterstatter der Berliner Volkszeitung voller Bewunderung über die standhaften Fußballfreunde auf den Rängen. Doch ein leidenschaftlich geführter und bis zum Schluß hochdramatischer Pokalfight wird eisigen Regen, verdorbene Kleider und den dro-

Auf ins Getümmel: Beide Finalteams liefern sich packende Duelle, egal ob am Boden oder in der Luft

henden Schnupfen vergessen lassen.
Auch die im Sonderzug angereisten Rapid-Anhänger haben den Weg ins Olympiastadion gefunden. Als sie ihre Plätze einnehmen, tönt es in schönster, breiter, echt wienerischer Mundart: „... dem Raaaaftl (gemeint ist der Rapid-Torwart) ha'm a Deckn mitbrocht, damit er nett so friert bei dem Schlacklwetter!"

„Kopfball stramm wie ein Schuß"

Auch der FSV-Anhang gibt sich selbstbewußt, ist doch das Team von Trainer Martin Eiling seit dem 24. April 1938 ungeschlagen. „Unsere Jungens haben so eifrig trainiert und seit neun Monaten kein Spiel verloren. Warum sollte sich das gegen Rapid ändern?" präsentiert sich der Coach vor dem Anpfiff siegessicher.
Zur Pause der vom Anpfiff weg kampfbetonten Partie liegt die „Elf der Namenlosen" aus dem Frankfurter Stadtteil Bornheim dann auch mit 1:0 in Front. Rapid-Keeper Rudi Raftl hat erheblich mehr zu tun, als ihm lieb sein kann. Der kraftvolle FSV-Mittelstürmer Dosedzal krönt die Leistung seiner Mannschaft, die in der 1. Halbzeit den Wienern mehr als ebenbürtig ist, mit einem Kopfball „stramm wie ein Schuß" ins rechte Toreck (17.). Hätte der „Fummelfranz" des FSV, der listige Halblinke Faust, kurz nach dem Führungstreffer entschlossener gehandelt, wäre möglicherweise die Vorentscheidung gegen Rapid gefallen.
Auch Mitte der 2. Halbzeit halten die aufopferungsvoll kämp-

Das ist die Führung: Wolf kommt bei Hofstädters 25-Meter-Schuß zu spät – 2:1 für Rapid

fenden Hessen gegen die nur langsam auf Touren kommende Rapid-Angriffsmaschinerie die knappe Führung. Dann die wohl spielentscheidende Szene: Der rechte FSV-Verteidiger May sprintet am linken Flügel einem ihm wegspringenden Ball nach und prallt frontal mit dem anstürmenden Georg Schors zu-

Prominenter Gast: Sepp Herberger (mit Hut) stattet den Wienern vor dem Pokalfinale im Olympiastadion einen Besuch ab

Rapids große Schlußoffensive

sammen. Das ist der K. o. für May, der verletzt ausscheiden muß, und für seine Mannschaft. Die Meinungen über den Vorfall gehen weit auseinander. Sie reichen von „unglücklichem Zusammenprall" bis zu „absichtlichem Foul durch Schors". Die verbleibenden zehn Frankfurter stemmen sich gegen die drohende Niederlage, versuchen das Unmögliche, doch die berühmte „Rapid-Viertelstunde" spielt auch für den FSV Schicksal.

Zwölf Minuten vor dem Abpfiff drückt „Übeltäter" Schors einen abgewehrten Pesser-Freistoß über die Linie: Der Widerstand der Frankfurter ist gebrochen. Hans Hofstädter mit einem wunderschönen Schuß aus 25 Metern Entfernung und „Bimbo" Binder, aus stark abseitsverdächtiger Position, sorgen für den 3:1-Endstand. Kapitän Binder erhält auf dem Spielfeld einen riesigen Lorbeerkranz. Der schwere Silberpokal wird abends beim Bankett nachgereicht und reist mit dem ersten „österreichischen" Deutschen Pokalsieger zurück nach Wien.

Tolle Erinnerung: Nach dem Pokaltriumph lassen die Wiener sich eine schmucke Ehrentafel fertigen

Mehr Fußball.
Mehr Sport.
Mehr Information.
sportmagazin
kicker
aktuell
fachlich
kritisch
LIBERA

28. April 1940: 1. FC Nürnberg – SV Waldhof 2:0

Der „doppelte Max" stoppt Waldhof-Buben!

Plauderei: Vor dem Anpfiff redet Schiedsrichter Schütz den Spielführern Billmann (Nürnberg) und Heermann (Waldhof) noch einmal ins Gewissen

„Abel bekommt Urlaub." Trainer Alfred Riemke fällt ein Stein vom Herzen, als er seinen Spielern die frohe Kunde unterbreiten kann. Hans, genannt Abel, Uebelein wird für das Pokalendspiel von seinem Soldatendienst freigestellt, kann gegen die Waldhof-Buben auflaufen. Die Freude über die Abwehrverstärkung ist verständlicherweise groß, nur einer kann nicht so richtig mitjubeln: Herbert Neugart. Der Club-Neuzugang hatte bereits von seinem ersten großen Endspieleinsatz geträumt, doch jetzt ist er zum Zuschauen verurteilt. Erst vor einem Jahr war der Bielefelder ins Frankenland, zur Werksmannschaft Neumeyer Nürnberg, gewechselt. „Wenn ihr noch einen guten Mann sucht, dann schaut euch mal den Neugart von Neumeyer an", hatte ihn Zahnarzt Dr. Hans Kalb, Mittelläufer der alten Meistermannschaft des Clubs, empfohlen. Kurz darauf, beim 1:0-Halbfinalsieg in Wien gegen Rapid, trug Herbert Neugart bereits das Trikot des 1. FC Nürnberg. Doch der große Coup bleibt ihm verwehrt: „Tut mir leid, der Abel gehört schon lange zu unseren Stammspielern, auf ihn kann und will ich im Finale nicht verzichten", lautet die Erklärung von Trainer Alfred Riemke.

„Keine unnötigen Zweikämpfe"

In der Mannschaftsbesprechung kurz vor dem Spiel steckt der ruhige und besonnene Coach dann die Marschroute für das Duell mit den Waldhöfern ab: „Bei denen spielen sieben Jungs mit, die erst 21 Jahre alt oder noch jünger sind. Zeigt ihnen von Beginn an, wer Herr auf dem Platz ist! Wirbelt sie mit eurem Kombinationsspiel durcheinander, und laßt euch nicht auf unnötige Zweikämpfe ein!" Leichter gesagt als getan: Die jungen Wilden des SV Waldhof, die im Halbfinale Wacker Wien zweimal ein Unentschieden abgetrotzt hatten und durch Los-

Mustergültig: Eiberger flankt den Ball an Siegel vorbei in den Strafraum der Waldhöfer

Kompliment: Kraftvoll hat Clubmittelstürmer Julius Uebelein abgezogen, doch der erst achtzehnjährige Waldhof-Keeper Fischer kann parieren

Pokalsieger 1939: 1. FC Nürnberg

Der Club zum zweiten Mal Pokalsieger: Gußner, Billmann, Trainer Riemke, Sold, Carolin, Hans Uebelein, Köhl, Julius Uebelein (stehend von links). Eiberger, Luber, Kund, Pfänder (kniend von links)

entscheid ins Finale gekommen waren, wissen um ihre vielleicht einmalige Chance. „Ihr müßt euch Respekt verschaffen" heizt Verteidiger Helmuth Schnieder seine Mitspieler an, wenn er den Nürnberger Angriffsspitzen mal wieder erfolgreich in die Parade gefahren ist. „Verdammt, was ist los mit euch? Ihr müßt noch eine Schippe draufpacken, sonst wird das nichts". Nürnbergs Trainer Alfred Riemke redet in der Kabine Klartext. Mit Erfolg: Zwei Treffer von Max Eiberger entscheiden das fünfte deutsche Pokalfinale. Und beim abendlichen Siegesbankett kann auch Herbert Neugart wieder so richtig strahlen. Denn als Kapitän Willy Billmann unter dem Tisch die offiziell nicht erlaubten Prämienumschläge verteilt, darf sich auch der 12. Mann der Nürnberger über zweihundert Mark freuen.

Brüderlein, komm, tanz mit mir! Der doppelte Max (rechts) ist nach seinem zweiten Treffer der gefeierte Clubmatchwinner. „Ihr müßt noch eine Schippe draufpacken"

Der zweite Streich: Max Eiberger (Mitte) steht goldrichtig und drückt den Ball über die Linie. 2:0 – der Sieg

1. Dezember 1940: Dresdner SC – 1. FC Nürnberg 2:1

„Flattermann" beschert DSC ein Pfund Kaffee!

Siegesjubel: Die Freude über ihren ersten Pokalgewinn ist bei den Mannen um Helmut Schön (Mitte) verständlicherweise groß. „Was macht der denn da?"

Fairer Einsatz: Nürnbergs Schlußmann Köhl hat sich ganz lang gemacht, um den Flankenball vor Dresdens Machate abzufangen

Das erste Duell steigt bereits vor dem Anpfiff, hinter den Kulissen. Keines der beiden Teams will im Finale auf seine Vereinsfarben verzichten, sowohl der Dresdner SC als auch der 1. FC Nürnberg bestehen darauf, in schwarz-roten Trikots auflaufen zu dürfen. Als Schiedsrichter Alois Pennig aus Mannheim die Partie freigibt, steht keine Mannschaft in den gewohnten Farben auf dem Platz. Die Verbandsfunktionäre fällten ein salomonisches Urteil: Die Sachsen spielen in weißen Hemden und schwarzen Hosen, die Franken in roten Hemden und weißen Hosen.

Flankenversuch: Nürnbergs Gußner will von der rechten Seite eine Flanke vors Dresdner Tor schlagen, doch Dzur blockt das Leder zur Ecke ab

65.000 Zuschauer sind ins Berliner Olympiastadion gekommen, um zu sehen, wer sich auf dem hartgefrorenen Rasen standhafter zeigt. „Rausgehen, schauen, was der Gegner macht, und

„Kein hohes Risiko eingehen"

dann unser Spiel aufziehen", bringt Mittelläufer Walter Dzur stellvertretend für seine Dresdner Teamkollegen die Taktik auf den Punkt. Und in der Tat,

Pokalsieger

1940: Dresdner SC

Diese Elf sicherte Dresden den ersten Pokalsieg: Pohl, Schön, Kress, Machate, Miller, Schaffer, Schubert, Dzur, Hempel, Carstens, Boczek (von links)

großartige Anweisungen hat Trainer Georg Köhler seinen Jungs nicht mit auf den Weg gegeben: „Einfach spielen, auf dem glatten Boden kein zu hohes Risiko eingehen und die Außenstürmer Gußner und Kund nicht zur Entfaltung kommen lassen."

Denn besonders Nürnbergs Willi Kund hat sich für dieses Finale einiges vorgenommen. Der Linksaußen war zwischenzeitlich für die Dresdner auf Torejagd gegangen. Doch als die Familie seiner Dresdner Frau ihr Weingut verkauft hatte, zog es das Paar zurück nach Nürnberg, und nun stehen sich die ehemaligen Teamkollegen wieder als Kontrahenten gegenüber.

„So ein Mist, der Platz ist wirklich in einem verdammt schlechten Zustand", fluchen die Spieler beider Seiten schon nach wenigen Minuten. Der Frost läßt das Finale zum Glücksspiel werden, auch das unzureichende Schuhwerk der Kicker ist für die Qualität des Spiels nicht gerade förderlich. Und so wundert

Überraschter Club-Keeper

es eigentlich niemanden, daß die beiden gleichwertigen Teams in die Verlängerung müssen: 1:1!

„Was macht der denn da, der will doch nicht etwa aus dieser Entfernung aufs Tor schießen?" wundert sich nicht nur Walter Dzur, als der nicht gerade für seine Schußgewalt bekannte Heiner Schaffer in der 94. Minute aus rund 30 Metern den Nürnberger Kasten anvisiert. Genauso überrascht scheint auch Club-Torhüter Georg Köhl zu sein, denn Schaffers „Flattermann" segelt über ihn hinweg in die Maschen. 2:1 – die Entscheidung!

„Da hast du aber Glück gehabt, daß der Köhl weggerutscht ist", flachsen auf der anschließenden Siegerehrung die Dresdner Teamkollegen. Dem Schützen des goldenen Tores kann es egal sein. Heiner Schaffer freut sich, daß er es ist, der der Mannschaft zu einer ganz besonderen Siegprämie verholfen hat: Denn neben dem Pokal steht auf dem Siegertisch ein ganzes Pfund Kaffee!

Unfairer Einsatz: Diesmal kommt Machate nicht so glimpflich davon. „Hauptmann" Köhl rammt dem Dresdner Stürmer das linke Knie in den Magen, während er das Leder „herunterpflückt"

Geschickt gemacht: Machate schlenzt den Ball zum 1:0 für Dresden ins lange Eck

Abgekämpft, aber glücklich: Dresdens Pokalsieger Machate, Schaffer, Miller und Schubert

2. November 1941: Dresdner SC – Schalke 04 2:1

Kreisel gestoppt: Der Pokal bleibt in Dresden!

Gratulation: Schalkes Fußballidol Kuzorra ist einer der ersten, der Dresdens Rekordnationalspieler Richard Hofmann nach dessen Sieg in seinem Abschiedsspiel die Hand reicht

Der Pokalverteidiger ist frohen Mutes. Aller guten Dinge sind bekanntlich drei. Zweimal mußte sich der Dresdner SC in wichtigen Spielen dem berüchtigten Schalker Kreisel beugen, diesmal sollte es anders laufen. Nach der Halbfinal- bzw. Endspielniederlage um die deutschen Meisterschaften 1939 und 1940 sind sich die Mannen von Trainer Georg Köhler sicher, wie sie die Blau-Weißen knacken: „Knallharte Manndeckung für Kuzorra und Szepan. Wenn die beiden nicht ins Spiel kommen, ist das ganze Schalker Spiel nur die Hälfte wert", gibt der Coach bereits auf der Fahrt nach Berlin unmißverständlich zu verstehen, was er von seiner Abwehr erwartet. Um 14.00 Uhr hatte sich der Cupverteidiger auf dem Bahnhof getroffen, gut zwei Stunden später rollt der Zug am Endspielort ein. Kurze Stippvisite im Hotel „Russischer Hof", dann steht die Abwechslung vom Arbeitsstreß auf dem Programm. Denn während die

„Offene Rechnung begleichen"

Schalker nach ihrem Halbfinalsieg gegen Holstein Kiel die deutschen Soldaten in Brüssel und Paris besuchten, „durften" die Dresdner den ganz normalen Arbeitsstreß bewältigen. Täglich zehn Stunden, selbst vor der Abfahrt nach Berlin mußten Helmut Schön und Co. noch bis mittags in die Hände spucken. Da kommt der Varieté-Besuch

Klasse gehalten: Dresdens Keeper Kress kann den Nahdistanzschuß von Schalkes Eppenhoff abwehren

Aufatmen: Gebannt schaut Dresdens Keeper Kress dem Ball hinterher. Der streicht knapp am Tor vorbei

Pokalsieger 1941: Dresdner SC

Die erfolgreiche Elf des Titelverteidigers vor dem Spiel: Kugler, Carstens, Hofmann, Schaffer, Pohl, Dzur, Miller, Schubert, Schön, Kress, Hempel

im Wintergarten gerade recht: „Noch einmal herzhaft lachen und amüsieren, bevor morgen mit den Schalkern die offene Rechnung beglichen wird" lautet die abendliche DSC-Parole. Doch als am nächsten Tag die Mannschaften ins Olympiastadion einlaufen, sind die Sachsen erst einmal verblüfft. Denn die Schalker spielen auf der Linksaußen-Position mit dem blutjungen Barufka. Trainer Otto Faist und Ernst Kuzorra hatten das Schalker Eigengewächs kurzfristig nach Berlin beordert, weil der an Wilhelmshaven 05 ausgeliehene Außenstürmer zuletzt mehrfach durch überzeugende Leistungen von sich reden machte. So muß Routinier Ernst Kalwitzki etwas angesäuert von draußen mitansehen, wie sein „Ersatzmann" fast zum Helden des Tages wird. Kurz vor der Pause taucht Barufka nach herrlichem Zuspiel von Kuzorra vor dem Dresdner Tor auf und

Pokalsieg als Abschiedsgeschenk

fackelt nicht lange: Sekundenbruchteile später zappelt das Leder im Netz – ganz Schalke im Freudentaumel. Kaum einer hat registriert, daß Schiedsrichter Fink zwischenzeitlich gepfiffen hat: Abseits! So gehen die Dresdner mit einer 1:0-Führung in die Pause und am Ende mit einem 2:1-Sieg vom Platz. „Das schönste Abschiedsgeschenk, das ich mir vorstellen kann", jubelt der 36jährige Richard Hofmann, als mit dem Ende des Finales auch gleichzeitig der Abpfiff für seine Fußballerlaufbahn ertönt. Aber auch seine Teamkollegen müssen anschließend, zumindest vorübergehend, ihre Fußballschuhe an den Nagel hängen: Der Gang an die Front ist unvermeidbar.

Mit Schwung Richtung 1:0: Hofmann spurtet an Schalkes Torhüter Kloth vorbei. Seinen anschließenden Querpaß in die Mitte verwandelt Kugler zur DSC-Führung. „Das schönste Abschiedsgeschenk"

Keine Chance für Helmut Schön: Die DSC-Flanke wird eine sichere Beute von Kloths Faustabwehr

15. November 1942: 1860 München – Schalke 04 2:0

Torrekord: 1. Pokalsieg für stürmische Löwen!

Das 8. Tschammer-Pokal-Finale, das vierte während des Krieges, und zum viertenmal nach 1935, '36 und '41 verliert Schalke ein Pokalfinale: Zweimal 0:2 und zweimal 1:2 gegen zwei bayrische und zwei sächsische Mannschaften. Die Dubletten häufen sich bei den endspielverwöhnten Knappen, aber den Doppelerfolg von 1937 können sie nicht wiederholen.

Wiederum geht der amtierende Deutsche Meister als Favorit ins Rennen. Doch die Knappen sind in die Jahre gekommen: Fünf Akteure, Bornemann, Kuzorra, Szepan, Tibulski und Urban, sicherten sich schon 1934 ihren ersten Meistertitel. Auch die Gegner, die Münchner Löwen, sind nicht mehr die Jüngsten, dafür aber um so bissiger und (erfolgs-)hungriger. Mit überzeugenden Vorstellungen bahnten sich die Sechziger den Weg ins Berliner Olympiastadion. Acht Siege, ein Torverhältnis von 53:7, Rapid Wien mit 5:2 geschlagen und mit dem 15:1 über Sgm. Straßburg einen Torrekord aufgestellt: eine Bilanz, die keinen Vergleich zu scheuen braucht.

Diesmal klappt's besser: Der Flankenball ist eine sichere Beute von Keis. Szepan wartet vergebens auf den Abstauber

Durch die Hände gerutscht: Einer der wenigen Fehler von Münchens Torhüter Keis, doch die Schalker können daraus kein Kapital schlagen

Pokalsieger

1942: TSV 1860 München

Diese Elf gewann für die Löwen erstmals den Pokal: Schiller, Krückeberg, Schmidhuber, Rockinger, Kanitz, Janda, Willimowski, Schmeiser, Bayerer, Keis, Pledl

So sind die Löwen voller Zuversicht mit dem Zug angereist, bestens vorbereitet von ihrem Trainer Dr. Max Schäfer. Der rechte Außenverteidiger Georg Pledl, der mittlerweile fast ein Jahrzehnt unter Schäfer trainiert, lobt den Studienrat in höchsten Tönen: „Er hat es verstanden, uns so zu begeistern, daß wir sogar in Freundschaftsspielen gemeint haben, es gehe um die Weltmeisterschaft!"

Löwen-Kampfgeist entscheidet

Das Aufgebot des TSV 1860 hat der Krieg zusammengeführt. Erst als man am Freitag auf dem Münchner Hauptbahnhof den Schlafwagen in Richtung Anhalter Bahnhof bestieg, stand fest, daß die in Bayern stationierten Soldaten Ernst Willimowski (Na-

Behauptet: Schalke-Schlußmann Flotho behauptet sich gegen die kopfballstarken 60er Janda und Krückeberg

Vor dem Anpfiff gut gelaunt: Münchens Pledl und Schalkes Kuzorra begrüßen sich unter dem beobachtenden Blick von Schiedsrichter Multau

Abgehoben: Flotho fliegt ins rechte Eck und der Ball übers Tor

Kritischer Schauspielerblick: Auch Hans Albers läßt sich das Endspielduell 1860 gegen Schalke nicht entgehen

tionalspieler für Polen und Deutschland) und Heinz Krückeberg aus Westfalen mit von der Partie sein werden. Und ausgerechnet diese beiden leiten den Sieg über Königsblau ein. „Schalke war spielerisch und technisch besser, aber wir haben mit echtem Löwen-Kampfgeist angegriffen", resümiert

In die Zange genommen: Mit vereinten Kräften trennen Bornemann und Schweißfurth den 60er Willimowski vom Ball. „Schalke war technisch und spielerisch besser"

Georg Pledl nach Spielende. Die Schalker Aufstellung ändert Heinrich Pieneck in den Tagen und Stunden vor dem Spiel gleich mehrfach. Zunächst trifft Bornemann gerade noch zur Abreise im Revier ein. In Berlin stößt Fronturlauber Berg in feld-

14 Tore in vier Spielen

marschmäßiger Ausrüstung zur Mannschaft. „Walli" muß allerdings sofort nach dem Schlußpfiff wieder zurück an die Front. Es spricht für das Schalker Potential, daß Könner wie Gellesch und Burdenski sowie das aufstrebende Talent Zwickhöfer nicht berücksichtigt werden.
Die Mehrzahl der 75.000 Zuschauer im Oval des Olympiastadions, viele von ihnen in feldgrauer Uniform oder Soldaten aus den umliegenden Lazaretten, haben sich lautstark auf die Seite der Münchner geschlagen.

Bis zur 79. Minute stört der Außenseiter den Schalker Spielaufbau. Die wenigen Chancen von Kuzorra, Szepan & Co. wehrt Löwen-Keeper Hans Keis mit Glück und Geschick ab. Dann leitet 60-Regisseur Ludwig

Rassiger Zweikampf: Schalkes Schweißfurth im Duell mit dem Löwen Schiller

Schöne Flugeinlage: Wieder ist Schalke-Tormann Flotho mit der Faust eher am Ball als Münchens Janda. Links: Schweißfurth

Und wieder eine Faustabwehr: Diesmal behauptet sich Münchens Keis mit rigorosem Einsatz

Janda einen Konter ein, und das Torjäger-Duo Krückeberg/Willimowski manövriert die blauweiße Abwehr aus. Ernst Willimowski überwindet Torwart Flotho aus kürzester Distanz und

Knapp vorbeigerauscht: Janda springt zwar höher als Flotho, doch ein Treffer bleibt ihm verwehrt

stellt mit seinem 1:0 einen neuen Pokalrekord auf: 14 Tore in vier Spielen.

Zwei Minuten vor Schluß angelt sich Engelbert Schmidhuber an der Mittellinie das Leder von Ti-

180 Mark und ein Ehrenring

bulski und sorgt im Alleingang für die Entscheidung.

Reichstrainer Sepp Herberger erklärt nach dem Spiel: „Schalke ist gescheitert, weil es konditionell nicht mithalten konnte und sich taktisch ungeschickt verhalten hat."

München bereitet dem Pokalsieger 1860 einen großartigen Empfang. „Wir bekamen 180 Mark; dafür habe ich mir einen Anzug gekauft. Einen Ehrenring mit Gravur gab es auch, aber nur aus Silber, weil Gold damals Mangelware war", wird sich Georg Pledl auch noch Jahrzehnte später an diesen Ehrentag erinnern können.

Strahlende Pokalbesitzer: Willimowski, Keis und Schmidhuber. (von links)

31. Oktober 1943: Vienna Wien – LSV Hamburg 3:2

Ein Hamburger für Wien: Noack schockt seine alte Heimatstadt!

Von regulären Bedingungen kann beim letzten komplett zu Ende gespielten Pokalwettbewerb vor Kriegsende nicht die Rede sein. Den traditionell guten Vereinen fällt es zunehmend schwerer, ihre an der Front befindlichen Spieler durch Jugendliche oder Reservisten zu ersetzen. Dagegen treten der Wehrmacht verbundene Teams mit sogenannten „Leihspielern" an, die fast immer zur Verfügung stehen. Bestes Beispiel: der LSV (Luftwaffen-Sport-Verein) Hamburg. Erst am 8. Dezember 1942 vom Oberst im Generalstab Laicher aus der Taufe gehoben, spielt sich die aus allen Landesteilen zusammengewürfelte Mannschaft bis ins Pokalfinale. Willi Psyk, ein alter Fußballer von Dortmund 95 und Oberleutnant bei den in Hamburg stationierten Flakartilleristen, baut mit Hilfe des Schalker Sportlehrers Otto Faist eine schlagkräftige Truppe auf. Mitte des Jahres übernimmt Karl Höger die Betreuung. Von den 41 Spielen ihrer kurzen Vereinsgeschichte gewinnen die Luftwaffensoldaten 35, darunter in der Vorschlußrunde des Pokalwett-

Sichere Beute: LSV-Keeper Jurissen greift zu, gibt den Wienern keine Kopfballchance

Beeindruckende Kulisse: Das Stuttgarter Stadion ist am 31. Oktober mit 45.000 Zuschauern proppevoll

Pokalsieger 1943: Vienna Wien

Die siegreiche Vienna-Elf: Holeschofski, Dörfel, Noack, Witthalm, Gröbel, Decker, Fischer, Sabeditsch, Gortoli, Schwarzer, Kaller

bewerbs mit 2:1 gegen den amtierenden Deutschen Meister Dresdener SC.
Finalgegner Vienna Wien reist mit Lebensmittelkarten in der Hand und zwei bemerkenswerten Erfolgen im Gepäck zum

Aus für Traditionsclubs

Ausweich-Endspielort „Reichsgartenstadt" Stuttgart: Die Männer von der Hohen Warte warfen in der Zwischen- und Vorschlußrunde „die" deutschen Traditionsclubs aus dem Pokalrennen. 3:2 für Vienna heißt es in Nürnberg; dann wird Schalke trotz Klodt, Bornemann, Tibulski, Szepan, Kuzorra & Co. auf dem Frankfurter Sportfeld mit 6:2 Toren nahezu deklassiert.
Unumstrittener Star der Wiener ist der Lieblingsschüler von Sepp Herberger, Karl Decker – ein Vollblutstürmer. „Das Spiel gegen Schalke war eines meiner stärksten überhaupt", frohlockt der zweifache Torschütze

Übersprungen: LSV-Schlußmann Jurissen hat einige Probleme, sich als Herr der Lüfte zu behaupten

Alles tanzt nach meiner Pfeife: Karl Höger führt den LSV ins Finale

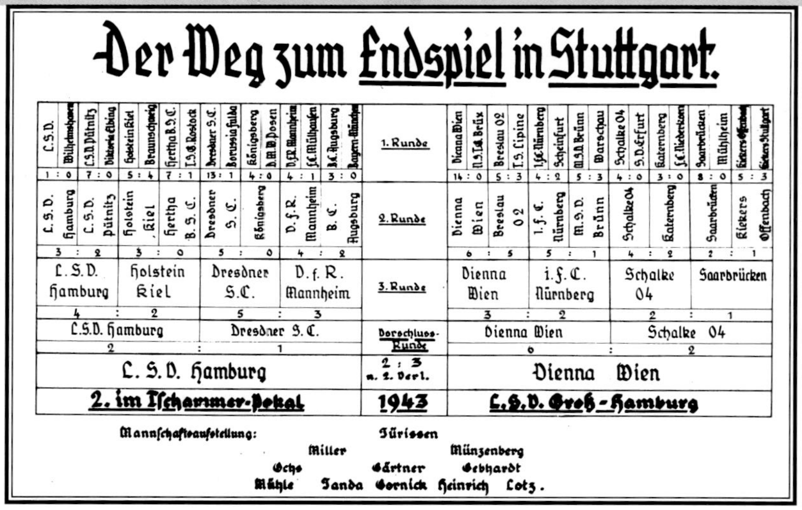

Der Weg zum Endspiel in Stuttgart.

1. Runde:
L.S.V. – Wilhelmshaven 1 : 0
L.S.V. Pütnitz – Viktoria Elbing 7 : 0
Holstein Kiel – Braunschweig 5 : 4
Hertha B.S.C. – T.S.G. Rostock 7 : 1
Dresdner S.C. – Borussia Fulda 13 : 1
Königsberg – V.M.W. Posen 4 : 0
V.f.R. Mannheim – F.C. Mülhausen 4 : 1
B.C. Augsburg – Bayern-München 3 : 0
Vienna Wien – N.S.T.G. Brüx 14 : 0
Breslau 02 – T.S. Lipine 5 : 3
1. F.C. Nürnberg – Schweinfurt 4 : 2
M.S.V. Brünn – Warschau 5 : 3
Schalke 04 – S.V. Erfurt 4 : 0
Katernberg – F.C. Niederkorn 3 : 0
Saarbrücken – Mühlheim 8 : 0
Kickers Offenbach – Kickers Stuttgart 5 : 3

2. Runde:
L.S.V. Hamburg – L.S.V. Pütnitz 3 : 2
Holstein Kiel – Hertha B.S.C. 3 : 0
Dresdner S.C. – Königsberg 5 : 0
V.f.R. Mannheim – B.C. Augsburg 4 : 2
Vienna Wien – Breslau 02 6 : 5
1. F.C. Nürnberg – M.S.V. Brünn 5 : 1
Schalke 04 – Katernberg 4 : 2
Saarbrücken – Kickers Offenbach 2 : 1

3. Runde:
L.S.V. Hamburg – Holstein Kiel 4 : 2
Dresdner S.C. – V.f.R. Mannheim 5 : 3
Vienna Wien – 1. F.C. Nürnberg 3 : 2
Schalke 04 – Saarbrücken 2 : 1

Vorschluss-Runde:
L.S.V. Hamburg – Dresdner S.C. 2 : 1
Vienna Wien – Schalke 04 6 : 2

L.S.V. Hamburg – Vienna Wien 2 : 3 n. 2. Verl.

2. im Tschammer-Pokal | 1943 | L.S.V. Groß-Hamburg

Mannschaftsaufstellung:
Jürissen
Miller Münzenberg
Ochs Gärtner Gebhardt
Mühle Janda Gornick Heinrich Lotz.

„Karli" Decker nicht ohne Stolz. „Zu verdanken habe ich alles unserem Trainer Fritz Gschweidl", fügt Decker noch hinzu, „der hat mich zu dem gemacht, der ich heute bin."

Trotz einfliegender Bomberverbände und der ungewissen Anstoßzeit kommen am Endspiel-Nachmittag des 31. Oktober 1943 mehr als 40.000 Zuschauer ins Stuttgarter Stadion. Kurios: Auf seiten des LSV Hamburg ist nur Karl Miller (Stammverein FC St. Pauli) ein echter Hamburger, in den Reihen der Vienna sind es derer zwei: die Ex-HSVer Richard Dörfel und Rudi Noack. Beide sind von der Kriegsbürokratie nach Wien verschlagen worden.

Lebensretter Reinisch

Während die Luftwaffen-Fußballer quasi dienstlich auflaufen, verdankt die Mehrzahl der Vienna-Akteure ihren Einsatz einzig und allein einem Mann: Curt Reinisch. Der Personalchef der Lazarette in und um die Donaumetropole bewahrt in diesen Monaten zahlreiche Männer – nicht nur Sportler – vor der Abkommandierung zur Front. „Der Curt hat uns das Leben gerettet", sind sich Torwart Hans Schwarzer und Karl Decker auch noch Jahrzehnte nach dem Anpfiff des letzten Finals vor der kriegsbedingten Pokalunterbrechung einig.

Gefährlicher Decker: Dieser Kopfball von „Karli" streicht zwar vorbei, aber per Elfmeter besorgt er den Ausgleich. „Das war eines meiner besten Spiele"

Kein Hamburger zu sehen: Die Wiener Deckung steht zeitweise so gut, daß nicht mal Torhüter Schwarzer eingreifen muß

Zugepackt: Jurissen sorgt in der ersten Halbzeit für klare Verhältnisse vor seinem Tor. Nach dem Wechsel muß er allerdings in fünf Minuten gleich zweimal hinter sich greifen

Das Stuttgarter Endspiel beginnt mit Großchancen auf beiden Seiten. Die LSV-Führung besorgt Reinhardt Heinrich (Blau-Weiß Berlin) mit einem „Unhaltbaren" ins rechte, obere Eck (26.) Per Handelfmeter (49.) gleicht Decker aus, ehe nur vier Minuten später der Jubelsturm über dem Cannstatter Wasen zum Orkan aufbraust. Rudi Noack, der Hamburger im Vienna-Trikot, hat aus dem Gewühl heraus das 2:1 (53.) erzielt.

Noacks Schlußpunkt

Erst mit ungewollter Hilfestellung des zweiten Hamburgers auf Wiener Seite, Richard Dörfel, schafft der LSV den Ausgleich (70.). Den Schuß von Gornick lenkt er mit der Hand ins eigene Netz. Beide Teams haben bis zum Ende der regulären Spielzeit noch gute Tormöglichkeiten, doch es bleibt beim 2:2. Wiederum der exzellente Techniker Rudi Noack setzt den Schlußpunkt unter die spannende Partie: Sein Schuß (113.) prallt von Miller ab und rollt langsam, aber sicher ins Tor. Aus, vorbei! Der zweite österreichische Sieger des „Tschammer-Pokals" heißt Vienna Wien. Pokalnamensgeber Hans von Tschammer und Osten erlebt

Hinterhergeschaut: Jurissen und Viennas Fischer sind überrascht. Der Ball ist an Freund und Feind vorbeigerauscht

Späte Ehrung: 26 Jahre nach dem Pokaltriumph bekommen die Vienna-Spieler Besuch von den DFB-Spitzenfunktionären. Von links: Bortoli, Schön, Sabeditsch, Dr. Gröbel, Decker, Dr. Gößmann und Herberger. Handschlag beim Wiedersehen: Karl Decker und Sepp Herberger (kleines Foto)

diesen Moment nicht mehr. Er verstarb bereits sieben Monate zuvor am 25. März 1943 in Berlin.

Mit dem Endspiel in Stuttgart endet eigentlich die Geschichte des deutschen Pokalwettbewerbs der 30er und 40er Jahre. 1944 wird zwar trotz zunehmender Kriegshandlungen in Deutschland und Österreich weiter Fußball gespielt. Doch die Hauptrunde, für die sich 40 Teams qualifiziert haben, wird aufgrund des weiter eskalierenden Krieges nicht mehr ausgetragen. Die Pokaltrophäe selbst wird von der Vienna über die Kriegswirren hinweggerettet und gelangt zur Vereinspokalrunde 1952/53 wieder unbeschadet in DFB-Besitz.

Verspätete Ehrung

26 Jahre nach ihrem Sieg erfahren acht überlebende Spieler der Vienna eine „verspätete" Ehrung durch den Deutschen Fußball-Bund. In ihrer Heimatstadt bekommen Karl Decker und Co. am 21. September 1969 anläßlich des Länderspiels Österreich – Deutschland (1:1) von Präsident Dr. Gössmann und Alt-Bundestrainer Sepp Herberger die goldene DFB-Medaille überreicht.

Chancenlose Stürmer: Viennas Keeper Schwarzer (linke Seite) und LSV-Torhüter Jurissen (unten) greifen sich das Leder

Einladung: Wer sein Kärtchen vergessen hatte, mußte am Vorabend des Pokalfinals hungrig ins Bett gehen

Der Oberbürgermeister der Stadt der Auslandsdeutschen Stuttgart

Aus Anlaß des Endspiels um den Tschammerpokal findet am Samstag, den 30. Oktober 1943, **20** Uhr im Festsaal des Ratskellers (Eingang links vom Haupteingang) ein Empfang der Mannschaften mit anschließendem Abendessen statt. Ich beehre mich, Sie hiezu einzuladen.

Stuttgart, den 23. Oktober 1943 (gez.) Strölin

Anzug beliebig
Es wird gebeten, für das Essen 15 Gramm Fett-, 50 Gramm Fleisch- und erforderliche Brotmarken bereit zu halten

1. Mai 1953: Rot-Weiß Essen – Alemannia Aachen 2:1

Nach neunjähriger Pause: Rahns Knaller entscheidet Pokal-Comeback!

Pokalübergabe: Essens Mannschaftskapitän August Gottschalk und DFB-Werbe- und Pressereferent Alfred Ries

Fast ein Jahrzehnt mußten die deutschen Fußballfreunde auf den zehnten Pokalwettbewerb warten. Erstmals werden die Pokalrunden parallel zu einer über den Jahreswechsel laufenden Meisterschaftssaison angesetzt. Die 1. Hauptrunde (17. 8. 1952) beginnt gleich mit einem Paukenschlag: Der frischgebackene Deutsche Meister VfB Stuttgart unterliegt zu Hause durch drei Preisendörfer-Tore mit 0:3 gegen Kickers Offenbach.

Schauplatz des Finales ist wie bei der Endspielpremiere 1935 das Düsseldorfer Rheinstadion. Der drückenden Hitze zum Trotz präsentieren die 23 Akteure am Maifeiertag den fast 40.000 Zuschauern eine echte Werbung für den Fußball. Nach Anpfiff des sicheren Stuttgarter Schiedsrichters Alois Reinhardt, der zugleich sein letztes Spiel leitet, heißt es „volles Tempo". Die Alemannen, erstmals in ihrer Vereinsgeschichte mit Rückennummern aufgelaufen, setzen die Essener mit gefährlichen Flanken unter Druck. RWE-Schlußmann Fritz Herkenrath steht im Mittelpunkt des Geschehens, auch als er dem einköpfbereiten Jupp Derwall das Leder vom Scheitel boxt (29.).

In der 32. Minute landet ein weit abgewehrter Eckball in Essens Hälfte bei Willi Köchling, der paßt über 50 Meter zentimeter-

Durchgesetzt: Keinen leichten Stand hat RWE-Schlußmann Herkenrath bei den hohen Flanken der Alemannen. Doch nicht nur in dieser Szene ist er als erster am Ball. Nur ein einziges Mal muß er sich geschlagen geben, bei Derwalls Anschlußtreffer zum 1:2

Artistik: Essens Islacker glänzt mit einem Fallrückzieher. Der für seine akrobatischen Schußeinlagen bekannte Offensivmann sorgt gegen die Alemannen für die 1:0-Führung

Rot-Weiß Essen

Der RWE-Kader: Präsident Melches, Gottschalk, Wewers, Göbel, Rahn, Wientjes, Mallinowski, Schaffner, Roetger, Abromeit, Trainer Hohmann (h. Reihe v. l., eingekreist: Termath). Budzinski, Cornelissen, Islacker, Herkenrath, Jahnel, Köchling, Buss (v. Reihe v. l.)

genau auf „Schlitzohr" Franz Islacker. Mit einem eleganten Heber überwindet er den herausstürzenden Aachener Keeper Heinrichs zum 1:0.

„Danach hatten wir ganz schön zu tun bei der Affenhitze", schnauft Heinz Wevers, der kurz vor der Pause für den bereits geschlagenen Herkenrath auf der Linie klären kann. Stehende Ovationen begleiten die Mannschaften in die Kabine, wo Helmut Lindemann seine Alemannen auf Offensive einschwört. Aachen legt nach Wiederanpfiff los wie die Feuerwehr. Mitten in der Drangperiode der Schwarz-Gelben zieht Jung-Nationalspieler Helmut Rahn eines seiner unwiderstehlichen Dribblings an – ein toller Knaller, und es heißt 2:0 für Essen (52.).

Die Vorentscheidung? Nur drei Minuten später baut Jupp Derwall die Spannung wieder auf.

Ausgesprungener Meniskus

Mehr als 25 Meter vor dem Tor kommt er in halblinker Position zum Schuß und trifft genau ins Dreieck – 1:2.

„Verdammt, ich kann nicht mehr laufen, und auch Franzi Islacker humpelt mit seinem ausgesprungenen Meniskus nur noch über den Platz", flucht Berni Termath, als die heiße Schlußphase eingeläutet wird. Doch der angeschlagene Torjäger und seine Mannschaftskollegen verteidigen den knappen Vorsprung über die Zeit. Die fairen Verlierer aus Aachen sind die ersten Gratulanten. Dann übergibt Alfred Ries, umringt von der jubelnden Menge, im Namen des DFB den Deutschen Vereinspokal an den strahlenden Sieger. Jenen Pokal, den der letzte Gewinner, Vienna Wien (1943), über den Zweiten Weltkrieg rettete und pünktlich zur Neuauflage wieder beim DFB ablieferte.

Mal wieder Herkenrath. Auch bei dieser Ecke bleibt der Schlußmann souverän, kann mit einer Faustabwehr klären. „Ganz schön zu tun in der Affenhitze!"

Faire Verlierer: Nach der knappen 1:2-Niederlage gratulieren die Alemannen den neuen deutschen Pokalsiegern aus Essen

17. April 1954: VfB Stuttgart – 1. FC Köln 1:0

„Altherrenmannschaft" stoppt Kölner Torfabrik!

Auf ein faires Spiel: VfB-Kapitän Schlienz und Kölns Kapitän Graf vor dem Anpfiff

Drei Wochen vor dem Pokalfinale sind Kölns Nationalspieler Hans Schäfer und Josef Röhrig aufmerksame Tribünengäste beim Duell TuS Neuendorf – VfB Stuttgart. Die beiden wollen ihren Endspielgegner unter die Lupe nehmen. Die favorisierten Schwaben sind im ersten Halbfinale nicht über ein 2:2 gegen Neuendorf hinausgekommen und müssen nun im Wiederholungsspiel noch mal ran. Diesmal macht der VfB, Meister der Oberliga-Süd, das Traumfinale gegen den Meister der Oberliga-West perfekt: 2:0!
Schäfer und Röhrig zeigen sich trotzdem wenig beeindruckt: „Du spielst ja in einer Altherrenmannschaft. Für uns wird es eine Kleinigkeit sein, euch zu schlagen", versuchen sie nach Spielende ihren Nationalmannschaftskollegen Erich Retter aufzuziehen.

de Munck bleibt sauber

Den Stuttgartern kommt die Siegeszuversicht der Rheinländer ganz gelegen: „Wenn die Kölner unsere Leistung gegen Neuendorf als Maßstab nehmen, ist das das Beste, was uns passie-

Gute Strafraumbeherrschung: Kölns Torwart de Munck fängt den Ball vor Hinterstocker (verdeckt)

Steht de Munck in nichts nach: VfB-Schlußmann Bögelein. Sein Mannschaftskapitän Schlienz, der auf der Linie absichert, kann aufatmen. „Kleinigkeit, euch zu schlagen"

Pokalsieger

1954: VfB Stuttgart

Die Spieler nach dem Sieg: Waldner, Bühler, Hinterstocker, Bauer, Krieger, Beitinger (stehend v. l.); Blessing, Schliens, Bögelein, Retter, Barufka (hockend v. l.)

ren kann", frohlockt Trainer Georg Wurzer nicht ohne Grund. Denn daß die Stuttgarter keinesfalls locker zu bezwingen sind, bekommen die Kölner im Finale schon nach wenigen Minuten zu spüren. Die Torfabrik des FC, die in der Oberligasaison immerhin 83 Treffer produziert hat, kommt nicht auf Touren. Die starke Läuferreihe des VfB unterbindet den Angriffswirbel der Kölner schon kurz hinter der Mittellinie. Aber auch auf der anderen Seite tut sich wenig: Hollands Nationalkeeper de Munck, in Diensten des 1. FC Köln, kommt nur selten in die

Enteilt: Obwohl in die Zange genommen, läßt sich Beitinger nicht vom Ball trennen

Erfolgstrainer: Georg Wurzer führte den VfB Stuttgart 1950 und '52 zur Deutschen Meisterschaft, 1954 gelingt ihm der nächste Schwabenstreich – der erste Pokalsieg

Hoch das Bein: Auch die Balletteinlagen der Kölner können die Schwaben im Endspiel nicht schocken. Im Vorfeld von den Geißböcken als Altherrenmannschaft tituliert, läßt sich die Hintermannschaft des VfB mit Pit Krieger (links) in 120 Minuten nicht einmal überlisten.

Verlegenheit, seine stets elegante Torhüterkleidung im Schmutz und Staub des Strafraumes zu wälzen: 0:0 zur Pause!
Erst ein Pfiff von Schiedsrichter Dusch bringt die Emotionen so richtig in Wallung. „Das war niemals Elfmeter", empört sich Stuttgarts Keeper Karl Bögelein in der 75. Minute, als Schäfer nach einem Zweikampf mit Barufka zu Fall kommt. Große Frage bei den Kölnern: „Wer soll

Dörners Nerven versagen

schießen?" Der Elferspezialist Josef Röhrig hat sich kurz zuvor verletzt, wird immer noch an der Außenlinie behandelt. Da nimmt ausgerechnet Dörner, der jüngste im Team, sein Herz in beide Hände. Sekunden später ist der 23jährige untröstlich, sein Schuß streicht am rechten Pfosten vorbei ins Aus. Als Waldner in der Verlängerung zum entscheidenden 1:0 für die Schwaben trifft, ist Dörner erst recht der traurigste Mann auf dem Platz. „Wenn ich den Kleinen beim Schuß durch mein Hinundherwackeln nicht so irritiert hätte", könnten wir uns jetzt nicht über unser Geld freuen", frohlockt VfB-Torhüter Bögelein, als jedem Stuttgarter ein Umschlag mit der Siegprämie von 500 Mark in die Hand gedrückt wird.

„Das Beste, was uns passieren kann"

Herzlichen Glückwunsch: DFB-Präsident Peco Bauwens ehrt nach dem Schlußpfiff die neuen Pokalsieger. Nachdem er zuerst VfB-Kapitän Schlienz gratuliert hat, ist jetzt Torhüter Bögelein an der Reihe

Herr der Lüfte: Durch hohe Flanken ist de Munck nicht beizukommen. Auch hier packt er sicher zu

ENERGIZER BATTERIEN
& LOTHAR MATTHÄUS
SETZEN
AUF AUSDAUER.
Energizer
Official Battery of World Cup'94
Energizer®
UCAR
Die Batterie, die hält . . . und hält . . . und hält . . .

21. Mai 1955: Karlsruher SC – Schalke 04 3:2

Frühwirths „Fohlen" stolpern: Der KSC erstmals Pokalsieger!

Einmarsch der Gladiatoren: 25.000 Zuschauer warten in Braunschweig voller Spannung auf das zwölfte deutsche Pokalfinale

Fangbereit: KSC-Tormann Fischer ist rechtzeitig herausgelaufen, um den Schalker Flankenball zu entschärfen

Premiere in der deutschen Fußballgeschichte: Erstmals ist Braunschweig Austragungsort des Pokalfinales. Von einem „neutralen Platz" kann aus Karlsruher Sicht allerdings keine Rede sein. Denn der Schalker Anhang stellt unter den rund 25.000 Besuchern im total überfüllten Eintracht-Stadion die deutliche Mehrheit. KSC-Trainer Alfred Pattek spricht von „Wembley-Verhältnissen".

„Edi Frühwirths Fohlen" – der Schalker Altersschnitt liegt bei 22 Jahren – gelten allgemein als Favoriten. Nur der Braunschweiger Trainer Edmund Conen, der am Vorabend des Spiels noch mit KSC-Kollege Pattek im Hotel „Monopol" fachsimpelt, glaubt fest an einen Karlsruher Sieg und macht seinen süddeutschen Landsleuten Mut: „Denkt an euer Spiel in Stuttgart. Mit so einer Leistung könnt ihr auch die Schalker schaffen!" Conen spricht das Viertelfinale der diesjährigen Pokalrunde an, als der KSC überraschend Titelverteidiger VfB Stuttgart aus dem Pokalrennen schoß – 5:2!

Auch die Finalisten stürmen frech darauflos. So wechseln sich die Torraumszenen auf beiden Seiten – zur Freude der 30.000 – laufend ab, beim

„Spitz, spiel rüber"

„Toreschießen" geht es munter hin und her. Nach dem 1:1 zur Pause – Kunkel (20.) trifft für den KSC, und Sadlowski (44.) ist für Schalke erfolgreich – setzen beide Teams ihr bedingungsloses Angriffsspiel fort. Aber erst 20 Minuten vor dem Abpfiff folgt der nächste Torjubel. KSC-Keeper Rudi Fischer und die königsblauen Angreifer Krämer

Alles unter Kontrolle: Auch in dieser Szene ist Fischer Herr der Lage

1955: Karlsruher SC

Erster Erfolg des „neuen" KSC: Helmut Hodel (Spielausschußvors.), Trainer Pattek, Roth, Schäfer, Strittmatter, Beck, Baureis, Geesmann, Kunkel, Bechtel, Masseur Höger (stehend v. l.); Traub, Rudi Fischer, Sommerlatt, Max Fischer, Kohn, Dannenmeier (v. l.)

und Sadlowski springen einem Flankenball entgegen, kurzer, aber heftiger Zusammenprall in der Luft, plötzlich fällt das Leder S04-Mittelstürmer Sadlowski vor die Füße, und der hat keine Mühe, es über die Torlinie zu drücken „Die haben mich voll in die Zange genommen", beschwert sich Fischer bei Schiedsrichter Treichel (Berlin).

Ganze Stadt geflaggt

Vergebens! Der Unparteiische läßt sich nicht beirren. 2:1 für Schalke – der Sieg?!

Die KSC-Antwort läßt nicht lange auf sich warten. Kurt Sommerlatt, der überragende Regisseur, nutzt die freien Räume, die ihm der plötzlich defensivere Gegner bietet. „Spitz", brüllt er auf die linke Angriffsseite, „los, spiel den Ball endlich rüber!" Gesagt, getan: Anton „Spitz" Kohns Paß nimmt Sommerlatt volley – ein „Traumtor" zum 2:2 (83.). Die nun erwartete Verlängerung macht „Ossi" Traub nur 120 Sekunden später mit einem Kunstschuß überflüssig. Fast von der Eckfahne aus zirkelt er einen stark angeschnittenen Ball, der an der Querlatte langstreicht, über den guten Schalker Keeper Orzessek hinweg ins lange Eck – 3:2 für den KSC.

Die glücklichen „Sieger von Braunschweig" werden bei der Rückkehr nach Karlsruhe von einer unüberschaubaren Menschenmenge am Hauptbahnhof empfangen und auf den Schultern kräftiger Männer zum Empfang ins Rathaus getragen. Sogar alle städtischen und staatlichen Gebäude sind geflaggt, allerdings nicht zu Ehren des siegreichen KSC, sondern zur Erinnerung an die Verkündung des Grundgesetzes der Bundesrepublik vor sechs Jahren.

Siegerehrung: DFB-Präsident Dr. Peco Bauwens überreicht dem KSC-Torschützen Sommerlatt den Pokal. „Los, Spitz, spiel den Ball endlich rüber!"

5. August 1956: Karlsruher SC – Hamburger SV 3:1

Final-Premiere für Uwe Seeler, aber der Matchwinner heißt Berni!

Wimpeltausch: KSC-Mannschaftsführer Baureis (rechts) und HSV-Kapitän Posipal

KSC-Keeper Rudi Fischer und Verteidiger Werner Hesse (Nr. 2) verteidigen ihren Kasten gegen HSV-Spieler Stürmer

Der 13. Pokalwettbewerb steht unter einem unglücklichen Stern. Durch eine Regeländerung ist aus den Regionalverbänden Berlin, Nord, West, Südwest und Süd nur jeweils eine Mannschaft teilnahmeberechtigt. Damit verloren die Spiele um den Vereinspokal ihre gerade gewonnene Zuschauergunst binnen einer Saison. Besonders die Situation im Süden verdeutlicht die von den Fußballfreunden nicht nachvollziehbaren Bedingungen. Wegen „Terminschwierigkeiten" verzichtet der süddeutsche Fußballverband gänzlich auf Qualifikations- oder Vorrundenspiele und „entsendet" den KSC als Vorjahressieger in die Schlußrunde. Klangvolle Namen in der jungen Pokalgeschichte wie VfB Stuttgart, Waldhof Mannheim, Kickers Offenbach und der 1. FC Nürnberg haben keine Chance auf den Pokalsieg. Auch die Presse reagiert inklusive der Sportzeitungen und reduziert die Berichterstattung über den DFB-Pokal auf ein Minimum.

Trotz des Heimvorteils, auch einmalig in der Pokalgeschichte, finden nur 25.000 Zuschauer am 5. August den Weg zum Finale ins Karlsruher Wildparkstadion. Noch sitzt der Frust beim KSC-Anhang über das Ende Juni in Berlin verlorene Meisterschaftsendspiel (2:4 gegen Borussia Dortmund) zu tief. Auch in der Mannschaft, die auf drei Positionen neu besetzt ist, rumort es. Der neue KSC-Trainer Ludwig Janda muß jede Menge Streicheleinheiten verteilen, um

Uwe Seelers frühes Tor (16. Min.) „weckte" die KSC-Abwehr. Wie hier gegen Geesmann bekam der HSV-Mittelstürmer kaum noch eine Schnitte

Pokalsieger

1956: Karlsruher SC

Die erfolgreichen Pokalverteidiger: Sommerlatt, Termath, Siedl, Traub, Hesse, Ruppenstein, Geesmann, Beck, Kohn, Rudi Fischer, Baureis (von links)

sein Team auf den Hamburger SV einzustellen. Seine Befürchtung: „Die halbe Mannschaft ist mit dem Kopf noch in Berlin" scheint sich schnell zu be-

„Hauptsache, gewonnen"

wahrheiten. Jung-Nationalspieler Uwe Seeler bringt die Gäste 1:0 in Front (16.). Als es die jungen HSV-Akteure in der Folgezeit versäumen „den Sack zuzumachen", setzen sich zunehmend die routinierten Karlsruher Termath, Siedl und Sommerlatt in Szene. Insbesondere Berni Termath, der schon 1953 mit Rot-Weiß Essen Pokalsieger wurde, wird zum Hauptdarsteller der Partie. Noch vor der Pause erzielt er den Ausgleich (40.). Der Führungstreffer zum 2:1 (62.) geht ebenso auf seine Kappe wie die Vorbereitung zum entscheidenden 3:1 durch Kohn (86.). „Der Berni hat uns alle mitgerissen", lobt KSC-Keeper Rudi Fischer den neuen Kollegen. Der zweifache Torschütze verblüfft nach Spielende einen Rundfunkreporter. Als der ihm erzählt, daß Sepp Herberger auf der Tribüne gesessen und er „beim Bundestrainer sicher wieder ein Stein im Brett" habe, entgegnet Termath nur trocken: „Das ist mir wurscht, Hauptsache, wir haben gewonnen!"

Gleich schlägt's ein: HSV-Stürmer Uwe Seeler auf dem Weg zum 1:0. KSC-Schlußmann Rudi Fischer bleibt nur das Nachsehen

Gekonnte Flugeinlage: KSC-Stürmer Kohn gehört im Finale zu den Besten im Team des Pokalverteidigers, erzielt auf Vorarbeit von Berni Termath drei Minuten vor dem Abpfiff das entscheidende 3:1

29. Dezember 1957: Bayern München – Fortuna Düsseldorf 1:0

Ausgerutscht: Fortuna zum zweiten Mal ohne Glück!

Abgeschirmt: Bayern-Stürmer Huber deckt das Leder geschickt gegen den von hinten attackierenden Jäger ab

Nachdem sich die Dominanz in Sachen Deutsche Meisterschaft in den vergangenen Jahren zunehmend nach Westdeutschland verlagerte – die Titelträger hießen zuletzt Borussia Dortmund (1956 u. '57) und Rot-Weiß Essen (1955) – bleibt der DFB-Pokal die Domäne des Südens. Mit Bayern München tritt im 14. Pokalfinale allerdings ein bis dato wenig bekannter Südvertreter ins Rampenlicht. Eigentlich wäre Fortuna Düsseldorf bei der zweiten Finalteilnahme nach 1937 am 29. Dezember 1957 als erklärter Favorit ins Augsburger Rosenaustadion eingelaufen, aber starke Schneefälle veränderten quasi über Nacht die Vorzeichen. „Der schneebedeckte Boden kommt uns Bayern entgegen. Wir haben beim Aufwärmen dreimal die Schuhe gewechselt, jetzt kann's losgehen", frohlockt Kurt Sommerlatt. Der Neu-Münchner will zum drittenmal hintereinander Pokalsieger werden, nachdem er in den zwei Jahren zuvor jeweils mit dem Karlsruher SC erfolgreich war.

Angefeuert von der Mehrzahl der rund 35.000 Besucher, kommen die Bayern auf dem glatten Untergrund tatsächlich wesentlich besser zurecht. Von Beginn an setzen sie die Düsseldorfer Deckung um den glänzenden Torwart Görtz enorm unter Druck. Der Fortuna-Keeper rückt immer mehr in den Mittelpunkt des Geschehens. Gleich serienweise wehrt er die Geschosse

Erfolgreiches Dribbling von Sommerlatt: Fortuna am Boden und am Ende mit 0:1 verloren

Pokalsieger
1957: FC Bayern München

Die ersten Pokalsieger des FC Bayern: Bauer, Fazekas, Manthey, Knauer, Mayer, Siedl, Sommerlatt, Jobst, Landerer, Velhorn, Huber (von links)

von Siedl, Jobst, Sommerlatt und Co. ab. Auch der gute Kaiserlauterer Schiedsrichter Albert Dusch muß Schwerstarbeit verrichten und hat seine liebe Mühe bei der Gretchenfrage: Foul oder ausgerutscht? Bayerncoach Wilibald Hahn und sein Düsseldorfer Kollege Hermann Lindemann sind sich einig: „Der Schiri ist in Ordnung!"

Auf der Tribüne zeigt sich Bundestrainer Sepp Herberger besonders von Rudi Jobst beeindruckt: „Der macht das Spiel der

Beim dritten Mal klappt's

Bayern! Jobst ist schneller, als es aussieht, da er den Ball gekonnt laufen läßt." In der 80. Minute krönt „Nationalspieler in spe" Jobst seine Leistung: Erst wehrt ein Verteidiger auf der Linie ab, dann ist noch mal Keeper Görtz zur Stelle; der dritte Schuß zappelt im Düsseldorfer Gehäuse. Endlich kommen die zahllosen weiß-roten Fähnchen und die Trompeten der rund 15.000 mitgereisten Münchner Fans zum Einsatz, die bis zum Schlußpfiff das „goldene Tor" bejubeln. Versöhnliche Geste beim DFB-Bankett am Abend im Hotel „Drei Mohren": Bayern-Spielführer Hans Bauer reicht Fortunas Nationalspieler Erich Juskowiak den sektgefüllten Pokal zum ersten Schluck: „Prost auf den ersten Pokalsieg des FC Bayern München!"

Das goldene Tor: Jubelnd reißt Bayerns Jobst die Arme hoch, er hat zum entscheidenden 1:0 getroffen. „Prost auf den ersten Pokalsieg!"

Herzlichen Glückwunsch: Bayern-Kapitän Bauer nimmt den Pokal aus den Händen von DFB-Vizepräsident Hans Huber entgegen. Im Hintergrund (mit Hut) DFB-Generalsekretär Hans Paslack

16. November 1958: VfB Stuttgart – Fortuna Düsseldorf 4:3

Sieg im Finalkrimi: Weise erfüllt sich Jugendtraum!

Schweren Herzens: Hans Körfer, DFB-Spielausschußvorsitzender, gratuliert VfB-Kapitän Schlienz. Das Düsseldorfer Vereinsmitglied hätte es natürlich lieber gesehen, wenn seine Fortunen als Sieger zu ihm gekommen wären

„Einmal in solch einer Mannschaft spielen." Lothar Weise, schon als junger Spieler mit Erfurt zweimal DDR-Meister, schwärmte bereits mit 18 Jahren für die Mannschaft des VfB Stuttgart und den Fußball, den sie spielte. Nachdem es den talentierten Mittelstürmer 1957 ins Schwabenland zu den Kickers zog, ging sein großer Wunsch schon ein Jahr später in Erfüllung. Ein Spiel vor dem Pokalfinale gegen Fortuna Düsseldorf spielt Weise zum ersten Mal im VfB-Dreß. Eine Premiere, die er nie mehr vergessen wird. Es sind gerade vier Minuten vorüber, als Rolf Geiger in Nürnberg aus spitzem Winkel das 1:0 für die Gäste erzielt. Denken jedenfalls Spieler, Trainer, Zuschauer und auch der Schiedsrichter. Doch der vermeintliche Torschütze hat es genauer gesehen: „Schiedsrichter, der Ball ist durch ein Loch im Außennetz ins Tor gerutscht", beichtet Geiger dem Unparteiischen. In der Halbzeitpause hagelt es anschließend

„Ich mach' noch eins"

Proteste einiger Teamkollegen: „Wie kannst du denn so blöd sein und zugeben, daß es kein Tor war? Hast du vergessen, daß wir 100 Mark pro Punkt bekommen?" raunzt ihn Oskar Hartl an. „Reg dich wieder ab, ich geh' jetzt raus und mach' noch eins", spricht's und trifft zum 1:0. Die Schwaben gewinnen die Finalgeneralprobe ge-

Endstation Sawitzki: Energisch boxt der VfB-Schlußmann das Leder zurück ins Feld

Entsetztes Gesicht: Düsseldorfs Torwart Klose ohne Fortune, Stuttgarts Stürmer Weise (nicht im Bild) hat zum entscheidenden 4:3 getroffen. „Wie kannst du denn so blöd sein?"

Pokalsieger 1958: VfB Stuttgart

Die Macher des zweiten Schwabenstreichs: Waldner, Praxl, Geiger, Eisele, Blessing, Schlienz, Hartl, Hoffmann (stehend von links); Seibold, Sawitzki, Weise (hockend von links)

gen den Club mit 2:1, und Rolf Geiger darf sich anschließend über die Auszeichnung „Fairster Sportler des Jahres" freuen.
Im Finale gegen die favorisierten Fortunen aus Düsseldorf stehen allerdings zwei andere Spieler im Mittelpunkt: zum einen Lothar Weise, der 60 Sekunden vor dem Halbzeitpfiff wegen einer Knieverletzung vom Platz getragen wird, und zum anderen Günther Sawitzki. Der VfB-Keeper, der während der Spiele immer eine Mütze trägt, damit Bundestrainer Sepp Herberger die langen, zum Zopf gebundenen Haare nicht unangenehm auffallen, bringt die Rheinländer in den ersten 45 Minuten reihenweise zur Verzweiflung. Bei ihm können sich seine Teamkollegen zur Pause für die 1:0-Führung bedanken. Im zweiten Durchgang entwickelt sich das bislang dramatischste deutsche Pokalfinale. Fünf Tore in dreißig Minuten stürzen Aktive und Zuschauer in ein Wechselbad der Gefühle. 2:1 für Düsseldorf, 3:2 für Stuttgart, wieder der Ausgleich: 3:3 – Verlängerung. Längst hat die untergehende Sonne den Kampf

Schwierige Aufgabe

gegen die einbrechende Dunkelheit verloren, als die große Stunde von Lothar Weise schlägt. Trotz seiner Knieverletzung wieder im Spiel, verlängert er in der 113. Minute eine Blessing-Hereingabe in den Kasten des Favoriten: 4:3, der Pokal gehört dem VfB. „Unglaublich, erst mein zweites Spiel und dann so ein Erfolg. Für mich geht ein Jugendtraum in Erfüllung", jubelt der Matchwinner.

Die schwerste Aufgabe hat anschließend Hans Körfer zu bewältigen. Der DFB-Spielausschußvorsitzende muß VfB-Kapitän Robert Schlienz die Trophäe überreichen. Hans Körfer ist Mitglied der Düsseldorfer Fortuna.

Der Mann mit der Mütze: Damit Bundestrainer Sepp Herberger bei Sawitzkis Flugparaden dessen Pferdeschwanz nicht störend ins Auge fällt, spielt der VfB-Tormann immer mit Kopfbedeckung

27. Dezember 1959: Schwarz-Weiß Essen – Borussia Neunkirchen 5:2

Verrückt: Charly „unten ohne" und im Finale nur mit links!

12. Dezember 1959: Die Sensationsmannschaft des Jahres macht sich auf den Weg zum nächsten Favoritensturz. Erst hatten sie die favorisierte Westfalia aus Herne im Westdeutschen Pokalendspiel geschlagen, dann wurde Hertha BSC im Berliner Poststadion nach 2:3-Rückstand noch mit 6:3 bezwungen, und jetzt soll der große HSV dran glauben müssen. Doch in Hamburg wird das Überraschungsteam von Schwarz-Weiß Essen nur müde belächelt: „Wo wollt ihr denn hin, was seid ihr denn für 'ne Truppe?"
„Fahren sie uns zum HSV, heute steigt das Pokalhalbfinale."
In den erstaunten Blick des Busfahrers mischen sich leichte Züge von Mitgefühl und Mitleid: „Um Gottes willen, ihr wollt zum Rothenbaum, na, dann viel Vergnügen."
Die Essener können nur ungläubig den Kopf schütteln: „Das gibt es doch überhaupt nicht.

Stolzer Pokalsieger: Kasperski reckt die Trophäe in die Höhe, Hubert Schieth „tröstet" sich mit dem Blumenstrauß. „Nur noch mit links"

„Mindestens fünf Stück"

Egal wo man hinkommt, wird nur über die Höhe unserer Niederlage diskutiert. Der Masseur von Concordia Hamburg hat mir prophezeit, daß wir mindestens fünf Stück kriegen", erzählt Verteidiger Heinz Ingenbold von seinem gestrigen Aha-Erlebnis. Doch das Selbstbewußtsein der Jungs aus dem Ruhrpott leidet unter der Siegesgewißheit der Hanseaten keineswegs. Immerhin sind die Essener auch in der Oberliga seit sieben Spielen ungeschlagen, holten zuletzt 12:2 Punkte. Für die Mannen um Mannschaftskapitän Edmund Kasperski ist klar: „Für uns ist das Spiel gegen den HSV schon das Finale, denn wenn wir auch

Pokalsieger 1959: ETB Schwarz-Weiß Essen

Das Pokalüberraschungsteam 1959: Mozin, Ingenbold, Kasperski, Merchel, Rummel, Pips, Schieth, Steinmann, Küppers, Klöckner, Trimhold (von links)

hier bestehen, gehört der Pokal uns. Das eigentliche Endspiel gegen Borussia Neunkirchen wäre keine echte Hürde mehr." Während der letzten Mannschaftsbesprechung vor dem Anpfiff kommt allerdings Unruhe auf. Trainer Hans Wendlandt sorgt für eine Überraschung: „Schmidt spielt heute gegen Dörfel. Du läufst auf 100 Meter 15, der nur elf Sekunden", erklärt er Karl-Heinz Mozin, warum er sich nicht, wie eigentlich erwartet, um den schnellen HSV-Stürmer kümmern soll. Aber die taktische Variante erweist sich als Fehlschlag. Dörfel ist von Manfred Schmidt nicht zu bremsen, sorgt in der Anfangsphase ständig für Unruhe in der Essener Hintermann-

Verwunderte Zuschauer

schaft. „Trainer, das wird so nichts, lassen sie mich gegen den Charly spielen, dann hat sich die Wirbelei schnell erledigt", ruft Mozin an der Außenlinie seinem Coach zu. Hans Wendlandt nickt, und Charly Dörfel hat fortan wenig zu lachen. Mit knallharter Manndeckung wird ihm der Schneid abgekauft, der Außenseiter kommt von Minute zu Minute

Zweifacher Torschütze: Manfred Rummel (rechts) brachte die überlegenen Essener im Finale auf die Siegerstraße. Der Stürmer erzielte in der 25. und 50. Minute die beiden ersten Treffer für die Schwarz-Weißen

Erst kurz vor dem Anpfiff ins Team gerutscht: Horst Trimhold (links) bekam den Vorzug vor Teamkollege Manfred Schmidt und bedankt sich bei seinem Trainer Hans Wendlandt mit dem Treffer zum 4:0

besser ins Spiel. Als es zur Pause trotz guter HSV-Chancen immer noch 0:0 steht, reiben sich die ersten der rund 15.000 Zuschauer verwundert die Augen. Die Essener lassen sich nach dem Wechsel auch durch die Führung der Hanseaten nicht beeindrucken und erzwingen durch Rummels Ausgleich die Verlängerung.

Charly Dörfel ohne Hose

Als der Stürmer in der 95. Minute zum zweiten Mal zuschlägt, ist die Sensation zum Greifen nahe. Doch kurz vor Schluß ein lauter Schrei. Essens Keeper Merchel hat sich an der Hand verletzt. Nach einer kurzen Behandlung steht fest: Die Schmerzen sind zu groß, es geht nicht mehr! Ohne lange zu zögern, zieht sich Karl-Heinz Mozin sein Trikot aus und stellt sich mit nacktem Oberkörper als neuer Torhüter ins Essener Gehäuse. „So geht's nun aber nicht", faucht ihn Schiedsrichter Sparing an. Der Unparteiische schlüpft aus seiner Schiedsrichterjacke und drückt sie Mozin in die Hand: „Anziehen, aber sofort." „Der Bekloppte", wie er von seinen Teamko legen scherzhaft gerufen wird, gehorcht aufs Wort und konzentriert sich auf seine neue Aufgabe. Zwei Minuten müssen die Essener noch überstehen, als Mozins Gegenspieler Dörfel auf den Gelegenheitstorhüter zu und an ihm vorbei in Richtung Strafraum stürmt. „Notbremse" ist das letzte, was Mozin zu hören bekommt, als er Dörfel im Hechtsprung zu fassen bekommt und ihm mit einem Ruck die Hose herunterreißt. Dörfel, völlig verdutzt, steht vor 15.000 Zuschauern plötzlich „unten ohne" da und vergißt vor lauter Scham, den Ball ins leere Tor zu schießen. „Runter mit der Sau, Schiri, schmeiß ihn runter", die HSV-Fans sind außer sich vor Wut. Für alle auf dem Platz ist klar, dafür gibt's Rot! Nur einem nicht: Karl-Heinz Mozin. „Bitte, Schiri, schmeiß mich nicht vom

„Gegen die verlieren wir nie"

Platz, bitte, laß mich drauf. Ich bin verheiratet, meine Frau macht mir die Hölle heiß, wenn ich im Finale nicht dabei bin. Bitte, Schiri, schmeiß mich nicht vom Platz." Die flehenden Worte des Übeltäters zeigen Wirkung. Schiedsrichter Sparing entscheidet auf Freistoß und schickt Mozin zurück in den Kasten. Uwe Seeler und Co. schütteln verdattert den Kopf, 60 Sekunden später sind sie ausgeschieden, die Essener feiern nicht nur den Einzug ins Finale,

sondern bereits den Pokalsieg: „Jetzt kann uns niemand mehr stoppen." Über die mahnenden Worte des Trainers: „Schön auf dem Teppich bleiben, wir müssen erst noch gegen Neunkirchen gewinnen" können die Himmelsstürmer nur schmunzeln. „Gegen diese Truppe verlieren wir nie", verspricht Heinz Ingenbold. 15 Tage später wollen die Essener das Versprechen einlösen. Vor dem Duell mit dem südwestdeutschen Pokalsieger Borussia Neunkirchen herrscht fast übermütige Stimmung. Einem ist das Lachen

„Mach's mal gut, Hermann"

kurz vor Spielbeginn allerdings vergangen. Manfred Schmidt hat soeben erfahren, daß er seinen Platz in der ersten Elf an Horst Trimhold verloren hat.

„Der Trainer hat ihm nicht verziehen, daß er gegen Dörfel so alt aussah", weiß nicht nur Hubert Schieth, einer der Leitwölfe im Team. So muß Schmidt von draußen mit ansehen, wie seine Teamkollegen mit den Borussen Katz und Maus spielen. 21.000 Zuschauer sind in Kassel Augenzeuge bei der Glanzvorstellung der Schwarz-Weißen, die von fünf schönen Toren gekrönt wird. Als Schieth in der 80. Minute das 5:0 erzielt, läuten die Essener zehn einmalige Schlußminuten der deutschen Pokalgeschichte ein. „Nur noch mit links" heißt die kuriose Devise des neuen Pokalsiegers. Als das immer noch nicht reicht, um den Neunkirchnern das Ehrentor zu ermöglichen, lassen die siegestrunkenen Essener ihren Torhüter mit Ball und Gegner allein in der eigenen Abwehr. „Hermann, mach's mal gut, wir verschwinden nach vorne", rufen ihm seine Mitspieler zu. „Wenn schon, denn schon", denkt sich Merchel, versucht sich jetzt selbst im Dribbling. Doch zweimal geht die Sache ins Auge. So kommen die Borussen wenigstens noch zur Ergebniskosmetik – 2:5! Doch das stört im Lager der Essener

Neue Briefbögen drucken

niemanden mehr. Das Happy-End für die Überflieger des Jahres ist längst perfekt. Schon Mitte der zweiten Halbzeit hatte Finanzdirektor Joachim Gerloff, seit zwei Jahren 1. Vorsitzender der Schwarz-Weißen, die Umschläge mit der Siegprämie herausgerückt. Als sich Karl-Heinz Mozin bei ihm für die 500 Mark bedankt, gibt er Gerloff noch einen hellseherischen Rat mit auf den Weg: „Jetzt können sie beruhigt neue Briefbögen für den Verein drucken lassen. Solch einen Erfolg wird es hier so schnell nicht mehr geben."

Im Trio jubelt sich's schöner: Trimhold hat Rummel in seine Arme geschlossen, gleich gesellt sich auch noch Küppers dazu. „Gegen diese Truppe verlieren wir nie"

Jubel per Kopfstand: Trimhold hat eine etwas eigene Art, sich über den Treffer von Rummel (am Boden liegend vor den Füßen von Borussen-Torhüter Jirsek) zu freuen

5. Oktober 1960: Bor. Mönchengladbach – Karlsruher SC 3:2

Teamgeist triumphiert, aber auch das Losglück half mit!

Sieger und Verlierer: Borussias strahlender Kapitän Brülls und sein Freund in Diensten des KSC, Szymaniak

Die westdeutschen Regionalligisten sorgen weiter für Furore. Im Vorjahr gewann sensationell Schwarz-Weiß Essen den DFB-Pokal, dieses Mal schickt sich Borussia Mönchengladbach an, die Eliteclubs zu schocken. Im Viertelfinale des westdeutschen Vereinspokals können die Schützlinge von Trainer Bernd Oles zwar von Glück reden, daß sie nach zweimal 3:3 gegen Alemannia Aachen per Losentscheid gweiterkommen, aber schon in der nächsten Runde geht es richtig zu Sache: Das 4:3 bei Borussia Dortmund läßt die Fangemeinde erstmals aufhorchen. Als dann im Finale auch noch der 1. FC Köln mit einer 1:3-Niederlage zurück an den Rhein geschickt wird, hätte der Hamburger SV eigentlich gewarnt sein müssen. Doch genau wie im Vorjahr gegen Essen lassen sich die Hanseaten erneut übertölpeln. Die Startruppe des frischgebackenen deutschen Meisters gerät bereits nach zwei Minuten in Rückstand und scheitert am Ende auch bei seiner vierten Halbfinalteilnahme nach der kriegs-

Gleich geht's los. Brülls und Ruppenstein beim Wimpeltausch. In der Mitte Schiedsrichter Dusch aus Kaiserslautern

Entgeisterter Blick: Brülls hat aus der Distanz abgezogen und KSC-Torhüter Jungmann den schon sicher geglaubten Ball passieren lassen. 3:2 für Borussia – die Entscheidung. „Weiß genau, was ich machen muß ..."

Die Sieger vom Bökelberg vor dem Anpfiff: Brülls, G. Jansen, Kohn, Göbbels, de Lange, Pfeiffer, Fendel, Brungs, Frontzeck, Mülhausen, A. Jansen (von links)

bedingten Unterbrechung: 0:2! „Sepp Herberger ist zwar nicht unser Trainer, aber mit seiner These, ‚Elf Freunde müßt ihr sein' haben wir es ganz schön weit gebracht", freut sich Nationalspieler Albert Brülls, der in Hamburg für das 1:0 gesorgt hatte.

„Nein, Albert, du spielst nicht gegen den Horst. Ihr seid viel zu gut befreundet." Bernd Oles hält nicht viel davon, daß Brülls im Finale den Zweikampf mit seinem engen Freund Horst

Borussenjubel: Die Anhänger der Mönchengladbacher lassen Mannschaftskapitän und Matchwinner Albert Brülls hochleben. Für die später, in den 70er Jahren, so erfolgreichen Gladbacher ist es der erste Titelgewinn in der Vereinsgeschichte

Packende Zweikämpfe: Die 90 Pokalminuten ziehen die Zuschauer in ihren Bann. So wie Gladbachs Kohn in dieser Szene sind die Borussen auch am Ende der Partie einen Tick besser. „Teamgeist war entscheidend"

Zu spät: Wieder können die Karlsruher kein Kapital aus ihren hohen Flanken schlagen. Gladbachs Keeper Günther Jansen geht mit beiden Fäusten dazwischen

Hoch mit dem Pokal! Brülls präsentiert den rund 50.000 Fans im Düsseldorfer Rheinstadion die begehrte Trophäe

Szymaniak suchen will. „Doch, Trainer, das ist es ja gerade. Ich weiß genau, was ich gegen ihn machen muß", widerspricht der Halbstürmer und setzt sich nicht nur gegen seinen Trainer, sondern im Endspiel auch gegen Szymaniak durch. Immer wieder treibt der Publikumsliebling seine Borussen nach vorn. Und so wundert es niemanden unter

„Nicht schön, aber selten"

den knapp 50.000 Besuchern im Düsseldorfer Rheinstadion, daß die favorisierten Karlsruher (Pokalsieger 1955, '56) zur Halbzeit 1:2 zurückliegen. Auch der erneute Ausgleich wirft die Borussen, von denen zehn direkt aus Mönchengladbach oder dem unmittelbaren Umland stammen, nicht mehr aus der Bahn. Zwei Minuten nach dem KSC-Treffer versucht sich Brülls mit

Kopf und Kragen riskiert: Gladbachs Keeper Jansen schont sich nicht, um in der heißen Schlußphase den knappen Vorsprung über die Zeit zu retten

einem Schuß aus knapp 30 Metern: Was nicht nur für Karlsruhes Torhüter Jungmann wie eine sichere Beute aussieht, reißt den Südvertreter Sekundenbruchteile später aus den Pokalträumen. Denn das Leder dreht sich aus den Armen des

Chance vertan: Gladbachs Stürmer Brungs kommt nach einem Eckball frei zum Kopfball, doch das Leder verfehlt das KSC-Gehäuse. Am Ende reicht es trotzdem zum ersten Pokalsieg für die Borussen

Keepers heraus und rollt ins rechte Toreck. „Nicht schön, aber selten", jubelt der Torschütze, als er eine gute halbe Stunde später den Pokal in den Händen hält und der erste nationale Titelgewinn für Borussia Mönchengladbach unter Dach und Fach ist. Kurz zuvor hätte Brülls, der später als Fußballegionär nach Italien wechselt, so-

Lob für packendes Spiel

gar nach das 4:2 erzielen können, sein Schuß traf aber nur den Pfosten.

„Das war das beste, was uns nach dem Krieg in einem Pokalendspiel geboten wurde", ist nicht nur die Rheinische Post am nächsten Morgen voll des Lobes über die packende Partie. Der Siegeswille der Borussen hatte über die Spielkunst der Badener triumphiert. Albert Brülls' abschließender Kommentar: „Wir können zwar auch ein bißchen Fußball spielen, aber ohne unsere Kameradschaft und unseren Teamgeist hätten wir keine Chance gehabt."

Strahlende Sieger: Die Gladbacher Brülls und Günther Jansen nach der Siegerehrung

13. September 1961: Werder Bremen – 1. FC Kaiserslautern 2:0

„Verlorener Sohn" kürt ersten Pokalsieger Norddeutschlands

Strahlender Kapitän: Schröder darf als erster Spieler einer norddeutschen Mannschaft den Pokal hochleben lassen

23.30 Uhr, die Nacht vor dem Finale. „18, 20, zwo, null, vier, Reh, Contra, Bock!" – Im Hotel „Lohmühle" in Marl geht es hoch her. Horst Barth. Helmut Jagielski, Willi Soya und Willi Wilmowius halten nicht viel von der Bettruhe, die ihnen Trainer Georg Knöpfle ans Herz gelegt hat. Das Quartett verkürzt sich die Zeit des Wartens lieber mit einer munteren Skatrunde. Längst hat sich über den Köpfen der vier Zocker eine dichte Dunstwolke zusammengezogen. „Wenn das der Alte sähe, gäbe es mächtig Ärger", flachst Jagielski, als Teamkollege Barth mal wieder kräftig an seiner Zigarette zieht. Das schlitzohrige Lachen bleibt den vieren im Halse stecken. Denn getreu dem Motto „Wenn man vom Teufel spricht" fliegt plötzlich die Tür aus den Angeln. Ein urgewaltiger Tritt, und „der Alte" steht in der Tür. Zielstrebig suchen seine Blicke die Augen von Horst Barth, der versucht die Zigarette in seiner Handfläche zu verstecken. Vergebens! „Leg die Kippe lieber weg, sonst

Schnelle Bettruhe

verbrennst du dir noch die Pfote", keift er seinem Schützling entgegen. „Erwische ich dich noch mal, gibt es ein paar ins Genick."

Knöpfles deutliche Worte zeigen Wirkung. Die illustre Runde wird schneller aufgelöst als geplant. Zehn Minuten später ist

Ihr habt euch den Sieg verdient: DFB-Präsident Peco Bauwens überreicht Willi Schröder den Pokal

Vergebens: Lauterns Miksa kommt zu spät, der kraftvolle Schuß von Wilmowius ist schon Richtung Tor unterwegs

Die ersten Pokalsieger Norddeutschlands: Schröder, Kokartis, Schütz, Jagielski, Soya, Piontek, Schimeczek, Spielobmann Hundt, Wilmowius, Hänel, Barth, Nachtwey (von links)

das Licht überall erloschen – Bettruhe!
Als am kommenden Abend die Finalisten in die Gelsenkirchener Glückaufkampfbahn einlaufen, ist der rauchige Zwischenfall bereits wieder zu den Akten gelegt und auch Horst Barth mit von der Partie.
„Der Günter Brocker ist ein Trainer-Fuchs, der wird die Lauterer mit Sicherheit bestens auf uns

**„Müssen vollkonzentriert zur Sache gehen": Bremens Jagielski (links) hatte seine Teamkollegen eindringlich vor dem Außenseiter aus Kaiserslautern gewarnt.
Zu Recht: Den Hanseaten wird alles abverlangt**

Torwart im Glück: Der geschickte Heber von Werders Soya senkt sich über Lauterns Schlußmann Schnarr und über dessen Kasten hinweg ins Aus

Weggegrätscht: Lauterns Schneider (im Hintergrund) sieht zu, wie Teamkollege Miksa den Bremer Barth fair vom Ball trennt

eingestellt haben, wir müssen vollkonzentriert zur Sache gehen", warnt Helmut Jagielski die favorisierten Bremer eindringlich vor seinem ehemaligen Teamkollegen und jetzigen Lautern-Coach. Denn genau wie die jetzigen Nordlichter Wilmowius, Soya und Jagielski sind auch die Lauterer Kasperski, Miksa und Trainer Brocker früher für den FC Schalke 04 auf Tore- und Punktejagd gegangen. Kein Wunder, daß sich alle Ex-Blau-Weißen, hüben wie drü-

Schwacher Fuß entscheidet

ben, vor dem Spiel zumindest in einem Punkt einig sind: „Vor heimischer Kulisse auf Schalke den Cup zu holen, wäre eine super Sache", macht aus der alten Liebe niemand einen Hehl.

So ist es für Helmut Jagielski natürlich um so schöner, daß ausgerechnet er, der verlorene Sohn „Jackl", in der 52. Minute den ersten Pokalsieg für eine norddeutsche Mannschaft unter Dach und Fach bringt. Kurz hinter der Mittellinie beginnt der linke Läufer sein Dribbling, umkurvt zwei Lauterer, ehe er aus gut 20 Metern abzieht: 2:0 – die Gegenwehr der „Roten Teufel" vom Betzenberg ist gebrochen. „Nicht zu fassen, daß mir mit meinem schwachen rechten Fuß ein solcher Knaller gelungen ist", schüttelt Helmut „Jackl" Jagielski auch dann noch ungläubig den Kopf, als er schon längst die heißbegehrte Trophäe in den Händen hält.

Bremer Jubel im Quartett: Soya, Barth, Kapitän Schröder und Schmitz (von links)

29. August 1962: 1. FC Nürnberg – Fortuna Düsseldorf 2:1

Hellseher Derwall: „Verlieren ist mein Schicksal!"

23 Jahre drauf gewartet: Zum erstenmal seit 1939 kann wieder ein Club-Kapitän (Ferdinand Wenauer) den Pokal entgegennehmen

Zum viertenmal nimmt Fortuna Düsseldorf Anlauf auf den Pokalsieg. Für den jungen Coach der Rheinländer, Josef („Jupp") Derwall, steigt an diesem 29. August das dritte Endspiel um den Vereinspokal. Als Spieler scheiterte er mit Alemannia Aachen an Rot-Weiß Essen (1953) und mit der Fortuna am VfB Stuttgart (1958). „Mein Schicksal scheint es zu sein, in Pokalfinalen zu verlieren", sieht sich der „Jupp", wie ihn alle nennen, mit seinen Mannen in der Rolle des krassen Außenseiters. Für seinen Gegenüber, den Nürnberger Coach Herbert Widmeyer, ist es das dritte Endspiel in zwei Jahren. Im vorhergehenden Jahr gewann er mit dem Club die achte Meisterschaft (Endspiel 3:0 über Borussia Dortmund). Im diesjährigen Meisterschaftsfinale, am 12. Mai in Berlin, zogen die Nürnberger allerdings mit 0:4 gegen Köln deutlich den kürzeren. Dreieinhalb Monate später und knapp 300 Kilometer westlich, im Niedersachsenstadion zu

Fortuna-Kräfte lassen nach

Hannover, soll nun noch ein Titel für die erfolgsverwöhnten Cluberer her.

Vor 41.000 Zuschauern stehen an diesem windigen Mittwochnachmittag die beiden Torhüter ständig im Blickpunkt des Geschehens und vereiteln mit wahren Glanztaten fast eine Stunde lang auch die dicksten Chancen. Überraschenderweise erreicht die technisch unterlegene Fortuna mit drei, vier Spielzügen mehr Wirkung als der Club mit seinem Kurzpaßspiel. Die logische Folge: 1:0 für Düsseldorf durch Wolfframm (59.). Die Menge auf den Rängen tobt;

Hochgehoben: Flachenecker und Reisch müssen schon kräftig zupacken, um ihren Kapitän samt dem Pokal bei der Jubelei oben zu halten

1. FC Nürnberg

Jubelnde Pokalsieger und ihre Anhänger: Trainer Widmayer, Wild, Wabra, Albrecht, Strehl, Flachenecker, Wenauer, Derbfuß, Hilpert (stehend von links); Haseneder, Reisch, Dachlauer (hockend von links)

endlich hat das Spiel die nötige Würze: ein Tor. Doch der allgemein erwartete Sturmlauf der Nürnberger bleibt aus. Regisseur Gustav Flachenecker drückt zwar von hinten heraus aufs Tempo, doch resultiert die wachsende Club-Überlegenheit aus den rasch nachlassenden Fortuna-Kräften, das Ergebnis des Mammutprogramms der letzten Wochen. Wegen der WM in Chile wurde der Terminkalender des Pokals, von der 1. Hauptrunde bis einschließlich Endspiel, in ein enges, vierwöchiges Korsett gepreßt.

Mit Urschrei auf und davon: Am Ende sind die Cluberer, genau wie hier Kurt Dachlauer, einen Tick schneller als die Fortunen

Siegerjubel: Heinz Strehl reißt voller Glückseligkeit die Arme in die Luft. Teamkollege Tasso Wild (nicht im Bild) hat soeben das entscheidende 2:1 für den Club markiert

Hauptleidtragende: die Fortuna aus Düsseldorf, die in 30 Tagen 13 Spiele zu absolvieren hat. So gelingt Kurt Hasenender das 1:1 (71.) nahezu mühelos, weil er unbedrängt zum Schuß kommt. Da ist auch Ex-Olympia-Torwart Albert Görtz im Fortuna-Gehäuse machtlos, und das Spiel geht in die Verlängerung.

„Manni Krafft stoppt im eigenen Fünfmeterraum den Ball, zögert, und ehe er ihn wegschlagen kann, spurtet Tasso Wild von hinten heran und spitzelt den Ball über die Linie. Diese Szene zum 2:1 (93.) für uns werde ich nie vergessen", ist Nürnbergs Stefan Reisch überzeugt. Unendlich müde und deprimiert, sinken die Fortuna-Recken Karl Hoffmann und Hermann Straschitz zu Boden. Als der streckenweise sehr großzügig pfeifende Schiedsrichter Rolf Seekamp (Bremen) das Spiel unterbricht, damit die beiden auf die Beine kommen, reißen sie sich zusammen und stürmen sogar nach vorne – ohne Erfolg. Rekordmeister Nürnberg

Keine große Feier

ist nach 120 Spielminuten auch Rekord-Pokalsieger. „Da wird anschließend nur die Mannschaft im kleinen Kreis etwas feiern; unsere Anhänger sind noch traurig über das verlorene Meisterschaftsfinale", weiß Stefan Reisch, freut sich aber trotzdem über die 500-Mark-Prämie, die jeder Club-Spieler für den Sieg erhält.

Letzte Anweisung: Trainer Jupp Derwall versucht seine Jungs auf einen Erfolg in der Verlängerung einzuschwören. Vergeblich!

Wie vor den Kopf geschlagen: Düsseldorfs Schlußmann Görts kann es nicht fassen. Während die Nürnberger ihren Siegtreffer bejubeln, muß sich der Fortune mit seiner zweiten Endspiel-Niederlage (nach 1957) abfinden

14. August 1963: Hamburger SV – Borussia Dortmund 3:0

„Borussia-Komplex" abgelegt: „Uns Uwe" sichert den Pokal!

Die Euphorie bei Borussia Dortmund ist riesengroß. Nach dem Gewinn der Deutschen Meisterschaft träumen die Schwarz-Gelben vom Double. Die Ausgangssituation ist vielversprechend, schließlich wartet mit dem HSV im Finale ein Gegner, der in den jüngsten Aufeinandertreffen fast immer ein willkommener Punktelieferant war. Doch wer darauf spekuliert, daß die Hanseaten aufgrund dieser schwarzen Serie schon vor dem Anpfiff den Kopf in den Sand stecken, ist schief gewickelt. „Die fühlen sich viel zu sicher, denken bestimmt, daß sie uns mal eben so im Vorbeigehen vernaschen können. Das ist unsere Chance", glaubt Uwe Seeler. Der Torjäger hat zwar in den vergangenen Wochen häufig gewohnte Form vermissen lassen, sich aber gerade deshalb für den Abschluß der Saison Besonderes vorgenommen. In den Tagen vor dem Finale sind Sonderschichten am heimischen Kopfballpendel keine Seltenheit. Als Schiedsrichter Rudolf Kreitlein die Teams am Nachmittag des 14. August 1963 auf das Spielfeld schickt, kann in den Annalen des DFB-Pokals ein neuer Rekord verzeichnet werden. Zu keinem Finale nach dem Krieg waren bislang mehr Zuschauer gekommen als die

Seltenheit: Uwe Seeler ist zum Zuschauen verurteilt, Borussias Sturm eher am Ball

Pokalsieger 1963: Hamburger SV

Diese Elf bezwang den Meister: Dieter Seeler, Schnoor, Kurbjuhn, Kreuz, Stapelfeldt, Wulf, Boyens, Giesemann, Krug, Uwe Seeler, Dörfel (von links)

Abgezogen: Diesmal trifft Uwe Seeler per Fuß. Borussias Schlußmann Wessel kann dem Leder nur hinterherschauen. Jubelnd reißt Uwe Seeler die Arme hoch. Das 3:0 ist die endgültige Entscheidung

70.000 Fußballfreunde, die im Niedersachsenstadion von Hannover Zeuge eines eindrucksvollen Außenseitersieges werden.

Heimtraining wird belohnt

Von dem zuvor vielzitierten „Borussia-Komplex" ist beim HSV vom Anpfiff an nichts zu spüren. Im Gegenteil: Die Hamburger bestimmen das Spiel, und es ist erstaunlich, daß erst in der 30. Minute der Führungstreffer gelingt. Verantwortlich für den Jubel des blau-weißen Anhangs zeichnet einmal mehr das „Duo infernale". Flanke Charly Dörfel, Kopfball Uwe Seeler – 1:0! „Hab' ich dich wieder so angeschossen, daß das Ding einfach reingehen mußte", witzelt der HSV-Linksaußen. Doch an diesen Spruch hat sich „Uns Uwe" schon längst gewöhnt, auch an die Tatsache, daß sein Flankenzulieferer die Vorlagen in anderen Spielen ab und zu einfach ein paar Zentimeter zu hoch in den Strafraum

Überflieger:
Die Hamburger sind wie in dieser Szene Boyens den Borussen stets überlegen

schlägt, um den „Dicken", wie er von seinen Kollegen gerufen wird, ein bißchen zu ärgern. Doch das war in solch einem wichtigen Endspiel natürlich kein Thema, heute konnte sich Uwe Seeler voll auf Charly Dörfel verlassen. Kein Wunder also, daß es nur zwei Minuten nach der Führung schon wieder klingelt. Erneut war der Mittelstürmer mit dem Kopf zur Stelle und Borussias Torhüter Wessel geschlagen. „Toll, mein Heimtraining am Pendel hat sich voll gelohnt", jubelt der Torschütze. Als Seeler fünf Minuten vor dem Abpfiff nach einem herrlichen Alleingang zum drittenmal trifft, hat sich die enttäuschende Meistertruppe aus Dortmund schon längst aufgegeben. „Wir mußten zwar auf Paul, Schütz, und Konietzka verzichten, doch das soll keine Entschuldigung sein. Wir waren uns unserer Sache wohl zu sicher", resümiert Dortmunds Trainer Hermann Eppenhoff nach dem Spiel. Trost für die Geschlagenen gibt

Charlys Strip als Höhepunkt

es von Bundestrainer Sepp Herberger: „Die Borussen haben mir trotz der Niederlage spielerisch besser gefallen. Aber das gute Zusammenspiel von Dörfel und Seeler hat das Finale entschieden."

Derweilen herrscht bei den Hamburgern schon ausgelassene Stimmung. Nach dem Duschen greifen die Hamburger

Augen zu und durch: Charly Dörfel, sonst Wegbereiter Nummer eins für Uwe Seeler, versucht sich selbst im Kopfballspiel. Dortmunds Torwart Wessel hat aber das höhere Ende für sich. „Hab' ich dich wieder angeschossen"

Zermürbend: Mit seinen Torpedos nahm Uwe Seeler den Borussen die Moral. Zweimal bugsierte der Torjäger den Ball mit Köpfchen ins Tor der Dortmunder. „Mein Heimtraining hat sich gelohnt"

zum Brotmesser und schmieren sich voller Tatendrang ihre Stullen, die sie auf der anschließenden Fete in den heimischen Clubräumen genüßlich bei einem kühlen Bier verspeisen. „Toll gespielt und gewonnen, da kann man auch mal seine Prinzipien über Bord werfen", denkt sich Charly Dörfel und genehmigt sich, ganz im Gegensatz zu seinen sonstigen Gewohnheiten, auch ein Gläschen. Erst eins, dann zwei, dann drei: Plötzlich sind alle Augen auf ihn gerichtet. „Der Strip von Charly ist der Höhepunkt dieses unvergeßlichen Tages", hat auch Willi Giesemann seinen Spaß an Dörfels völlig losgelöstem Tanz auf den HSV-Tischen.

13. Juni 1964: 1860 München – Eintracht Frankfurt 2:0

Mit „Zuckerbrot und Peitsche": Max treibt Löwen zum Pokal!

Als erklärter Favorit und seit dem 24. Januar dieses Jahres ungeschlagen, läuft kurz vor 16 Uhr die Mannschaft von Eintracht Frankfurt in das mit 40.000 Zuschauern nur gut zur Hälfte gefüllte Stuttgarter Neckarstadion ein. Bei Temperaturen um die 40 Grad im Schatten haben viele Fußballfans das Freibad dem glühendheißen Tribünenplatz vorgezogen. Aus München sind mehr als 20.000 Löwenfans angereist. Die Eintracht konnte rund 15.000 Schlachtenbummler mobilisieren.
Der Stuttgarter Oberbürgermeister Dr. Arnulf Klett erklärte beim Empfang der Mannschaften am Vormittag im Rathaus die hohen Temperaturen mit der „heißen Liebe", die in seiner Stadt für den Fußballsport entbrannt sei.
„Niemals war bei einem meiner Spiele so eine Hitze", erinnert sich Manfred Wagner von 1860 auch Jahrzehnte später noch lebhaft an den Schwamm mit kaltem Wasser, der während der gesamten Partie zwischen den Spielern beider Mannschaften sportlich fair hin und her gereicht wird.
Doch die Münchner sind bestens für die extremen Rahmenbedingungen präpariert: Bereits seit vier Tagen sind sie in Eltingen bei Leonberg vor den Toren Stuttgarts im Trainingslager. Chefcoach Max Merkel läßt seine Truppe jeden Tag in der prallsten Mittagssonne mindestens eine Stunde laufen und mit dem Ball arbeiten. Und so machen

Aus dem Netz gefischt: Zwar schön geflogen, aber doch bezwungen – Frankfurts Keeper Loy greift sich den Ball, den er vor wenigen Sekunden passieren lassen mußte

Lang gemacht: Er fliegt und fliegt. Frankfurts Keeper Loy streckt sich dennoch vergebens. Kohlars Volleyschuß schlägt zum 1:0 ein. „Wir sind eben eine richtige Mannschaft"

Pokalsieger
1964: TSV 1860 München

Die „Löwen" mit Pokal: Wagner, Radenkovic, Stemmer, Luttrop, Kohlars, Kraus (stehend von links); Küppers, Heiß, Steiner, Zeiser (hockend von links). Es fehlt: Kapitän Brunnenmeier

die 60er tatsächlich den frischeren Eindruck. Auch den Schock der 11. Minute – Verteidiger Rudi Steiner muß sich mit einer schweren Oberschenkelverletzung auf den linken Flügel stellen – verdauen die Löwen ohne Probleme. Stürmer Fredi Heiß

Treffer vor der Pause

versucht die Lücke auszufüllen. „Wir sind eben eine richtige Mannschaft, da kämpft jeder für jeden", stellt Petar Radenkovic mit Stolz fest. Der 60er-Keeper hat 1953 und '55 mit OFK Belgrad den jugoslawischen Pokal gewonnen und beide Male mit 2:0. Ein gutes Omen? – Einen knallharten Schuß von Lindner (25.) fischt „Radi" gerade noch aus dem Winkel. Seine tadellose Leistung und die seiner Mannschaft begründet er später so: „Wir wollten diesen zweitschönsten Titel – nach der Meisterschaft – unbedingt gewinnen, um gegen andere europäische Teams spielen zu dürfen."
Die Gedanken der Spieler sind wohl schon bei kühlen Getränken für ihre durstigen Kehlen und einem schattigen Plätz-

Auf Nummer sicher: Frankfurts Keeper Loy, bedrängt von 1860-Kapitän Brunnenmeier, boxt das Leder mit den Fäusten aus der Gefahrenzone

Gutgelaunte Kapitäne: Mit einem Lächeln auf den Lippen tauschen Münchens Brunnenmeier (links) und Frankfurts Höfer vor dem Spiel die Wimpel

„Bin i Radi, bin i König." 1860-Schlußmann Radenkovic greift sicher zu, Radi hält seinen Kasten gegen die Eintracht sauber

Der Boß als Triumphator: Löwen-Präsident Wetzel wird nach der Siegerehrung von Brunnenmeier und Radenkovic auf Schultern durchs Stadion getragen

chen, da spurtet Berti Kraus mit dem Ball am Fuß über den rechten Flügel auf und davon. Seine scharfe Hereingabe nimmt Kohlars an der Strafraumgrenze volley und trifft ins linke Toreck – 1:0 (43.).

Nach der Pause bleibt der erwartete Ansturm der Eintracht aus. Ungläubig schüttelt Vereinspräsident Rudi Gramlich, der Seite an Seite mit seinem Münchner Kollegen Adalbert Wenzel und DFB-Präsident Hermann Gösmann auf der Tribüne sitzt, den Kopf. Die Mittelfeldachse der 60er, Zeiser/Luttrop, und Vorstopper Stemmer (gegen Erwin Stein) stören die Bemühungen der Frankfurter schon im Ansatz. Nur einmal (61.) liegt der Ausgleich in der Luft, als „Radi" – von Schämer behindert – den Ball fallen läßt und Manfred Wagner für seinen Keeper retten muß. Doch kurz darauf ist alles klar: Küppers sieht seinen Kapitän Rudi Brunnenmeier in günstiger Position und spielt ihn an. Der Mittelstürmer umkurvt die angreifenden Landerer und Höfer. Sein strammer Schuß mit links läßt Loy im Eintracht-Tor keine Abwehrchance.

Merkels Kritikerschelte

„Vielleicht denken jetzt einige Kritiker anders über meine Methoden", rückt Max Merkel, der Freund von „Zuckerbrot und Peitsche", seine ungewöhnliche, aber erfolgreiche Vorbereitung ins rechte Licht.

Beim Schlußpfiff des (außer in den ersten zehn Minuten) guten Schiedsrichters Malka (Herten) ist das Neckarstadion ein weißblaues Fahnenmeer, ein Vorgeschmack auf den Empfang des Pokalsiegers am Sonntag in München.

Zehntausende säumen die Straßen, als der Autokonvoi mit den siegreichen Löwen zum Rathaus-Empfang fährt. Als Petar Radenkovic aufgefordert wird, eine Rede zu halten, läßt er sich nicht lange bitten: „Ich will nicht viele Worte machen. Wir werden bei den Europacup-Spielen im Stadion sprechen!"

„König Radi" und Co. halten Wort: Ein Jahr später stehen die Münchener Löwen tatsächlich im Finale, unterliegen aber im Londoner Wembley-Stadion Westham United mit 0:2 und erhalten trotzdem einen Pokal! – Das „gentlemanlike" Auftreten der Löwen auf der europäischen Fußballbühne wird mit dem Fairneß-Pokal der UEFA gewürdigt.

Loy mit dem Fuß: Der Eintracht-Keeper muß häufiger eingreifen, als ihm lieb sein kann. Hier rettet er vor Wagner

Loy mit den Fäusten: Auch diesmal ist Frankfurts Schlußmann auf der Hut, rettet vor Münchens Kohlars (rechts)

Löwen-Ehrenrunde nach dem 2. Pokalsieg in der Vereinsgeschichte: Radenkovic, Heiß, Zeiser, Kraus (vorne)

Oberstdorf
Bergdorf–Skidorf

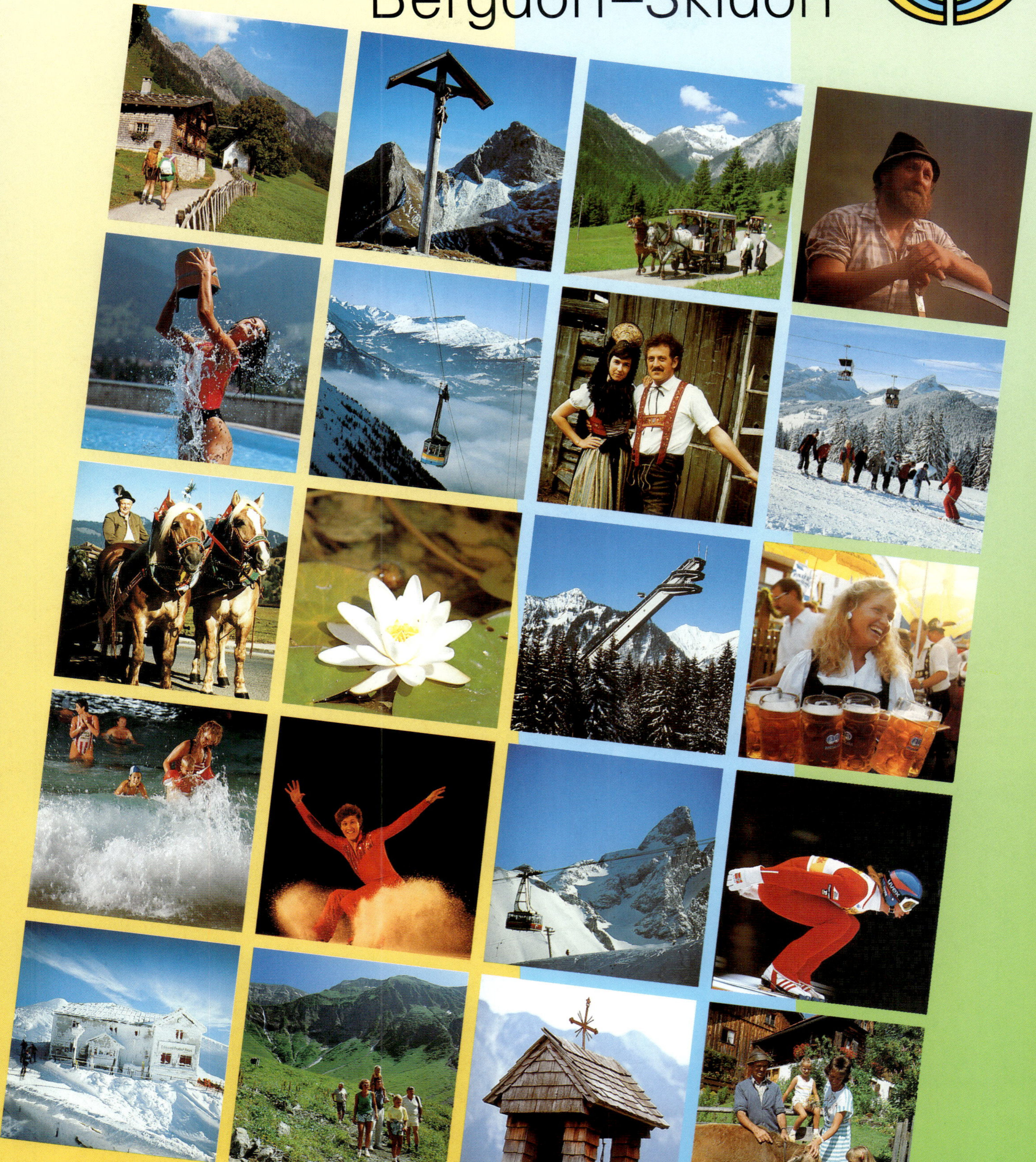

Wir freuen uns auf Ihren Besuch– bis bald in Ihrem Berg-, Ski- und Feriendorf Oberstdorf.

Auskünfte und Information:
Kurverwaltung Oberstdorf
Marktplatz 7 · 87561 Oberstdorf
Telefon 0 83 22 / 7 00-0

22. Mai 1965: Borussia Dortmund – Alemannia Aachen 2:0

Zwei frühe Tore, dann nur noch Langeweile!

Vorstellung: „Acki“ Schmidt macht Bundespräsident Heinrich Lübke mit seinen Teamkollegen bekannt

22. Mai 1965: Pünktlich um 15.40 Uhr landet der Bundeswehrhubschrauber mit Dr. Heinrich Lübke an Bord auf einem Nebenplatz des bereits gutgefüllten Niedersachsenstadions in Hannover. Zeitgleich bekommen die Finalisten Borussia Dortmund und Alemannia Aachen unerwarteten Kabinenbesuch. „Unser Bundespräsident haßt es, wenn man ihm zu fest die Hand drückt. Halten Sie sich also bitte etwas zurück, meine Herren“, lautet die freundliche, aber bestimmte Anweisung von DFB-Sekretär Hermann Joch. So hat Deutschlands Staatsoberhaupt anschließend keine Mühe, das Shakehands unbeschadet zu überstehen. Im Gegenteil: Einmal muß sich Lübke sogar das Lachen verkneifen. „Ich habe ihn mit dem Mittelfinger die Handfläche gekitzelt, aber er hat sich nichts anmerken lassen“, berichtet Schlitzohr Timo Konietzka seinem Teamkollegen Theo Redder. Noch einmal herzhaft gelacht, dann wird Ernst gemacht.
Der große Favorit Borussia läßt von Beginn an keine Zweifel auf-

Schnelle Entscheidung

kommen, daß Regionalligist Aachen an diesem Nachmittag keine Chance auf den Cupgewinn besitzt. Die Alemannia hat zwar dank einer bravourösen Halbfinalleistung (4:3-Sieg nach 1:3-Rückstand) gegen Schalke 04 das große Revierderby platzen

Klasse gemacht: Mit einem geschickten Heber überwindet Schmidt Aachens Torhüter Prokop – 1:0

Duell: Aachens Hermandung (rechts) versucht die Kreise von Konietzka zu stören

Pokalsieger
1965: BV 09 Borussia Dortmund

Die siegreichen Borussen: Tilkowski, Sturm, Paul, Emmerich, Redder, Trainer Eppenhoff (stehend von links), Straschitz, Wosab, Konietzka, Schmidt, Kurrat, Cyliax (hockend von links)

lassen, doch diesmal werden ihr schnell die Grenzen aufgezeigt. Aki Schmidt stellt bereits nach elf Minuten mit einem geschickten Heber die Siegweichen. Als dann nur acht Minuten später Lothar Emmerich, „der Mann mit der linken Klebe", mit seinem schwachen rechten Fuß aus rund 20 Metern trifft, ist das Spiel bereits entschieden. „Gut, daß der Lothar das Ding mit dem Innenrist geschossen hat, mit Vollspann wäre er gerade mal bis zum Fünfmeterraum gekommen", flachst Teamkollege Hoppy Kurrat. Anschließend erleben die 63.000 Fans die wohl langweiligsten 70 Endspielminuten in der deutschen Pokalgeschichte. Auch die nicht zu

Keine Begeisterung

überhörenden Pfiffe von den Rängen können die Borussen nicht animieren, schneller nach vorne zu spielen. „Laßt es uns ruhig angehen, es ist doch eh viel zu heiß", lautet die Devise der Borussen.

„Das Finale hat mich nicht begeistert, ich werde noch viel Arbeit haben", urteilt nach dem Abpfiff ausgerechnet der Mann, der Erfolgstrainer Hermann Eppenhoff in der neuen Saison als Coach ablösen wird. Zu diesem Zeitpunkt hat Trainer Willi Multhaup wahrscheinlich nicht einmal in seinen kühnsten Träumen daran gedacht, daß Borussia Dortmund nur ein Jahr später als erster deutscher Europacupsieger in die Fußball-Annalen eingehen wird.

Feuerwehrmann: Borussias „Hoppy" Kurrat (links) stört die Aachener ein ums andere Mal beim Torschuß

Einen Tick schneller: Aachens Breuer (links) entwischt Borussias Sturm

„Stolz wie Acki": Borussias Kapitän darf als erster Fußballer in der deutschen Pokalgeschichte den neugeschaffenen Pokal in die Höhe recken. Wert: 30.000 Mark. Fassungsvermögen: vier Flaschen Sekt

4. Juni 1966: Bayern München – Meidericher SV 4:2

„Tschik" jubelt: „Erster Titel für meine Kinder!"

Triumphator: Auf den Schultern seiner Spieler präsentiert „Tschik" Cajkovski den Pott. „Du gehen vorne rein und mußt machen Tor"

Der kesse Bundesliga-Aufsteiger Bayern München schickt sich an, der bayrischen Landeshauptstadt ein ganz besonderes Double zu bescheren. Nachdem 1860 München unter der Regie von Trainer Max Merkel vor einer Woche den Meisterthron bestiegen hat, will der Lokalrivale der Löwen den Pokal an die Isar holen.

Die Mannschaft von Zlatko Cajkovski machte bereits in der Bundesligasaison mächtig Furore, landete, nur drei Punkte schlechter als die 60er, auf Rang drei. So geht der Aufsteiger sogar leicht favorisiert in das Finale gegen den Meidericher SV, der die Saison als Tabellenachter abschloß.

„Du machen hinten dicht und müssen verhindern Tore, du gehen vorne rein und mußt machen Tor", so lauten die plausibel klingenden Anweisungen des humorvollen Trainers, der

Gemeinsam durch dick und dünn

von allen nur „Tschik" gerufen wird. Der Jugoslawe fühlt sich nicht nur als Coach, sondern vor allem auch als Vater der von ihm fast liebevoll aufgebauten Mannschaft. Wenn er mit seinen Spielern oder über sie spricht, ist nur von „meinen Kindern" die Rede. Seine Art kommt an: Egal ob die „alten Füchse" Olk und Nowak oder die Jungspunde Müller und Beckenbauer, sie alle fühlen sich

Grätsche: Duisburgs Bella stört das Dribbling von Beckenbauer

Schießt aus allen Lagen: Doch gegen den MSV gelingt Bayerns Torjäger Müller kein Treffer

Pokalsieger 1966: FC Bayern München

Bundesligaaufsteiger und Pokalsieger: Rigotti, Koulmann, Kupferschmidt, Brenninger, Ohlhauser, Müller, Nowak, Nafziger, Beckenbauer, Maier und Olk (von links)

als eine große Familie, gehen gemeinsam durch dick und dünn.
Franz Beckenbauer, gerade mal 21 Jahre jung, ist bereits der Star der Mannschaft. „Gut, daß wir schon zu Regionalligazeiten den Sprung in die 1. Mannschaft geschafft haben, so ist uns der Wechsel in den Bundesliga-Alltag nicht allzu schwer gefallen", ist sich der Mittelläufer mit seinen Weggefährten Gerd Müller und Sepp Maier einig.
Letzterer bekommt in der ersten Halbzeit des Pokalfinales gegen die Meidericher mehr zu tun, als ihm lieb sein kann. In der 28. Minute muß der Bayernkeeper das Leder sogar aus dem Netz holen: MSV-Mittelstürmer Rüdiger Mielke hat zum 1:0 für den Außenseiter getroffen. Die 60.000 Zuschauer im Frankfurter

Mit voller Wucht: Gleich zappelt Beckenbauers Schuß zum Endstand von 4:2 im Duisburger Netz

Zu spät: Beckenbauer kann den Schuß von Krämer nicht mehr abblocken

Waldstadion und auch die Cajkovski-Schützlinge sind sichtlich überrascht von der offensiven Spielweise der „Zebras".

„Ihr müßt spielen schneller nach vorn", versucht „Tschik" vom Spielfeldrand aus das Blatt zu wenden. Als Schiedsrichter Schulenburg zur Halbzeit pfeift, können die Bayern schon etwas zufriedener in die Kabine ziehen: Torjäger Rainer Ohlhauser hat zwischenzeitlich den Ausgleich erzielt.

„Meine Kinder, was ist los mit euch? Wenn ihr nicht spielen druckvoller, wie wollen dann gewinnen?" Die Antwort seiner Zöglinge läßt nicht lange auf sich warten. Nur neun Minuten sind im zweiten Durchgang verstrichen, als Brenninger die Bayern-

Beckenbauers I-Tüpfelchen

führung erzielt. Erst der unberechtigte Elfmeterpfiff vom „Mann in Schwarz" läßt den MSV wieder hoffen. Hartmut Heidemann trifft in der 72. Minute gegen den nicht gerade als Elfmetertöter bekannten Sepp Maier – 2:2! Doch das schlechte Gewissen von Schiedsrichter Schulenburg rückt alles wieder ins Lot. Nur fünf Minuten später zeigt er erneut auf den ominösen Punkt, diesmal auf den der

Der Ausgleich: Bayerns Ohlhauser trifft zum 1:1

Fußballballett: Bayerns Beckenbauer und Olk mit vereinten Kräften

Fußballballett II: Diesmal behindern sich Olk und Beckenbauer gegenseitig. „Ein unglaubliches Gefühl"

Meidericher. Brenningers Treffer ist gleichbedeutend mit der Vorentscheidung. Franz Beckenbauers 4:2 setzt das I-Tüpfelchen auf den ersten Titel von „Tschiks Kindern".

Als Innenminister Lücke den Pokal überreicht, stehen dem ehemaligen jugoslawischen Nationalspieler Tränen des Glücks in den Augen: „Jetzt 1860 in München kann nicht zu groß werden", freut sich Cajkovski über die Tatsache, daß nach der Meisterschaft für die „Blauen" auch seine „Roten" mit einem Titel aufwarten können.

„Ein unglaubliches Gefühl", jubelt Franz Beckenbauer. „Toll, daß ich gleich in meinem ersten Finale ein Tor erzielen und den Pott in den Händen halten konnte." Ein Sonderlob dafür gibt es von Bundestrainer Helmut Schön: „Die Krönung des Spiels war der glanzvolle Alleingang von Franz Beckenbauer zum 4:2."

„Damit stehen jetzt zwei Münchner Klubs die Tore zur europäischen Fußballbühne offen. Jetzt brechen noch schönere Fußballzeiten an", prophezeit Oberbürgermeister Dr. Vogel.

Noch kann er nicht ahnen, wie goldrichtig er mit dieser These liegen wird. Denn genau 51 Wochen später treffen die Bayern im Cupfinale der Pokalsieger auf die Rangers aus Glasgow.

Paßt genau: Brenninger hat getroffen: 2:1 für die Bayern

10. Juni 1967: Bayern München – Hamburger SV 4:0

„Katsche" meldet „Uns Uwe" ab, und vorne „müllert" es wieder!

Der rot-weiße Jubel kennt keine Grenzen. Franz „Bulle" Roth hat die Bayern in den siebten Fußball-Himmel katapultiert.
1:0 nach Verlängerung gegen Glasgow Rangers im Europapokal-Finale von Nürnberg. Die rund 150 Kilometer lange Heimfahrt in die bayrische Landeshauptstadt gerät zum Triumphzug, schon auf der Autobahnauffahrt werden die Cajkovski-Schützlinge von den ersten Fans in Empfang genommen. Doch die ganz große Siegesfeier der Bayern ist erst für nächste Woche Sonnabend geplant: „Jetzt schlagen wir noch den HSV im Pokalfinale und dann machen wir 'ne richtige Sause" lautet die Parole der Bayern.
Einer, der sich besonderes über den Europacupsieg freut, ist Gerd Müller. Der Mittelstürmer der Bayern hatte sich vor zwei Wochen beim Länderspiel in Jugoslawien den rechten Unterarm gebrochen, das Ende der Saison schien vorprogrammiert. Doch der Torjäger biß die Zähne zusammen, ließ sich den gebrochenen Knochen im Krankenhaus zusammennageln und stand vier Tage vor dem Glasgow-Spiel schon wieder auf dem Trainingsplatz. „Trainer, ich

Übersprungen: Hamburgs Mittelstürmer Seeler steigt im Kopfballduell höher als Münchens Beckenbauer, doch das Bild hat keinen symbolischen Charakter, die Bayern gehen am Ende als klarer Sieger vom Platz

FC Bayern München

Vorjahreserfolg wiederholt: Beckenbauer, Roth, Direktor Schwan, Müller, Brenninger, Nafziger, Schwarzenbeck, Nowak, Kupferschmidt (stehend von links); Präsident Neudecker, Trainer Cajkovski, Maier, Olk, Ohlhauser, Koulmann (hockend von links)

habe mir eine Spezialmanschette anfertigen lassen. Ich denke, daß sie mich beruhigt einsetzen können", überrascht er seinen Coach „Tschik" Cajkovski. Zwar gab es vor dem Anpfiff noch ein paar Probleme, doch als die

„Katsche" bleibt „Katsche"

Ledermanschette im Handbereich etwas gestutzt wurde, hatte auch der Schiedsrichter keine Bedenken mehr, und Müller durfte beim größten Erfolg in der Vereinsgeschichte mit von der Partie sein.
Auch zehn Tage später, gegen den HSV, steht Gerd Müller mit dem Nagel im und der Manschette um den Arm erneut auf dem Platz. Cajkovski mußte seine Wunschformation nur auf einer Position verändern. Hans Nowak hatte sich gegen die Rangers verletzt und machte in der Abwehr einem Debütanten Platz. Sein Name: Hans-Georg „Katsche" Schwarzenbeck. Als der kantige Defensivkünstler aus der Jugend zur 1. Mannschaft stieß, hatte er noch gehofft, daß keiner der Profis seinen ungeliebten Spitznamen kennt, und sich brav als Hans vorgestellt. Aber Spaßvogel

Geschlagene Hamburger: HSV-Torhüter Schnoor schaut mal wieder frustriert in sein Tornetz. Insgesamt muß er viermal hinter sich greifen

Sepp Maier, ein alter Weggefährte aus der Jugend, kannte kein Pardon: „Wir haben schon einen Hans Nowak und einen Hans Rigotti. Einen dritten Hans können wir nicht gebrauchen. Du bist und bleibst der Katsche." So war Schwarzen-

Uwe Seeler mit Spezialschuh

becks Schicksal besiegelt: Fortan bestimmte ein Name sein Leben, von dem er nicht mal wußte, wer wann und warum eigentlich auf Katsche gekommen war.
Doch das spielt jetzt alles keine Rolle mehr, jetzt kennt „Katsche", genau wie alle anderen Bayernkicker, nur noch ein Ziel: „Den HSV bezwingen und Pokalsieger werden."
In seinem ersten Spiel wartet gleich einer der namhaftesten deutschen Spieler auf den Debütanten: Uwe Seeler. Genau wie auf der anderen Seite Gerd Müller, geht auch der Torjäger der Hanseaten mit einem Handicap in die Partie. Um nach seiner Fersenoperation überhaupt schon wieder auf Torejagd gehen zu können, spielt Seeler mit einem selbstgebastelten Spezialschuh, der hinten aufgeschnitten ist. Aber nicht nur die Tatsache, daß Seeler in den vergangenen Wochen keine Spielpraxis sammeln konnte, stimmt den Mittelstürmer nicht gerade optimistisch. Auch die Querelen hinter den HSV-Kulissen tragen ihr Scherflein dazu bei. Trainer Josef Schneider hat schon seit Wochen keinen leichten stand.

Symbolisch: Beckenbauer gewinnt das Duell gegen Seeler, Bayern das Finale gegen Hamburg. „Kein Kraut gewachsen"

Mit voller Wucht: Bayern-Torjäger Müller hat das Leder mit der Stirn zum 3:0 ins Netz der Hamburger gerammt ...

... der Schwung des Kopfstoßes hat den Torschützen von den Beinen geholt. Müller zappelt samt Ball im Netz. „Sie können mich beruhigt einsetzen"

Faire Geste: Der chancenlose Hamburger Seeler gratuliert seinen bayrischen Nationalmannschaftskollegen Müller und Beckenbauer (rechts).

Die Kritiker um Spielmacher Manfred Pohlschmidt werfen ihm vor, daß die Offensivleute zu häufig mit Deckungsaufgaben betreut würden. Und so verwundert es nicht, daß Uwe Seeler im Finale schon nach wenigen Minuten erkennen muß: „Gegen den eisenharten und ehrgeizigen Schwarzenbeck ist heute kein Kraut gewachsen." Zu sehr ist „Uns Uwe" auf sich allein gestellt, die Unterstützung aus dem Mittelfeld fehlt fast völlig.

Und so kommt es, wie es kommen muß: es „müllert" mal

Katsches erster Champagner

wieder. Als der Mann mit der Nummer neun in der 23. Minuten mit rechts trifft, ist die Luft so gut wie raus aus dem 24. Pokalfinale.

Die 69.000 Zuschauer im ausverkauften Frankfurter Waldstadion erleben nun ein Endspiel, in dem die Münchner nur so viel leisten, wie der HSV von ihnen fordert – und das ist wenig! Erst die Schlußphase versöhnt das Fußballerherz: Ohlhauser, noch mal Müller und Brenninger schrauben das Ergebnis in den letzten 18 Minuten noch auf 4:0.

Die rauschende Siegesfete kann beginnen. Als sich die Bayern am Abend zuprosten, erhebt auch ein zufriedener Hans-Georg Schwarzenbeck sein Glas. Als er es sich schmecken läßt, ist dem überzeugten Anti-Alkoholiker nicht einmal bewußt, daß er soeben seinen ersten Schluck Champagner genossen hat.

Siegerjubel: Müllers Teamkollegen beglückwünschen den doppelten Torschützen, (Foto links) Trainer „Tschik" Cajkovski läßt den Pokal hochleben (Foto rechts)

9. Juni 1968: 1. FC Köln – VfL Bochum 4:1

„Fischken" geht zum Abschied eine dicke Prämie ins Netz!

„So ein Mist, jetzt muß ich ausgerechnet bei meinem letzten Spiel passen", flucht Kölns Trainer Willy Multhaup. „Fischken", wie der Coach allerorts gerufen wird, hat sich vor dem Finale einen Achillessehnenriß zugezogen und muß Co-Trainer Hans Schäfer die Arbeit auf der Bank überlassen. Hinter den Kulissen zieht „Fischken" aber weiterhin die Fäden. „Ihr dürft nicht denken, nur weil die Bochumer in der Regionalliga spielen, habt ihr den Pokal schon in der Tasche. Vom Leistungsvermögen müßten die eigentlich im kommenden Jahr den Aufstieg in die Bundesliga schaffen", warnt Multhaup seine favorisierten Schützlinge. Auch die Bochumer scheinen durchaus von der eigenen Stärke überzeugt und lassen zur Sicherheit in ihrer Kabine den Siegessekt kalt stellen. Im Kölner Lager bangt derweilen Youngster Heinz Flohe um seinen Einsatz. Der 20jährige ist nach einer Verletzung gerade wieder auf den Sprung in die erste Elf und ackert im Training wie ein Wilder, um im Finale dabeisein zu dürfen. Als Schiedsrichter Karl Riegg das 25. Pokalfinale anpfeift, hat sich die Schinderei gelohnt, Heinz Flohe kann nach seinem ersten Titel greifen. Doch „Fischken" Multhaup, der trotz Gipsbein auf die Kölner Bank gehumpelt ist, hat

Er lebe hoch: Kölns Spieler tragen ihren Kapitän Thielen samt Pokal nach dem 4:1-Erfolg auf Händen und Schultern

Von den Beinen geholt: Kölns Nationalspieler Wolfgang Overath muß im Finale einiges einstecken. „Glaubt ja nicht, ihr habt den Pokal schon in der Tasche"

Kölns zweiter Streich: Volley hat Rühl abgezogen, gleich hat Bochums Schlußmann Christopeit das Nachsehen

Pokalsieger

1968: 1. FC Köln

Die glückliche Pokalelf: Hornig, Thielen, Weber, Löhr, Overath, Hemmersbach, Flohe (stehend von links); Simmet, Soskic, Pott, Rühl (hockend von links)

nicht zu Unrecht vor dem forschen Bochumern gewarnt. Selbst das halbe Eigentor von Jablonski, der eine Hornig-Flanke mit dem Kopf ins eigene Netz abfälscht, wirft den VfL nicht aus der Bahn. „Wer weiß, wie es ausgegangen wäre, wenn wir nach dem Ausgleich nicht sofort das 2:1 der Kölner kassiert hätten", orakelt Bochums Trainer Hermann Eppenhoff, als die zu hoch ausgefallene 1:4-Niederlage seiner Mannschaft besiegelt ist.

Nach dem Schlußpfiff steigt der große Auftritt von Kurt Georg Kiesinger. Der Bundeskanzler höchstpersönlich läßt es sich

„Der Sieg geht in Ordnung"

nicht nehmen, Kölns Kapitän Karl-Heinz Thielen den Pott in die Hand zu drücken. „In der ersten Halbzeit war zwar kein Unterschied zwischen Bundes- und Regionalliga zu erkennen, dann aber ging der Sieg ihrer Mannschaft in Ordnung", fachsimpelt der Spitzenpolitiker mit dem Kölner Spielführer, ehe der versucht, sich durch Tausende von Kölner Fans mit dem Pokal in die Kabine vorzukämpfen. Hier fließt der Sekt bereits in Strömen, besonders Willy Multhaup läßt es sich schmecken. „Fischken" hatte sich schon vor der Saison eine Siegprämie von 30.000 Mark für den Pokalgewinn garantieren lassen.

Vergeblich gestreckt: Der Kopfball von Löhr (nicht im Bild) paßt genau. Keine Chance für Christopeit – Kölns 4:1-Sieg ist perfekt

14. Juni 1969: Bayern München – Schalke 04 2:1

„Solange wir den Ball haben, hat ihn der Gegner nicht!"

Nach einjähriger Abstinenz meldet sich der FC Bayern München im deutschen Pokalfinale zurück. Im Vorjahr scheiterte der damalige Titelverteidiger im Halbfinale sensationell an der Überraschungsmannschaft VfL Bochum. Diesmal waren die Bayern wieder da, wo sie stets hinwollten: ganz oben. Das galt nicht nur für den DFB-Pokal, sondern auch für die Meisterschaft. Zum erstenmal nach 1932 konnte sich der FC Bayern gut eine Woche zuvor wieder in die Ehrentafel der deutschen Meister eintragen. Allerdings: Vor der Rückkehr zum Platz an der Sonne war ein Trainerwechsel vonnöten. „Der „Tschik" war zu lange unser Trainer, die Beziehung hatte sich abgenutzt. Es mußte halt einfach einmal

Der neue Zampano: Cajkovski-Nachfolger Branco Zebec führt die Bayern in seinem ersten Trainerjahr zum dritten Pokalsieg

Eigenwilliger Zebec

ein neuer her", zeigt Torjäger Gerd Müller für die Trennung vom „Dauercoach" Verständnis. Der neue Mann, der den Erfolg zurückbrachte, heißt Branco Zebec. Der Jugoslawe schickte in der abgelaufenen Saison nur 13 verschiedene Spieler aufs Feld und führte diesen Minimalkader mit acht Punkten Vorsprung und hartem Regiment souverän zur Meisterschaft.

Zebec ging in der abgelaufenen Bundesligasaison kompromißlos seinen Weg, war vor allem für seine Sturheit bekannt. „Wenn der Branco sagt, das Tischtuch ist grün, dann ist es grün. Auch wenn's blau ist", beschreibt Gerd Müller die Eigenwilligkeit seines Trainers.

Nur einmal wäre der neue Mann auf der Bayernbank fast vom Erfolgsweg gedrängt worden. Am 17. Spieltag sah Müller die rote Karte und Zebec anschließend fast seine Felle davonschwimmen. 21 Treffer hatte der Torschütze vom Dienst bis dato bereits erzielt, jetzt hatte die Torfabrik der Bayern Ladehemmung. Vier Spiele lang konnte der Tabellenführer nicht doppelt punkten, der Vorsprung auf die Verfolger schmolz dahin. Erst am 22. Spieltag „müllerte" es wieder. Seine zwei Treffer beim 2:1 in Berlin gegen Hertha beendeten die kleine Bayern-Krise.

Aber obwohl Müller Tore wie am Fließband produzierte, ist

Müllers erster Streich: Bayerns Torjäger, vom sich vergeblich streckenden Schalker Schlußmann Nigbur verdeckt, bringt die Bayern in Führung: 1:0

Müllers zweiter Streich: Schalkes Abwehrrecke Ficht kommt auch bei diesem Volleyschuß zu spät: 2:1

Pokalsieger 1969: FC Bayern München

Das Double ist perfekt: Beckenbauer, Starek, Ohlhauser, Schwarzenbeck, Roth, Brenninger (stehend von links); Maier, Manager Schwan, Müller, Olk, Pumm (verdeckt), Trainer Zebec, Schmidt (hockend von links)

auch er nicht gegen die Eigenwilligkeit des Trainers gefeit. Selbst in der Woche vor dem Pokalfinale muß „kleines, dickes Müller", wie er bereits von Zebecs Vorgänger Cajkovski getauft wurde, im Training Sonderschichten einlegen. „Du hast immer noch ein paar Kilo zuviel, deshalb machst du 20 Minuten länger", so lautet die einfache Begründung. Doch Müller ist nicht der einzige, der vor dem harten Urteil des Trainers keine Gnade findet. Auch die Leibesfülle von Franz „Bulle" Roth ist ihm ein Dorn im Auge: „20 Minuten länger." Gleiches gilt für Abwehrrecke Schwarzenbeck: „Du bist noch zu unbeweglich, 20 Minuten länger." Selbst Franz Beckenbauer bleibt nicht verschont:

Dank an den Matchwinner: Die Bayern wissen, wem sie den Sieg zu verdanken haben, tragen Müller vom Platz

In der Kabine genehmigt sich der zweifache Torschütze Müller einen verdienten Schluck aus dem Pott

Alles unter Kontrolle: Bayern-Schlußmann Maier ist der große Rückhalt seiner Mannschaft, er muß nur einmal hinter sich greifen

„Du läufst im Spiel so wenig, 20 Minuten länger." Fünfter und letzter im Überstundenquintett: August Starek. „Du wolltest gestern wieder nicht auf dein Bier verzichten, 20 Minuten länger." Branco Zebec duldete nur ein kleines „Gute-Nacht-Bierchen". Wer schon vorher, zum Beispiel beim Abendessen, zum „kühlen Blonden" greift, muß büßen.

Fair play: Schalkes Wittkamp ist rechtzeitig abgesprungen, um Maier, der den Ball hat, nicht zu verletzen

„Wenn der August die auferlegten Strafen bar bezahlen würde, wäre er ein armer Mann. Da nimmt er lieber die zusätzlichen Trainingseinheiten in Kauf", erklärt Gerd Müller.

Ein ganzes Jahr lang trainieren Zebecs fünf „Lieblinge" täglich 20 Minuten länger. Doch für die erste gewonnene Meisterschaft nimmt das jeder ohne großes Murren in Kauf. Nachdem der Titel unter Dach und Fach ist, streben die Bayern das Double an. „Das haben zuletzt 1937 die Schalker geschafft. Es wird Zeit,

Zweites Finale nach Szepan

daß es jetzt mal einer anderen Mannschaft gelingt", versucht Zebec seinen Schützlingen den Pokalsieg mit einem Platz in den Fußball-Annalen zusätzlich schmackhaft zu machen. Seine taktische Marschroute ist ganz einfach: „Solange wir den Ball haben, hat ihn der Gegner nicht."

Nach der meisterlichen Saison gehen die Bayern natürlich als Favorit in das Pokalfinale gegen den FC Schalke 04. Die „Königsblauen" haben nach den glorreichen Zeiten von Kuzorra und Szepan erst zum zweiten Mal wieder das Endspiel erreicht. 1955 unterlagen sie dem Karlsruher SC 2:3, und auch diesmal geraten sie scheinbar schnell auf die Verliererstraße. Wer anders als Gerd Müller könnte es sein, der in der 13. Minute mit

Voll getroffen: Schalkes van Haaren kann Ohlhauser zwar nicht am Schuß hindern, aber der Knaller des Münchners verfehlt das Ziel

Kein leichter Stand: Trotz harter Bedrängnis kann Sepp Maier auch diese scharfe Schalker Flanke abfangen

einem fulminanten Volleyschuß die Führung für den Favoriten erzielt. Doch nur sieben Minuten später ist die zum Bersten gefüllte Fankurve der Schalker im Frankfurter Waldstadion in ein blau-weißes Fahnenmeer getaucht. Manfred Pohlschmidt, bereits vor zwei Jahren mit dem

Müller wieder Matchwinner

HSV den Bayern im Finale unterlegen, will es diesmal besser machen: Sein Knaller aus 25 Metern schlägt genau im Dreiangel ein, keine Chance für Sepp Maier: 1:1!
„Was der kann, kann ich schon lange", scheint sich dann einmal mehr Gerd Müller zu sagen, als er das Leder zehn Minuten vor der Pause aus spitzem Winkel unter die Latte knallt. Die erneute Führung ist gleichbedeutend mit dem Siegtreffer: 2:1! „Ich gratuliere meinem Kollegen Branco Zebec, daß er das große Glück hat, einen Gerd Müller zu besitzen", bringt Schalkes Trainer Rudi Gutendorf die Sache nach dem Schlußpfiff auf den Punkt.
Trotz alledem „darf" Gerd Müller auch in der neuen Saison täglich wieder 20 Trainingsminuten anhängen. Allerdings nur noch bis zum 13. März. Dann muß Zebec vorzeitig die Trainerbank räumen. Müllers Kommentar: „Wenn einer so hart trainiert und regiert, muß er sich nicht wundern, wenn es ihn bei Mißerfolg schnell erwischt."

Dritter Pokalsieg: Nach 1966 und '67 kann Beckenbauer den Pott nach dem Sieg gegen Schalke zum dritten Mal mit auf die Ehrenrunde nehmen

Schnappschuß: Bayerns Olk mit Pokal ist nach dem Schlußpfiff begehrtes Motiv der zahlreichen Fotografen

29. August 1970: Kickers Offenbach – 1. FC Köln 2:1

Biskup verschießt Elfmeter: OFC und die Polizei jubeln!

Strahlemann: Nach der Pokalsensation reckt OFC-Spieler Winnie Schäfer den Pott in die Höhe

„Der Pokal hat seine eigenen Gesetze!" Diese uralte Fußballweißheit wird von den Offenbacher Kickers in der Pokalrunde 69/70 gleich mehrfach unter Beweis gestellt. Der Regionalligist schaltete in den ersten zwei Hauptrunden 1860 München (4:1) und Borussia Dortmund (2:1 n. Verl.) aus. Im Viertelfinale kommt es zum ewig jungen Mainderby bei Eintracht Frankfurt. Seit 1955 haben die Kickers im Waldstadion keinen Blumentopf mehr gewonnen. Doch die Maßnahme des jungen Trainers Erich Ribbeck, aufgrund der Verletzung von Lutz und Trinklein die Liberoposition mit Bernd Hölzenbein zu besetzen, kam den als Bundesligaaufsteiger feststehenden Kickers mehr als entgegen. „Ehe die gemerkt haben, was los war, stand es 3:0 für uns", freut sich Roland Weida über die kuriosesten zwanzig Minuten in der Main-Derby-

Doppelter Triumph: OFC-Trainer „Aki" Schmidt freut sich ausgelassen über seinen zweiten Pokalsieg. 1965 konnte er schon mal jubeln, damals noch als Spieler von Borussia Dortmund. „Glücklichster Mensch der Welt"

Pokalsieger

1970: Kickers Offenbach

Die Überraschungssieger: Schmitt, Volz, Reich, Bechthold, Winkler, Schmidt, Gecks, Kremers, Schäfer, Weida, Weilbächer (v. l.)

Geschichte. Im anschließenden Halbfinale gegen den 1. FC Nürnberg erleben die Kickers-Anhänger am Bieberer Berg einen überaus glücklichen 4:2-Sieg in einem 120-Minuten-Fußballkrimi.

„Wir wollen nur nicht so hoch verlieren", verrät Seppl Weilbächer vor dem Finale gegen den mit Nationalspielern gespickten 1. FC Köln. Und: „Bei uns ist nicht mal über eine Siegprämie gesprochen worden!" Nur „Berufsoptimist" Kurt Schreiner glaubt an den Erfolg „seiner Jungs". Die rechte Hand von Kickers-Trainer „Aki" Schmidt, der mit seinem Gipsbein keine großen Sprünge machen kann, hat die Kölner genau analysiert. Seine Taktik, das Kölner Mittelfeld mit Simmet, Flohe und Overath auszuschalten und selbst auf Konter zu lauern, geht voll auf. Durch Tore von Winkler (27.) und Gecks (64.)

Umstrittener Elfmeter

führt der krasse Außenseiter vor 50.000 Zuschauern im Niedersachsenstadion von Hannover bis zur 73. Minute mit 2:0. Dann gelingt Hennes Löhr der Anschlußtreffer. Keine zehn Minuten später droht erstmals in der Finalgeschichte des DFB-Pokals ein Spielabbruch. Auslöser: ein äußerst umstrittener Elfmeterpfiff von Schiedsrichter Gerd

Hoch das Bein: Winkler (OFC) versucht sich an Karl-Heinz Thielen vorbeizuspielen, doch das gestreckte Bein des Kölners ist eher am Ball

Jubellauf: Kickers-Verteidiger Weilbecher, umringt von Spielern, Fans und Fotografen, auf der Ehrenrunde

Ist es denn zu fassen: Am Gesichtsausdruck von Kölns Torhüter Manglitz kann man ablesen, was gerade geschehen ist – Winkler hat zum 1:0 für die Offenbacher getroffen

Programmheft: Hier steht auf 44 Seiten all das drin, was der Fußballfan vor dem Anstoß wissen muß

Packender Luftkampf: Diesmal hat Winkler das bessere Ende für sich, kommt vor Kölns Thielen zum Kopfball

Schulenburg, als Kölns Stürmer Rupp im Strafraum zu Fall kommt. „Der Offenbacher Block setzte sich in Bewegung und rückte bedrohlich nahe ans Spielfeld heran", hat Roland Weida die dramatischen Minuten auch Jahre später noch vor Augen. Die Ordnungskräfte haben alle Hände voll zu tun. Erst nach minutenlanger Unterbrechung kann Biskup zur Ausführung anlaufen. „Der schoß immer nach rechts vom Torwart, und auf die Ecke habe ich mich voll konzentriert", erklärt nach dem Spiel OFC-Keeper Karlheinz Volz, der den Elfer bravourös pariert. Die Po izisten werfen vor Freude ihre Mützen in die Luft. „Der Schulenburg war in dem Moment ebenfalls froh, daß der Kalla gehalten hat", glaubt Roland Weida.

Falsche Siegerwimpel

Am Ende fühlt sich „Aki" Schmidt als „der glücklichste Mensch der Welt", und Wolfgang Overath faßt den größten Triumph in der Offenbacher Vereinsgeschichte in einem Satz zusammen: „Wir haben nicht unser eigenes Spiel gemacht, und Offenbach hat, das bekenne ich neidlos, verdient gewonnen!"

Die Organisatoren des obligatorischen Pokal-Banketts hatten mit diesem sensationellen Spielausgang offensichtlich nicht gerechnet. Auf den Tischen stehen Wimpel mit dem Aufdruck „Pokalsieger 1970 – 1. FC Köln". 150.000 Offenbacher wissen es besser: Sie bereiten den Kickers am nächsten Tag einen unvergeßlichen Empfang in ihrer Heimatstadt.

Chance vertan. Kölns Kapellmann rauscht zu spät heran, Offenbachs Torhüter Volz hat das Leder bereits unter Kontrolle. „Froh, daß Kalla gehalten hat"

Unterschriftensammlung: Auf der Einladung zum festlichen Bankett des DFB haben sich zur Erinnerung die OFC-Helden verewigt

Fußball
DFB-Cup `94
überAll
natürlich mit TechniSat
TechniSat
Empfangen Sie neben Fußball über Satellit mehr als 50 TV- und Radioprogramme.
ASTRAPLUS SATENNE für den Einzelempfang o. ASTRAMULTY SATENNE für den Mehrteilnehmerempfang und Satellitenreceiver ST 3002 S.
TechniSat: Programmvielfalt zum fairen Preis!
Made in Germany
24-Monate Teilegarantie
VIDEO MAGAZIN 11/93
TechniSat Receiver ST 3002 S
Testergebnis
sehr gut
F 99
ST 3002 S
TechniSat
TechniSat®
TechniSat Produkte erhalten Sie beim autorisierten TechniSat Fachhändler.
Bezugsquellennachweis: TechniSat, Postfach 5 60, 54541 Daun
Das Original

19. Juni 1971: Bayern München – 1. FC Köln 2:1

Müller spielt trotz Sperre, und Kaiser-Gala krönt die Bayern!

Der FC Bayern München ist Deutschlands erfolgreichste Pokalmannschaft. Zum vierten Mal seit 1966 stehen die Mannen um Franz Beckenbauer, Sepp Maier und Gerd Müller im Finale. Der Torjäger der Münchner hat wenige Tage vor dem Endspiel allerdings ein ziemlich großes Problem. Nach seinem Platzverweis im Länderspiel gegen Peru drückte ihm der DFB eine saftige Sperre aufs Auge, so daß dem „Bomber der Nation" am Endspieltag im Stuttgarter Neckarstadion wohl nur die Zuschauerrolle bleiben wird. Doch immer, wenn man bekanntlich glaubt, es geht nicht mehr, kommt von irgendwo ein Lichtlein her. In diesem Fall ist es eine Verletzung von Mannschaftskollege Beckenbauer, die ungeahnte Perspektiven eröffnet. Denn plötzlich soll Müller als Ersatz für den „Kaiser" zum Abschiedsspiel des russischen Fußballidols Jaschin reisen. „Das geht doch nicht", erwidert Müller auf die Bitte des DFB, „ihr habt mich doch gesperrt." Als die Spitzenfunktionäre eine Begnadigung in

Prost I: Bayern-Torhüter Maier genehmigt sich nach seinem vierten Pokalsieg einen kräftigen Schluck aus dem Pott

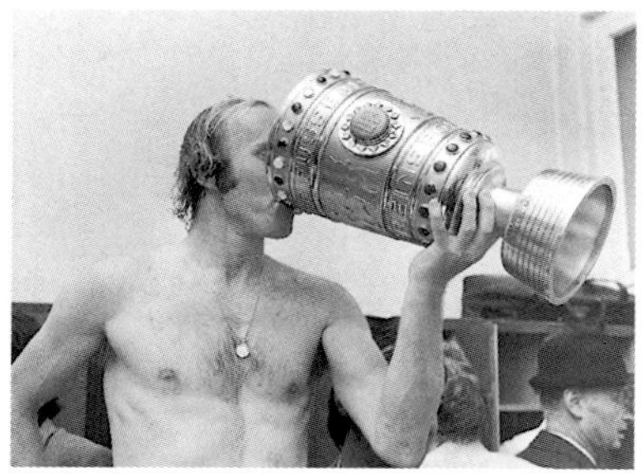

Prost II: Gleiches gilt für Teamkollegen Brenninger. Auch er läßt sich nach seinem vierten Pokaltriumph den Siegesschampus schmecken

Gestrecktes Bein: Bayern-Bomber Müller im Duell mit Kölns Torhüter Soskic. Biskup (rechts) hat sich abschütteln lassen, seine Teamkollegen reklamieren den unkorrekten Einsatz von Müller

Die siegreiche Elf vor dem Spiel: Beckenbauer, Maier, Schwarzenbeck, Roth, Mrosko, Müller, Zobel, Brenninger, Hoeneß, Breitner, Koppenhöfer (von links)

Aussicht stellen, ist der Torjäger schnell umgestimmt. Und siehe da: Die Belohnung folgt auf dem Fuße. Drei Tage vor dem Pokalendspiel gegen den 1. FC Köln kommt das „Okay" der Verbandsbosse: Müller darf nun doch spielen.

Die Rheinländer zeigen sich über den Sinneswandel zwar wenig erfreut, nehmen die Entscheidung allerdings ohne zu murren hin. Die Kölner stehen zum zweiten Mal hintereinander im Finale. Mußten sie sich im Vorjahr dem Außenseiter Offenbach geschlagen geben, wollen sie diesmal selbst in die Rolle

Kein Elfmeter: Müller geht nach Hemmersbachs Angriff von hinten zu Boden, doch der Pfiff des Schiedsrichters bleibt aus. „Das geht doch nicht"

Vorbeigezirkelt: Brenningers Flanke ist schon unterwegs Richtung Kölner Strafraum. Rupp kommt zu spät

des „Favoritenkillers" schlüpfen. Doch auch die Bayern sind nach einjährigem Leerlauf wieder heiß auf einen Titel. „Wir sind jetzt zweimal hintereinander Vizemeister geworden, es wird Zeit, endlich wieder ganz

Helmut Schön verliert Co-Trainer

oben zu stehen", schwört Trainer Udo Lattek seine Mannen auf den Saisonhöhepunkt ein. Vor gut 15 Monaten arbeitete Lattek noch als Co-Trainer von Bundestrainer Helmut Schön. Als die Bayern ihren Coach Branco Zebec vor die Tür setzten, klopfte das Nationalmannschaftstrio Beckenbauer, Müller und Maier bei ihm an: „Wollen Sie zu uns kommen?" Lattek wollte und ging im Endklassement der Bundesliga zweimal als Vizemeister hinter Mönchengladbach ins Ziel. Und auch diesmal, beim Pokalfinale, sieht es nach einer Viertelstunde so aus, als hätte Lattek Platz zwei gepachtet. Rupp nutzt ein Mißverständnis in der Bayernabwehr: 1:0! In der Folge entwickelt sich ein Klassespiel, das anschließend von zahlreichen

Wie verhext: Das Kölner Tor scheint für die sonst so torhungrigen Münchner zeitweise wie vernagelt. Auch dieser Schuß von Mrosko (links) führt nicht zum erhofften Erfolg. „Das war Fußball in Vollendung"

Experten als bestes Finale der bisherigen Pokalgeschichte beurteilt wird. Besonders Franz Beckenbauer drückt dem Spiel seinen Stempel auf, holt sich den Platz an der Sonne zurück, den er in dieser Saison an Günter Netzer zu verlieren schien. Nicht von ungefähr ist es der Kaiser höchstpersönlich, der in der 52. Minute den Ausgleich erzielt. „Der Franz riskiert jetzt viel mehr als früher. Wir haben uns schon daran gewöhnt, hin-

„Fußball in Vollendung"

ten öfter mal allein zu sein", bringen Hans-Georg Schwarzenbeck die Offensiv-Ausflüge seines Liberos nicht aus der Ruhe. Doch trotz der „Kaiser-Gala" droht das Spiel in der 72. Minute zu kippen: Nach einer Catchereinlage von Ohlhauser gegen Löhr bleibt Schiedsrichter Biwersi keine andere Wahl: Platzverweis. Aber auch mit zehn Mann haben die Bayern das bessere Ende für sich: Edgar Schneider, für „Bulle Roth" ins Spiel gekommen, hämmert das Leder in der vorletzten Minute der Verlängerung in den rechten Winkel des Kölner Tores: 2:1 – der fünfte Bayernsieg im fünften Pokalfinale. „Das war Fußball in Vollendung", lobt Alt-Bundestrainer Sepp Herberger Franz Beckenbauer „als Vater des Sieges". Doch der Gefeierte winkt ab, denkt auch in der Stunde seines vielleicht besten Spiels an seinen Freund Gerd Müller: „Diesmal hat er zwar nicht getroffen, aber wir sollten nicht vergessen: Ohne seine Tore wären wir heute nicht das, was wir sind."

Vorbildliche Haltung: Müller überspringt seinen Gegenspieler Weber, doch in dieser Partie ist dem Bayern-Torjäger das Glück nicht hold. Sein Kopfball streicht über den Kasten der Kölner, und auch ansonsten geht der Mann mit der Nummer neun leer aus

Die Quälerei hat sich gelohnt: 120 Minuten mußten die Bayern sich schinden, jetzt lassen sich Mrosko und Zobel (mit Pokal) feiern

1. Juli 1972: FC Schalke 04 – 1. FC Kaiserslautern 5:0

Die Meisterschaft verpaßt, aber Rekordsieg im Finale!

Doch noch ein Titel: Nachdem die Schalker die Meisterschaft verspielten, haben sie im Pokalfinale das bessere Ende für sich. Libuda reckt den Pott stolz in die Höhe, Erwin Kremers nimmt die Gratulation von Bundesinnenminister Genscher entgegen

„Wir sind zwar zum Erfolg verdammt, aber ihr dürft nicht verkrampfen. Wir sind die bessere Mannschaft als Kaiserslautern, und wir werden es beweisen." Schalkes Trainer Ivica Horvath hat vor dem Endspiel gegen den 1. FC Kaiserslautern alle Hände voll zu tun. Denn noch vor drei Tagen hätte es die erfolgreichste Saison in der Vereinsgeschichte der Blau-Weißen werden können, jetzt haben alle Angst, am Ende mit völlig leeren Händen dazustehen.
Ein Sieg in München, und die Schalker wären mit der deutschen Meisterschale im Gepäck nach Hannover gereist, könnten befreit aufspielen und das Double unter Dach und Fach bringen. Doch die Mannen um Sepp Maier, Franz Beckenbauer und Co. machten den Jungs aus dem Ruhrgebiet in einem echten Meisterschaftsendspiel einen Strich durch die Rechnung, schickten sie mit einer 1:5-Packung im Gepäck auf die Heimreise.
„Keiner von uns darf jetzt noch an die verpaßte Meisterschaft denken, wir müssen nach vorne blicken. Das einzige, was jetzt noch zählt, ist der Pokalsieg." Die Einzelgespräche mit Horvath zeigen langsam Wirkung. Der Coach ist eine Respektsper-

Ohne Mühe: Schalke-Mittelstürmer Fischer hat das Leder vorbei an Elting ins Netz der Lauterer bugsiert: 4:0! Der Schlußmann der roten Teufel möchte vor Wut am liebsten ins Gras beißen. „Jetzt lassen wir uns die Butter nicht mehr vom Brot nehmen"

Pokalsieger 1972: FC Schalke 04

Diese Elf sichert Schalke nach 1937 den zweiten Pokalsieg: Libuda, Nigbur, Rüßmann, Scheer, Fischer, Huse, Lütkebohmert, Fichtel, van Haaren, Helmut und Erwin Kremers (von links)

son, er genießt das Vertrauen der Spieler. Nicht nur deshalb verdrängen die Schalker langsam, aber sicher die Angst vor einer zweiten Finalniederlage innerhalb von drei Tagen.
Auch ein Blick in die Statistik baut das Selbstbewußtsein wieder auf. In den vergangenen vier Jahren gab's gegen Kaiserslautern nur eine Niederlage. „Außerdem sind sie nur halb so stark, wenn sie nicht auf ihrem Betzenberg spielen können", glaubt nicht nur Torjäger Klaus Fischer. Als dann auch noch das Zittern um Norbert Nigbur ein Ende hat, läuft das angekratzte Selbstbewußtsein der Schalker wieder auf Hochtouren. Der Keeper hatte sich in München

Glücklicher Torjäger: Klaus Fischer, eingerahmt von Libuda und Nigbur, strahlt den Pokal an, freut sich über den ersten Titel seiner Karriere

Sicherer Nigbur: Nicht nur in dieser Situation gegen Lauterns Stürmer Seel ist Schalkes Schlußmann Herr der Lage. Er kann seinen Kasten im Finale sauber halten

am Knie verletzt, erst kurz vor dem Anpfiff bekommt er vom Arzt das Okay. Der gesamten Mannschaft fällt ein Stein vom Herzen, schließlich hatte der junge Torhüter fast im Alleingang dafür gesorgt, daß das Finale überhaupt erreicht wurde. In einem der kuriosesten und spannendsten Pokalspiele aller Zeiten hatte Nigbur im Halbfinale gegen den 1. FC Kö n drei Elfmeter gehalten und einen selbst verwandelt. 4:1 verloren die Schalker das Hinspiel, ehe sie in der zweiten Partie durch einen von Helmut Kremers zum 5:2 verwandelten Elfer in der 95.(!) Minute eine Verlängerung und anschließend ein Elfmeterschießen erzwangen, welches sie dann mit 6:5 gewannen. Insgesamt wurden in dieser Partie 21 Elfmeter geschossen – Rekord!

Zwillingsfreude: Stolz präsentieren Helmut (links) und Erwin Kremers den gemeinsam errungenen Pokal

Das war schon die zweite kuriose Runde, die die Schalker un-

Sieg am grünen Tisch

beschadet überstanden. Gleich zum Auftakt waren sie eigentlich schon rausgeflogen. Nach dem 3:1 im ersten Aufeinandertreffen mit Hertha BSC waren die Berliner im Rückspiel einen Treffer besser, gewannen mit 3:0. Die Königsblauen, eigentlich ausgeschieden, kamen aber trotzdem eine Runde weiter. Hertha hatte Zoltan Varga einge-

Gestoppt: Schalkes zweifacher Torschütze Helmut Kremers wird unsanft von den Beinen geholt. „Zum Erfolg verdammt"

Optimale Haltung: Klaus Fischer, wie er von Deutschlands Verteidigern gefürchtet wird. Doch dieser Schuß verfehlt sein Ziel

setzt, obwohl die Spielberechtigung für den Ungar nicht vorlag. Die Gelsenkirchener legten Einspruch ein und zogen am grünen Tisch in die zweite Runde ein. Der Grundstein zum Einzug ins Pokalfinale war gelegt.

Rund 65.000 Zuschauer sind nun, am 1. Juli 1972, ins Niedersachsenstadion gekommen, wollen beim Duell gegen die Lauterer dabeisein. Doch wer sich auf den Weg nach Hannover gemacht hat, um den Favoriten stürzen zu sehen, wird schon nach 13 Minuten bitter enttäuscht. Helmut Kremers leitet die Schalker Führung und den am Ende höchsten Finalsieg in der deutschen Pokalgeschichte ein. Noch vor der Pause legt Klaus Scheer das 2:0 nach. Als Aki Lütkebohmert nach dem Wechsel das dritte Schalker Tor erzielt, ist das Ding endgültig gelaufen. „Das war's. Jetzt lassen wir uns die Butter nicht mehr vom Brot nehmen", wissen Fichtel und Co. bereits eine halbe Stunde vor Spielende. Die Treffer vier und fünf von Fischer und Helmut Kremers setzen die Schlußpunkte unter die Galavorstellung des Vizemeisters, bei

Schatten der Vergangenheit

dem Reinhard „Stan" Libuda seinen Abschied feiert.

Als Bundesinnenminister Hans-Dietrich Genscher nach dem Schlußpfiff den Pokal übergibt, ist der Frust über die verlorene Meisterschaft vergessen, die Blau-Weißen feiern ausgelassen den ersten Titel nach 14 Jahren Durststrecke. Zahlreiche Experten sind sich sicher: Dieser jungen Mannschaft gehört die Zukunft. Doch schon in der kommenden Saison sollte sie von der jungen, aber dunklen Vergangenheit eingeholt werden und schließlich an ihr zerbrechen. Bereits am 17. April 1971 hatten die Schalker für eine Niederlage Geld kassiert. Das 0:1 gegen Arminia Bielefeld läutete das schwärzeste Kapitel in der Vereinsgeschichte ein und warf auch über den Pokaltriumph gegen Kaiserslautern einen Schatten.

Lauterns Schlußmann Elting verpaßt den Ball. Ganz anders Schalkes Scheer – sein Kopfball landet zum 2:0 im Netz

23. Juni 1973: Borussia Mönchengladbach – 1. FC Köln 2:1

Zum Abschied nur auf der Bank: Aber Netzer kommt, trifft, siegt!

In die Arme geschlossen: Vor wenigen Sekunden hat „Joker" Günter Netzer zum entscheidenden 2:1 getroffen. Erster Gratulant ist Jupp Heynckes

Es war das Spiel der Spiele. Ein Pokalfight, der auch noch Jahrzehnte später an Fußball-Stammtischen immer wieder mal zum Thema werden sollte: „Weißt du noch damals, der Netzer ...?!" Aber der Reihe nach: Ein Jahrzehnt hatte er den Fußball in Mönchengladbach geprägt wie kein anderer. Aufstieg in die Bundesliga, zweimal Deutscher Meister, Fußballer des Jahres, Europameister; Günter Netzers Titelsammlung kann sich sehen lassen. Aber jetzt, nach 230 Bundesligaspielen und 82 Toren für die Borussia, kehrt der Mann mit der legendären Rückennummer 10 der Heimat den Rücken. Der geniale Mittelfeldregisseur hat bei Real Madrid unterschrieben.

Die letzten Tage vor dem Abschied meinen es nicht gut mit Günter Netzer: Er muß den Tod seiner Mutter verkraften, verunglückt auf dem Weg ins Trainingslager mit dem Auto. Auch sportlich läuft nicht gerade alles nach Plan: Zahlreiche Verletzungen werfen ihn im Laufe der Saison immer wieder zurück. Aufgrund des familiären Schicksalsschlags sagt er das Länderspiel gegen Brasilien ab. Und dann ist

„Mit Netzer stärker"

da noch die Angst, in seinem Abschiedsspiel von den enttäuschten Fans vom Platz gepfiffen zu werden.

All das trägt dazu bei, daß in den Gedanken seinen „Ziehvaters" Hennes Weisweiler ein spektakulärer Gedanke reift. „Was würdet ihr davon halten, wenn wir im Pokalfinale gegen den

Pokalsieger 1973: VfL Bor. Mönchengladbach

Diese Mannschaft gewann das wohl legendärste Finale in der deutschen Pokalgeschichte: Netzer, Bonhof, Danner, Stielicke, Kulik, Sieloff, Heynckes, Trainer Weisweiler, Masseur Drygalski (stehend v. l.); Jensen, Rupp, Kleff, Wimmer, Vogts, Michallik (sitzend v. l.)

Gladbacher Führung: „Hacki" Wimmer mal nicht als Dauerläufer, sondern als Vollstrecker. Sein Rechtsschuß ist so plaziert, daß Kölns Keeper Welz sich zwar lang macht, aber nicht an den Ball herankommen kann: 1:0 für die Borussen

1. FC Köln auf Netzer verzichten würden?" versucht der Erfolgstrainer die Stimmung in der Mannschaft abzuklopfen. Die Spieler, wohl wissend, daß Weisweiler durch Netzers Wechsel von seinem Zögling menschlich enttäuscht sein muß, versuchen dem Trainer dieses Gedankenspiel auszutreiben. „Mit Netzer sind wir stärker. Wir glauben fest an ihn. Ohne seinen Spielwitz sinken unsere Chancen", meint nicht nur Rainer Bonhof, einer der jungen Leistungsträger im Gladbacher Team. Vergeblich!

„Durch die ganzen Querelen hat

Bankdrücker: Günter Netzer muß vorerst zusehen, knabbert nervös an seinen Fingernägeln

Paukenschlag in der zweiten Minute: Rupp taucht völlig frei vor dem Kölner Tor auf, sein Heber segelt auf das von Welz verlassene Tor zu, Cullmann spurtet dem Leder hinterher, versucht es von der Linie zu kratzen ...

der Günter eine Woche nicht trainieren können. Ich setze ihn auf die Bank und lasse Michallik spielen." Hennes Weisweiler hat sich wieder einmal von seinem Sturkopf leiten lassen.

Dem Gegner kann's nur recht sein. Die Kölner atmen tief durch, als sie hören, daß die Borussen auf ihren Spielmacher verzichten. Doch so ganz trauen Overath, Cullmann und Co. dem Braten noch nicht. So macht Heinz Flohe kurz vor Spielbeginn die Probe aufs Exempel. „Ehrlich, Günter, ich bin richtig froh, daß du heute nicht dabei bist", lauten seine Worte, als die beiden sich beim Warmmachen begrüßen. „Mach dir keine Sorgen, ich spiele wirklich nicht", so lautet Netzers ehrliche Antwort. Heinz Flohe und seinen Teamkollegen fällt ein Stein vom Herzen. Gleiches gilt für FC-Trainer Rudi Schlott, der

Ungläubige Borussenfans

jetzt mehr denn je hofft, daß Netzers großer Gegenspieler der vergangenen Jahre, Wolfgang Overath, dem Spiel seinen Stempel aufdrücken kann.

Als Schiedsrichter Tschenscher das 30. Pokalfinale anpfeift, ist das Düsseldorfer Rheinstadion bis auf den letzten Platz gefüllt. Knapp 70.000 Zuschauer wollen dabeisein, wenn am Schluß der Saison endgültig geklärt wird, wer im Rheinland die Nummer eins ist.

Die Borussenfans schütteln noch ungläubig den Kopf, weil ihr Team tatsächlich ohne Netzer aufgelaufen ist, als ihnen zum ersten Mal der Torschrei im Halse stecken bleibt. Bereits nach zwei Minuten huscht Rupp an zwei Kölnern vorbei, steht plötzlich völlig frei vor Keeper Gerhard Welz. Doch Bernd Cullmann fegt den geschickten Heber des Gladbachers in letzter Sekunde von der Linie. Der Fuß-

Elfer oder Schwalbe? Gladbach-Stürmer Heynckes kommt vor dem Kölner Kasten in eine gute Schußsituation und Sekundenbruchteile später zu Fall. Schiedsrichter Aldinger aus Weiblingen zeigt auf den ominösen Punkt ...

ball-Klassiker nimmt seinen Lauf. Beide Teams machen trotz „tierischer“ Hitze mächtig Druck. „Was ist denn das bloß für ein Wahnsinnstempo, das kann doch niemand von uns durchhalten“, wundert sich Rainer Bonhof schon nach der ersten Viertelstunde. Knapp zehn Minuten später verfliegen die Bedenken des Jungnationalspielers für wenige Augenblicke und machen dem ersten Torjubel Platz: Herbert Wimmer täuscht ein Abspiel an, ehe er plötzlich kurz und trocken abzieht: 1:0 für die Borussia. Weisweiler ballt triumphierend die Fäuste, und auch Günter Netzer, der bislang übernervös und Fingernägel kauend auf der Bank saß, klatscht begeistert Beifall.

... was ihm Sekundenbruchteile später auch gelingt, der Torjubel von Heynckes (rechts) und Tausender Borussenfans kommt zu früh

Die faszinierten Zuschauer kommen aus dem Staunen nicht mehr heraus. Es vergeht kaum ein Angriff, der nicht mit einem

Kölner Zuversicht steigt

Torschuß abgeschlossen wird. Auch Bundestrainer Helmut Schön zieht das Geschehen völlig in seinen Bann: „Das ist eine echte Werbung für den Fußball

... der vermeintlich Gefoulte tritt selbst an, aber sein Schuß ist zu schwach, Kölns Schlußmann Welz kann das Leder sogar festhalten, es bleibt vorerst beim 1:1. „Verdammt, jetzt fehlt uns Netzer“

und den Pokal. So ein Spiel ist nur im Cup-Wettbewerb möglich und nicht in der Meisterschaft. Es wäre toll, wenn sich der offene Schlagabtausch fortsetzt“, hofft Schön, als die Spieler in die verdiente Pause gehen.

Mittlerweile sehen auch die Kölner wieder etwas zuversichtlicher aus. Denn vier Minuten vor dem Halbzeitpfiff hatte Wolfgang Overath mit der Hacke abgelegt und Herbert Neumann mit einem unhaltbaren Aufsetzer für den Ausgleich gesorgt – 1:1!

Wer dachte, daß sich beide Teams nach Wiederanpfiff etwas zurückhalten und das Tempo aus dem Spiel nehmen würden, wird eines Besseren be-

Tollkühner Flieger: Im zweiten Durchgang und in der Verlängerung ist Borussen-Keeper Kleff einfach nicht mehr zu bezwingen

lehrt; die Ereignisse überschlagen sich. Kölns Simmet scheitert alleinstehend vor Gladbachs „Hexentorwart" Wolfgang Kleff (48.), im Gegenzug klärt der Unglücksrabe für seinen geschlagenen Schlußmann Welz auf der Linie (50.), und zwei Minuten später trifft Gladbachs dänischer Stürmer Jensen nur den Pfosten. Die dickste Chance vergibt allerdings Torjäger Jupp Heynckes. Nachdem er im Zweikampf mit Kapellmann

„Neeetzeer, Neeetzeer"

zu Fall kommt, entscheidet Tschenscher auf Elfmeter. „Verdammt, jetzt fehlt uns Netzer", dachten wohl nicht nur die Borussenfans auf den Rängen, sondern auch der Gefoulte und Schütze in einer Person. Heynckes schießt viel zu schwach, Welz kann das Leder sogar festhalten (58.) Erst jetzt wird das Spiel etwas langsamer, die ersten Wadenkrämpfe müssen behandelt werden. Als erster streckt Overath die Waffen, für den Kölner Spielmacher kommt Konopka (71.) Kurz vor Schluß hat Flohe die Entscheidung auf dem Fuß, doch sein Linksschuß klatscht an die Latte, Heynckes scheitert auf der anderen Seite noch zweimal an Welz. Abpfiff, verschnaufen, erfrischen. Wie geprügelte Hunde liegen die Akteure auf dem Rasen, ringen nach der zweiten Luft.

Augen zu und durch: Auch diesmal greift Kleff sicher zu. „Mein bestes Spiel"

„Neeetzeer, Neeetzeer", schallt es schon seit einigen Minuten von den Rängen, als der verhinderte Spielmacher die erschöpften Gesichter seiner Teamkollegen genauestens unter die Lupe nimmt. „Christian, ich sehe es

Kopfballdreier: Berti Vogts im Luftduell mit Kölns Kapitän Löhr. Eine Etage zu tief: Rainer Bonhof

Volltreffer: Ganze drei Minuten ist Netzer im Spiel, als er das Leder zum 2:1-Siegtor in die Maschen jagt

Kurz vor dem Showdown: Das Wahnsinnsspiel hat eine Menge Kraft gekostet. Kölns Kapellmann in Erwartung der 30minütigen Verlängerung

dir doch an, du kannst nicht mehr. Komm, setz dich auf die Bank, ich spiele für dich weiter." Netzers Worte sind für den erst 20 Jahre alten Mittelfeldspieler Christian Kulik wie eine Erlösung: „Okay!"
Selbstverständlich entgeht auch Hennes Weisweiler nicht, was sich wenige Meter von ihm abspielt. Der Dickschädel nimmt es stillschweigend hin, vielleicht schon ahnend, daß kurz darauf

Von Zentnerlast befreit

Fußballgeschichte geschrieben wird. Der Sekundenzeiger hat sich gerade zweimal um die eigene Achse gedreht, als Netzer, diesmal mit der Nummer 12 auf dem Rücken, unwiderstehlich mit wehenden Haaren Richtung Kölner Strafraum losstürmt. „Jetzt mußt du ihm das Ding nur noch genau in den Lauf legen", denkt sich Rainer Bonhof, als Netzer mit ihm das Doppelpaßspiel sucht, und schon ist es geschehen – 2:1!

„Ich habe den Ball erst gesehen, als er schon hinter mir im Netz zappelte", zuckt Gerd Welz ungläubig mit den Achseln.
Netzer kam, sah und siegte. Sein Linksschuß schlägt genau im linken Winkel des Kölner Tores ein. Der Rest ist nur noch Jubel. Befreit von einer Zentnerlast, läßt sich der „King", wie er in Gladbach genannt wird, von Mitspielern und Zuschauern gleichermaßen feiern. Selbst die Kölner Fans spenden dem Triumphator auf der Ehrenrunde nach dem Spiel respektvoll Applaus. „An diesen tollen Abschied hatte ich schon nicht mehr geglaubt. Zum Glück ist mir der Ball bei meinem Tor über den Spann gerutscht. Wer weiß, wo er sonst gelandet wäre", erklärt der Schütze des Siegtreffers.
„Das Tor war nicht nur das I-Tüpfelchen auf dieses tolle Finale, sondern auch auf Netzers Karriere in Gladbach", urteilt Rainer Bonhof, der nach dem

Losgelöste Freude: Nach dem Supertor schwebt Netzer scheinbar schwerelos durch die Lüfte. „Ich spiele für dich weiter"

Abschiedsrunde mit Fahne: Bei seinem letzten Spiel für die Borussia kann Netzer sich noch einmal als Matchwinner feiern lassen. „Platz in der Pokalgeschichte gesichert"

Schlußpfiff kaum die Arme zum Jubeln hochbekommt, sondern nur froh ist, „daß die Qual endlich ein Ende hat".

„Jahrelang haben wir neidvoll über den Kanal zum englischen Cupfinale nach Wembley geschaut. Nach diesem wunderbaren Spiel haben wir das nicht mehr nötig", ist auch FIFA-Trainer Dettmar Cramer voll des Lobes.

Auf dem Rasen ist mittlerweile

Kein Trikottausch

Trikottausch angesagt. Nur einer gibt sein Dreß nicht her: „Tut mir leid, das war mein letztes Spiel für Gladbach, das ist ein besonderes Erinnerungsstück", erklärt Günter Netzer den interessierten Kölnern sein „Nein", wohlwissend, daß ihn dieses Trikot immer an den Tag erinnern wird, an dem er sich in der Pokalgeschichte und in den Herzen aller Borussenfans seinen festen Platz sicherte.

Der zweite Held: Seinen Paraden haben es die Borussen zu verdanken, daß sie den Pokal mit nach Hause nehmen dürfen. Klar, daß Kleff die Ehrenrunde mit Pokal anführen darf

17. August 1974: Eintracht Frankfurt – Hamburger SV 3:1

Verbotener Treffer ebnet den Weg zum Pokalsieg!

Selbstkrönung: Eintracht-Libero Trinklein setzt sich den „Pott" auf. „Was fällt dir ein?"

„Wenn das Spiel bereits vor einem Vierteljahr stattgefunden hätte, wäre mir wohler gewesen." Eintracht-Trainer Dietrich Weise kann nicht gerade behaupten, daß er froh darüber ist, daß das 74er Pokalfinale erst zu Beginn der neuen Saison angepfiffen wird. Auch seine Spieler haben ein mulmiges Gefühl im Magen: „Es ist eine blöde Sache, wenn gleich im ersten Pflichtspiel der Saison soviel auf dem Spiel steht." Große Frage der Eintracht-Kicker: „Können wir an unsere gute Form der Vorsaison anknüpfen?" Denn während sich Frankfurt für den UEFA-Cup qualifizieren konnte, dümpelten die Hamburger Gegner in der unteren Tabellenhälfte herum. Doch wer gedacht hat, daß die Hanseaten sich über den verspäteten Endspieltermin freuen, sieht sich getäuscht: „Die Frankfurter waren und bleiben Favorit, allerdings dürfte ihr Selbstbewußtsein mittlerweile noch größer geworden sein. Mit Hölzenbein und

Fotografenjagd: Nach dem Schlußpfiff werden die siegreichen Eintrachtspieler von den Bildreportern in Beschlag genommen. 120 Minuten mußten Rohrbach (mit Pokal) und Co. fighten und rennen, bis sie als Sieger feststanden. Die zusätzlichen (Ehren-) Runden nach dem Spiel nehmen die Frankfurter allerdings gerne in Kauf

Pokalsieger 1974: Eintracht Frankfurt

Volle Zuversicht vor dem Spiel: Rohrbach, Nickel, Hölzenbein, Reichel, Kalb, Weidle, Beverungen, Körbel, Trinklein, Dr. Kunter, Grabowski (von links)

Kopf an Kopf: Trinklein (links) stört den HSVer Eigl am gezielten Kopfball auf das Eintracht-Gehäuse

Grabowski spielen jetzt immerhin zwei frischgebackene Weltmeister in ihren Reihen", macht HSV-Trainer Kuno Klötzer keinen Hehl daraus, daß auch er lieber vor dem deutschen WM-Triumph gegen die Eintracht gespielt hätte.

„Wir müssen die Frankfurter überraschen. Wir werden uns nicht hinten reinstellen und auf Konter lauern, sondern unser Heil in der Offensive suchen", impft Klötzer seinen Spielern in der letzten Mannschaftsbesprechung vor dem Spiel ein. „Offener Schlagabtausch" heißt die Devise. Da schlägt Dietrich Wei-

Wieder Sieger im Luftkampf: Trinklein (links) köpft den Ball aus der Gefahrenzone, obwohl Nogly etwas höher gesprungen ist

Hohe Haltungsnoten: Kalb (links) und Winkler bei der „eingesprungenen Doppelgrätsche" nach dem Ball

se in der Frankfurter Kabine schon etwas vorsichtigere Töne an. „Wir dürfen nicht zu offensiv agieren, sonst laufen wir den Hamburgern ins offene Messer. Ich möchte, daß wir hinten sicher stehen. Gerd, das gilt besonders für dich. Hinten absichern ist deine erste und einzige Aufgabe. Damit wir uns richtig verstehen: Das Überschreiten der Mittellinie ist für dich tabu." Gerd Trinklein steht die Verblüffung ins Gesicht geschrieben. Einen Moment wünscht er sich, daß er seinen Trainer falsch verstanden haben könnte. Doch Weises Worte waren deutlich

Weise(s) These

und unmißverständlich. „Das gibt es doch nicht. Da steht man schon mal im Pokalfinale, und dann so was", schüttelt Trinklein auch dann noch ungläubig den Kopf, als er mit seinen Teamkollegen den Rasen des Rheinstadions betritt.

Gut 40 Minuten später hat sich der Libero der Frankfurter noch nicht einmal über das Verbot seines Coaches hinweggesetzt. Doch als Trinklein in der eigenen Hälfte kurz hinter der Mittellinie angespielt wird und sich scheinbar auch schon bei den Hamburgern herumgesprochen hat, daß der letzte Mann der Frankfurter keinen Fuß in die HSV-Hälfte setzen darf, wird es ihm zu bunt. Mit mächtigen Schritten

Verfangen: Rohrbach zappelt im Netz, während die anderen Eintrachtler das 2:1 durch Hölzenbein bejubeln. Kaltz (links) will den Ball zum Anstoß tragen

Nachgeschaut: Hölzenbein (Nr. 9) sieht im Fallen, daß sein Schlenzer das von Kargus (rechts) verlassene HSV-Tor trifft. „Der Schiedsrichter hat das Spiel entschieden!"

Hypnotisierter Ball: Nickel „lenkt" das Leder mit seinem Blick an die Latte. Dem HSV bleibt ein zweiter Treffer verwehrt

Ehrenrunde mit Pokal: „Charly" Körbel läuft und läuft und läuft …

stürmt der Abwehrchef der Eintracht nach vorne. Die Hamburger zeigen sich so überrascht, daß niemand es für nötig hält, sich Trinklein in den Weg zu stellen. Zwölf Meter vor dem HSV-Tor, am Ende des verbotenen Vorstoßes, folgt ein satter Flachschuß: 1:0! Während Trinklein von seinen jubelnden Teamkollegen gefeiert wird, treibt es Dietrich Weise die Zornesröte ins Gesicht: „Was fällt dir ein? Wenn es schiefgegangen wäre, würdest du jetzt nicht lachen, sondern wie ein Häufchen Elend in der Kabine hocken", pfeift der Trainer seinen Libero in der Halbzeitpause an.

Gut 45 Minuten später schlägt Dietrich Weise wieder leisere Töne an. Und das, obwohl der HSV mittlerweile zurückgeschlagen und den Ausgleich erzielt hat: 1:1 – Verlängerung!

„Was fällt dir ein?"

„Jeder hält sich an seine Aufgaben, sicher und konzentriert spielen, dann kommen wir automatisch zu weiteren Chancen." Daß Weise mit dieser These richtig liegt, beweist in der 96. Minute ausgerechnet Schiedsrichter Weyland. „Nach vorne!" brüllt HSV-Trainer Kuno Klötzer, als der Unparteiische in Höhe der Mittellinie Freistoß für die Hamburger pfeift. Doch als sich die Abwehr gerade geöffnet hat, überlegt es sich Weyland anders und entscheidet auf Freistoß für Frankfurt. Schneller Nickel-Paß auf Hölzenbein, freie Bahn für den Weltmeister: 2:1! „Das Spiel hat der Schiedsrichter entschieden", flucht Klötzer, als seine Hamburger nach dem dritten Frankfurter Treffer durch Kraus geschlagen vom Platz schleichen.

Die Entscheidung: Kraus (am Boden) kommt vor Kaltz an Ball und Sieg – 3:1. Kargus segelt in die falsche (rechte) Ecke

21. Juni 1975: Eintracht Frankfurt – MSV Duisburg 1:0

Bei Blitz und Donner: Körbels Knaller schlägt ein!

Wiederholung: Wie vor einem Jahr schwenkt Pokalsieger „Charly" Körbel den „Pott". „Der Trainer ist eine Respektsperson"

Erst dreimal in der bislang 40jährigen deutschen Pokalgeschichte gelang es dem Titelverteidiger, im nächsten Endspiel wieder mit von der Partie zu sein. Aber wenn es erst mal soweit war, dann konnte der Pokal auch erneut mit nach Hause genommen werden. Als der Frankfurter Eintracht im Halbfinale Rot-Weiß Essen zugelost wird, scheint der erneute Sprung ins Endspiel reine Formsache zu sein. 4:0 Punkte und 14:1 Tore lautete die Ausbeute der Hessen aus den Bundesligabegegnungen mit den Kickern aus dem Ruhrpott. Doch jeder der 22.000 Zuschauer, der erneut auf einen Kantersieg spekuliert hat, reibt sich am 30. April 1975 verwundert die Augen. Erst in der 69. Minute bringt Beverungen die Frankfurter in Führung, und als Burgsmüller für den überraschenden Ausgleich sorgt (85.), geht's sogar in die Verlängerung.

„Das war zur rechten Zeit ein Schuß vor den Bug. Zum Glück sind wir noch einmal mit einem blauen Auge davongekom-

Viel Arbeit: Eintracht-Keeper Wienhold muß häufig Kopf und Kragen riskieren, um zu null zu spielen

Weltmeisterlicher Kapitän: Grabowski umspielt den heranfliegenden Pirsig (Nr. 4)

Pokalsieger 1975: Eintracht Frankfurt

Die Siegerelf, Auswechselungen „Fehlanzeige": Nickel, Reichel, Trinklein, Grabowski, Körbel, Neuberger, Hölzenbein (stehend von links); Weidle, Beverungen, Wienhold, Lorenz (hockend von links)

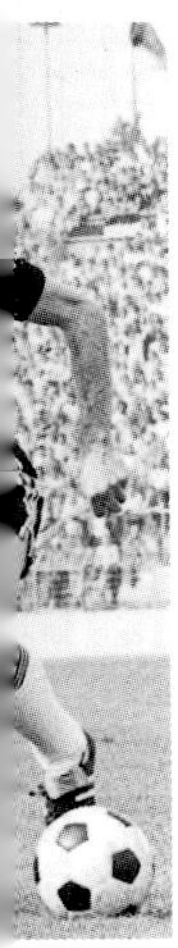

men", bilanziert Trainer Dietrich Weise nach dem hartumkämpften 3:1-Sieg, der erst neun Minuten vor dem Abpfiff durch Beverungens zweiten Treffer eingeläutet und durch Lorenz (116.) endgültig besiegelt wird.

„Keine Ausflüge"

Knapp zwei Monate später rückt das 32. Pokalendspiel unaufhaltsam näher, und schon seit Tagen weht kaum ein Lüftchen, die Vorbereitung der Finalisten aus Frankfurt und vom MSV Duisburg wird von der quälenden Sonne begleitet. Am Finaltag, dem 21. Juni, spricht Dietrich Weise in der Mannschaftsbesprechung vor dem Anstoß

Wie ein Blitz: Das wassergetränkte Leder schießt ins Netz von MSV-Torwart Linders. Torschütze „Charly" Körbel: „Ein tolles Gefühl"

Faust vor Kopf: MSV-Keeper Linders wehrt gegen Lorenz mit einer Hand ab

Mit Händen und Füßen: Eintracht-Torhüter Wienhold hält seinen Kasten sauber

einmal mehr Klartext. Diesmal ist es Vorstopper Karl-Heinz Körbel, der strikte Defensivaufgaben verrichten soll. „Ihr Gegenspieler, der Ronny Worm, ist ein verdammt schneller Mann. Konzentrieren Sie sich voll und ganz auf diese Aufgabe. Ausflüge über die Mittellinie stehen für Sie nicht auf dem Programm".

Weises Anweisungen sind unmißverständlich. Auch wenn im Vorjahr erst Trinkleins Verstoß gegen das Trainerverbot für die 1:0-Finalführung gegen den HSV gesorgt hatte, würde es niemand wagen, Weise zu widersprechen. „Der Trainer ist eine absolute Respektsperson. Jeder von uns weiß, daß Aufmucken sinnlos ist. Wer an seinem Stammplatz interessiert ist, fügt sich den Anweisungen", weiß nicht nur der diesmal betroffene Körbel. Hinzu kommt, daß auch der Jungnationalspieler nicht ganz unglücklich darüber ist,

Wettergott spielt verrückt

wenn ihm bei diesen fast tropischen Temperaturen weite Wege in die Hälfte des Gegners erspart bleiben.

Als Schiedsrichter Walter Horstmann die Partie anpfeift, entwickelt sich zur Überraschung der „nur" 43.000 Zuschauer im Niedersachsenstadion von Hannover trotz der widrigen Umstände sofort ein offener Schlagabtausch. Chancen, aber keine Treffer verzeichnen beide Teams, als sie in der Halbzeitpause verschnaufen können. Kaum stehen die 22 Akteure wieder auf dem Platz, spielt der Wettergott verrückt. Erst sind es nur ein paar Tröpfchen, dann wahre „Bindfäden", die die

Gratulationen: Die Sieger kommen an den Offiziellen nicht vorbei. Grabowski „rettet" den Pokal

Spieler zunächst erfrischen, dann vor unvorhergesehene Probleme stellen. Denn für einen nassen, rutschigen Rasen hat niemand die richtigen Stollen untergeschraubt. Es dauert nicht lange, bis auch ein Gewitter über dem Stadion aufzieht und es im Kasten der Duisburger einschlägt. Wie ein Blitz schießt das wassergetränkte Leder ins Netz von MSV-Keeper Linders, nachdem Karl-Heinz Körbel abgezogen hat (57.). Diesmal muß der Schütze der Eintracht-führung nicht vor dem Unwillen des Trainers zittern. „Der Worm

„Auf dem Teppich bleiben"

läßt sich immer weiter zurückfallen, Sie können jetzt ruhig mal mit nach vorne gehen", hatte ihm Dietrich Weise vorher die Erlaubnis zum Stürmen erteilt.

„Es ist schon ein tolles Gefühl, den entscheidenden Treffer geschossen zu haben. Zumal ich mich nicht daran erinnern kann, wann ich das letzte Mal einen Treffer mit meinem schwachen linken Fuß erzielt habe", schwelgt der Youngster kurz nach Spielende in Glückseligkeit.

Als Gert Trinklein am Abend auf dem DFB-Festbankett die Siegeszigarren verteilt und auch der „Mann des Tages" sich eine „Havanna" gönnen will, schlägt seine Stimmung allerdings blitzartig um. „Spinnen Sie jetzt total?" wird er von Weise angefaucht, als dieser Körbel die Zigarre mit einem Handstreich aus dem Mund wischt. „Auch im Erfolg sollten Sie nicht vergessen, daß Sie dafür noch zu jung sind. Immer schön auf dem Teppich bleiben!"

Der fliegende Linders: Die Eintracht-Schüsse zwingen den MSV-Torwart zu Glanzparaden

26. Juni 1976: Hamburger SV – 1. FC Kaiserslautern 2:0

56 Grad, aber HSV bleibt im heißesten Finale ganz cool!

Fairer Kapitän: Der anstürmende Diehl überspringt den am Boden liegenden HSV-Schlußmann Kargus

Kappe ab: Alle schützen sich vor der sengenden Sonne, nur HSV-Trainer Kuno Klötzer nicht. „Ich lasse meine Spieler nicht alleine leiden!"

Strahlend blauer Himmel, kein einziges Wölkchen weit und breit, glühende Hitze: das ideale Wetter, um ins kühle Naß zu tauchen, Eis zu schlecken oder faul im Schatten zu liegen. Doch der Terminkalender des Deutschen Fußball-Bundes hat es anders gewollt. Der 26. Juni 1976 ist der Endspieltag des 33. Pokalfinales. „Ich hasse dieses Wetter. Diese Knochenhitze ist einfach nicht mein Ding. Da wird jeder Sprint zur Qual, und ich habe ein Gefühl, als ob meine Lunge jeden Moment den Geist aufgibt", macht Caspar Memering beim morgendlichen Blick aufs Barometer seinem Ärger Luft. Schon jetzt können sich die Endspielteams vom HSV und 1. FC Kaiserslautern auf die größte Hitzeschlacht in der deutschen Pokalgeschichte gefaßt machen.

Die Hamburger organisieren in letzter Minute noch ein paar schützende Sonnenhütchen, damit sich wenigstens die Ersatzspieler auf der Bank im Frankfurter Waldstadion etwas vor der gnadenlosen Hitze schützen können. „So verrückt ist der Fußball. Vor vier Wochen beim Halbfinalwiederholungsspiel in München standen die Jungs im knöcheltiefen Morast, heute droht ihnen der Hitzschlag", er-

Ali stört den Schlaf

innert sich HSV-Trainer Kuno Klötzer noch bestens an die Regenschlacht gegen die Bayern. Am 1. Juni hatte es wie aus Eimern geschüttet, der Platz war eigentlich unbespielbar, doch Schiedsrichter Linn pfiff trotzdem an. Sehr zur Freude der Gäste aus dem Norden, denn Sekunden vor Schluß köpfelte ausgerechnet der kleinste Hamburger, Kurt Eigl, nach einer Volkert-Flanke das dreckverschmierte Leder am verdutzten Nationalkeeper Sepp Maier vorbei ins lange Eck: 1:0 – Abpiff; der HSV stand überraschend im Finale. Klar, daß jetzt die Favoritenbürde auf den Schultern der Hamburger lag. Die Bayern rausgeschmissen, deutscher Vizemeister geworden, da bleibt

Pokalsieger

1976: Hamburger SV

Nach der Hitzeschlacht: Volkert, Björnmose, Sperlich, Blankenburg, Klötzer, Reimann (stehend von links); Hidien, Kaltz, Memering, Eigl, Kargus, Zaczyk (sitzend von links). Es fehlt: Nogly

den Lauterern nur die Außenseiterrolle. Zumal die Pfälzer in den vergangenen Wochen noch arg vom Verletzungspech gebeutelt wurden. Zwar sind Sandberg, Pirrung und Riedl wieder mit von der Partie, doch dafür muß Trainer Erich Ribbeck auf Torjäger Klaus Toppmöller verzichten. Hamburgs Trainer Kuno Klötzer kann dagegen aus dem vollen schöpfen, und so nutzte er sogar noch die Nacht vor dem Spiel, um sich über die Aufstellung den Kopf zu zerbrechen. Könnte man zumindest gedacht haben, wenn man den Coach um vier Uhr in der Früh aus seinem Zimmer in die Hotelhalle schleichen sah. Doch weit gefehlt: „Ich habe mich nur wecken lassen, weil ich die Titelverteidigung von Boxweltmeister Classius Clay nicht verpassen wollte." Damit er nicht Gefahr läuft, mit dem Fernsehkommentar seine Spieler in den Nachbarzimmern aus den

Jubel unter dem goldenen „Pott": Die HSVer Reimann Kargus, Hidien, Volkert, Zaczyk und Eigl auf ihrer umjubelten Ehrenrunde

Eingelocht: Mit rechts schlenzt HSV-Kapitän Nogly das Leder zum 2:0-Endstand über Hellström in die Maschen

Abkühlung: HSV-Präsident Dr. Peter Krohn verpaßt Manny Kaltz eine kalte Pokaldusche

Träumen zu reißen, hatte Klötzer in der Hotelhalle vor dem TV-Gerät Platz genommen. Was der Coach nicht ahnen konnte: Diese Mühe hätte er sich sparen können, denn auch der Wecker seiner Kicker stand im Morgengrauen nicht still. „Wer läßt schon einen Auftritt von Muhammed Ali einfach so verstreichen", erklärt Verteidiger Manfred Kaltz die ungewöhnliche Vorbereitung auf das Pokalfinale.

Am Nachmittag sind die Ali-Fans trotzdem hellwach, werden ihrer

Abpfiff als Erlösung

Favoritenstellung von Beginn an gerecht. Die Tore von Nogly und Björnmose kaufen dem geschwächten Gegner schon in der ersten Halbzeit den Schneid ab, die Backofenatmosphäre tut ihr übriges. Immer wieder finden die Spieler beider Teams den Weg an die Außenlinie, um sich aus dem Wassereimer den erfrischenden Schwamm zu greifen. Nicht nur der neue Pokalsieger, auch die 61.000 Zuschauer und die unterlegenen Pfälzer sind froh, als Schiedsrichter Eschweiler pünktlich nach 90 Minuten der Quälerei ein Ende macht. Die 56 Grad Celsius, die auf der sonnenaufgeladenen Tartanbahn gemessen wurden, sind wahrlich besser dazu geeignet, einfach nur faul im Schatten zu liegen.

Sieg im zweiten Anlauf: Nach der 1:3-Niederlage vor zwei Jahren gegen Frankfurt kann HSV-Coach Kuno Klötzer endlich den begehrten Pokal in die Höhe recken

Rechts den Pokal – links die Schuhe: Manny Kaltz auf der Ehrenrunde mit seinen Teamkollegen Kargus und Hidien

28. u. 30. Mai 1977: 1. FC Köln – Hertha BSC 1:1 u. 1:0

1. Wiederholungsspiel: Overaths tragischer Abschied!

Der Triumphator:
Zwei Spiele, zwei Tore, ein Pokal – Matchwinner Dieter Müller

Das gab es noch nie in der Geschichte des deutschen Fußballpokals. Zum erstenmal sind 120 Minuten im Finale gespielt, und noch immer steht kein Sieger fest: 1:1! Als Schiedsrichter Frickel die Partie im Glutofen des Niedersachsenstadions von Hannover abpfeift, schießt den völlig erschöpften Spielern nur ein Gedanke durch den Kopf: „Jetzt müssen wir in zwei Tagen schon wieder ran." Denn die Regeln des DFB sehen keine Entscheidung durch Elfmeterschießen, sondern ein Wiederholungsspiel vor.

Bei den Trainern der Finalteams ruft das nur Kopfschütteln hervor. „Die Spieler haben ihre letzten Kraftreserven in die Waagschale geworfen. Es wäre besser gewesen, wenn hier und heute ein Elfmeterschießen für die Entscheidung gesorgt hätte", urteilt Erfolgstrainer Hennes Weisweiler, und sein Pendant von Hertha BSC, Georg Keßler, pflichtet ihm bei: „Auf das Wiederholungsspiel können sich wohl nur drei Leute freuen: die Schatzmeister der Clubs und des DFB."

Am nächsten Morgen, Pfingstsonntag, beginnt das große Rätselraten: Können die Außenseiter aus Berlin den favorisierten Rheinländern erneut Paroli bieten, oder lassen sich die Kölner nicht noch einmal von der Stärke der Herthaner überraschen? Während ganz Fußballdeutschland spekuliert und fachsimpelt, bastelt Hennes Weisweiler an seiner Mannschaftsaufstellung. „Ich glaube, ich lasse den Wolfgang draußen", eröffnet der

Keine zweite Chance

1. Streich: Im Tiefflug segelt Torjäger Dieter Müller in den Fünf-Meter-Raum. Hertha-Keeper Nigburs langes Bein kommt zu spät

Pokalsieger 1977: 1. FC Köln

Siegreiche Geißbock-Akteure: Cullmann, Löhr, Flohe, Gerber, Konopka, Hein, Simmet, Müller, Trainer Weisweiler (stehend von links); Schumacher, van Gool, Strack, Neumann, Zimmermann (hockend von links)

Coach dem überraschten Heinz Flohe, daß er im zweiten Finale Nationalspieler Wolfgang Overath auf die Bank setzen will. „Aber Trainer, wir können doch in einem solch wichtigen Spiel nicht auf unseren Kapitän verzichten", versucht Flohe die Zweifel im Trainer zu schüren. Doch nach einer erneuten Spielauswertung per Video ist sich Weisweiler sicher: „Der Wolfgang ist nicht spritzig genug, um uns morgen schon wieder nach vorne zu treiben." Heinz Flohe weiß, daß es jetzt keinen Sinn mehr macht, der Entscheidung des Trainers zu widersprechen: „Okay, Trainer, sie tragen schließlich die Verantwortung." Als Schiedsrichter Ohmsen das Wiederholungsspiel am Pfingstmontag anpfeift, sitzt neben Wolfgang Overath noch ein

Eingeschlagen: An Nigbur vorbei landet der Ball im Netz – 1:0 im 1. Finalspiel

Der 2. Streich: Müller und sein Schatten Uwe Kliemann hechten gemeinsam zum Ball. Der Kölner Goalgetter ist den berühmten Tick schneller: 1:0 im zweiten Finalspiel

zweiter Nationalspieler auf der Bank: Bernd Cullmann. Der Kölner steht mit Hennes Weisweiler auf Kriegsfuß, weil er sich nicht in das vom Trainer aufgestellte Mannschaftsgefüge einordnen will. Cullmann sieht seine Perspektive nicht im defensiven Mittelfeld, sondern als Libero. Doch Weisweilers „letzter Mann" heißt Gerber, für Cullman bleibt nur die Rolle des Ersatzmannes.
Doch auch ohne die zwei Nationalspieler gehen die Domstädter im zweiten Finale engagierter ans Werk, spieler offensiv, schnell und kraftvoll. Der 24jährige Herbert Neumann macht als Overath-Ersatz ein gutes Spiel und treibt die Kölner gemeinsam mit Heinz Flohe immer wieder nach vorne, doch in der Spitze werden auch die besten Chancen gleich reihenweise vergeben: 0:0 zur Pause.

„Das war glatter Betrug"

Nach dem Wechsel kommt es dann aber ganz anders und fast zum Eklat. In der 61. Minute rauscht ein Torschrei durch den Fanblock der mitgereisten Hertha-Anhänger, ehe Sekunden später ein gellendes Pfeifkonzert erklingt. Erich Beer hat zwar getroffen, aber Schiedsrichter Ohmsen auf Foulspiel entschieden. „Beer drückte vor dem Torschuß seinen Gegenspieler weg, ich habe sofort gepfiffen, aber er hat den Pfiff wohl überhört", rechtfertigt der Mann in Schwarz seine umstrittene Entscheidung.
Als Bundesliga-Torschützenkönig Dieter Müller knapp zehn Minuten später mit einem herrlichen Flugkopfball die Entscheidung zugunsten der Kölner besorgt, ist der Sündenbock für die Herthaner schnell gefunden. „Das war glatter Betrug, mein Tor war korrekt", flucht Kapitän Erich Beer. Und auch dem sonst eher als besonnen und zurück-

Gemeinsame Freude: Erfolgstrainer Weisweiler mit seinen Schützlingen Strack und Müller

Chance vertan: Freie Schußbahn für Kölns Kapitän Löhr, doch Nigbur kann reaktionsschnell abwehren

Jubel des Ersatzkapitäns: Normalerweise trägt Wolfgang Overath die Binde beim 1. FC Köln, jetzt nimmt Hennes Löhr an seiner Stelle den Pokal entgegen

haltend bekannten „Sir" Georg Keßler platzt förmlich der Kragen: „Da soll man sich immer zusammennehmen und die Nerven behalten. Aber das kann doch niemand von einem verlangen, wenn man solche Schiedsrichterentscheidungen erlebt. Ich habe dafür kein Verständnis", hält Herthas Trainer mit seinem Ärger nicht hinter dem Berg.
Auch nach dem Duschen haben

Keine Freude bei Overath

sich die Gemüter noch keinesfalls abgekühlt. Als die Herthaner, im Bus sitzend, auf die Heimfahrt Richtung Berlin warten, hält ausgerechnet der Schriftzug einer 4711-Werbung auf dem Kölner Vereinsbus den Finger noch einmal in die offene Wunde: „1. FC Köln – Glück muß man haben". Der Hohn springt den Herthanern offen ins Gesicht. „Stimmt", knurrt Michael Sziedat, „und den richtigen Schiedsrichter." Empörung und Wut auf der einen, Jubel, Freude und Glückseligkeit auf der anderen Seite. Nur wenige Meter von den frustrierten Herthanern entfernt, geht so richtig die Post ab. Schampus und Kölsch sind die richtige Einstimmung für eine lange Kölner Siegesfeier. Ausnahmsweise dürfen sogar die Frauen mit an Bord, schließlich müssen sie von morgen früh an 14 Tage auf ihre Fußballhelden verzichten, der FC geht zwei Wochen auf Japan-Tour. Aber nicht jeder im Bus kann sich ausgelassen über den Pokalgewinn oder die anstehende Asienreise freuen. Während in den hinteren Reihen gejohlt, gelacht und gesungen wird, ist vorne, neben dem Busfahrer, ein Platz fest vergeben. Still und völlig teilnahmslos läßt der Mannschaftskapitän die Jubelprozedur über sich ergehen. Wolfgang Overath hat am Ende seiner Karriere keinen Grund zum Feiern.

15. April 1978: 1. FC Köln – Fortuna Düsseldorf 2:0

Toni und die Glücksgöttin spielen Fortuna einen Streich!

Erfolgreicher „Erbe": Flohe hat endgültig die Spielmacherrolle von Overath übernommen, führt die Kölner zur erfolgreichen Pokalverteidigung

Die Nerven der Kölner sind bis zum Zerreißen gespannt. Das Jahr 1978 kann zum erfolgreichsten der Vereinsgeschichte werden, doch trotz der Tabellenführung und der zum Greifen nahen Meisterschaft sowie der Teilnahme am Pokalfinale ist Spielern und Trainer klar: „Noch stehen wir mit leeren Händen da."

„Wehe, es denkt mir jetzt auch nur einer an die mögliche Meisterschaft", versucht Hennes Weisweiler die volle Konzentration der Mannschaft auf das anstehende Pokalendspiel gegen Fortuna Düsseldorf zu lenken. „Jetzt zählt nur das Finale. Wenn wir den Pott in den Händen halten, können wir viel lockerer in den Bundesligaendspurt gehen."

Immer wieder sucht der Erfolgscoach vor dem ersten Saisonhöhepunkt die Einzelgespräche mit seinen Schützlingen. Heinz Flohe, Bernd Cullmann und Co. wissen das zu schätzen. „Der Hennes ist zwar ein harter Hund, doch er verschafft sich immer ein Meinungsbild der Mannschaft, ehe er sich in der taktischen Marschroute oder der Aufstellung festlegt", freut sich Cullmann, der mittlerweile wieder zu den Leistungsträgern im Geißbockteam gehört. Vor einem Jahr plagte sich der Na-

Die mit dem Ball tanzen: Düsseldorfs Kapitän Gerd Zewe im etwas anderen Duell mit van Gool. „Das gibt es doch nicht"

Pokalsieger 1978: 1. FC Köln

Der favorisierte Sieger vor dem Anpfiff: Flohe, Schumacher, Strack, Cullmann, Neumann, Gerber, Zimmermann, Konopka, van Gool, Okudera und Müller (von links)

tionalspieler noch mit Abwanderungsgedanken, jetzt fühlt sich Cullmann in der früher von ihm verpönten Mittelfeldrolle pudelwohl. Kein Wunder, schließlich hat er in der laufenden Saison bereits mit einigen wichtigen Kopfballtoren für Furore gesorgt: „Wir trainieren jeden Frei-

Chancenreicher Außenseiter

tag eine Stunde lang nur Ecken, da muß doch wohl was Produktives herauskommen", beschreibt er das Erfolgsgeheimnis der Kölner.

Von den gefährlichen Standardsituationen ist allerdings im rheinischen Finale gegen die Fortuna aus Düsseldorf lange Zeit nichts zu sehen. Im Gegenteil: Der Außenseiter bestimmt das Geschehen und hat in der er-

Viele Chancen, kein Tor: Der Außenseiter aus Düsseldorf macht das Spiel, bleibt aber ohne Erfolg im Abschluß. Auch dieser Kopfball von Seel verfehlt sein Ziel

Torjäger im Laufduell: Düsseldorfs Seel (links) versucht Mittelstürmer Müller zu enteilen

sten Hälfte eine Reihe von hochkarätigen Chancen. Daß die Kölner nach der Pause keinem Rückstand hinterherlaufen müssen, haben sie vor allem ihrem Torhüter Harald Schumacher zu verdanken. „Das gibt es doch gar nicht, was der Toni alles hält. Normalerweise müßten wir schon längst 2:0 führen", hadert nicht nur Düsseldorfs Abwehrspieler Egon Köhnen mit der Glücksgöttin Fortuna.
Nach der Pause kommt es noch dicker. Tausendmal probiert – und wieder hat es funktioniert: Nach einem Freistoß von der

Cullmann im Anflug: Mit diesem herrlichen Kopfballtreffer bringt der Kölner sein Team doch noch auf die Siegesstraße. „Jetzt gehen wir ein Kölsch trinken, und die Sache ist vergessen"

rechten Seite kommt Bernd Cullmann im Tiefflug über den Rasen gesegelt und wuchtet das Leder in der 71. Minute mit dem Kopf in die Maschen. „Jetzt haben wir sie im Sack", weiß in

Ein Kölsch zur Versöhnung

diesem Moment nicht nur der jubelnde Torschütze. Als Roger van Gool kurz vor dem Abpfiff einen Konter zum 2:0 abschließt, ist das erste Etappenziel der Saison endgültig erreicht.

Nach dem letzten Bundesligaspieltag ist auch das Double perfekt: Der 5:0-Sieg in St. Pauli läßt selbst das sensationelle 12:0 von Verfolger Mönchengladbach gegen Dortmund zur Makulatur werden. Zur Feier des Tages wird auch die lang währende Fehde zwischen Hennes Weisweiler und Bernd Cullmann vom Trainer offiziell zu den Akten gelegt: „Komm, mein Junge, jetzt gehen wir 'n Kölsch trinken, und dann ist die Sache vergessen."

Der Doublemacher: Stolz präsentiert Erfolgscoach Weisweiler den Pokal und die Meisterschale. „Volle Konzentration auf das Finale"

23. Juni 1979: Fortuna Düsseldorf – Hertha BSC 1:0

Dank Grasbüschel: Sieg für „ewige Verlierer"!

Glücksgefühl: Stolz reckt Baltes den Pokal in die Höhe: „Beim nächsten Mal schaffen wir es"

Der „ewige Verlierer" greift zum sechsten Mal nach den (Pokal-) Sternen. Fünfmal stand Fortuna Düsseldorf bislang im Pokalendspiel, fünfmal hatte die Glücksgöttin kein Einsehen mit ihrem Namensvetter. Und auch vor gut fünf Wochen spielte den Rheinländern das Schicksal einmal mehr übel mit: Trotz toller Leistung im Europacupfinale standen die Mannen um Libero Gerd Zewe am Ende wieder mit leeren Händen da: 3:4 nach Verlängerung gegen den FC Barcelona. „Beim nächsten Mal schaffen wir es", hatten sich die Fortunen bereits im Vorjahr nach der unglücklichen 0:2-Niederlage im Pokalfinale gegen den 1. FC Köln geschworen. Jetzt wollen sie ihren Worten endlich Taten folgen lassen. Doch auch diesmal wird es keine Partie für schwache Nerven. Die als Favorit ins Spiel gegangenen Düsseldorfer können dem Spiel nur selten

Übersprungen: Herthas Sidka gewinnt das Kopfballduell gegen Köhnen, doch auch in dieser Szene gehen die Berliner leer aus – kein Treffer

Pokalsieger 1979: Fortuna Düsseldorf

Diese Elf legt das Fortunen-Image des „ewigen Verlierers" ab: Zewe, Daniel, Bommer, Fanz, Baltes, Köhnen, Th. Allofs, Schmitz, Weikl, K. Allofs und Seel (von links)

ihren Stempel aufdrücken, Bundesliga-Kellerkind Hertha BSC gestaltet die Begegnung jederzeit offen: 0:0 nach 90 Minuten – Verlängerung! Die Kräfte auf beiden Seiten schwinden zunehmend: „Bloß kein Wiederholungsspiel, hoffentlich fällt noch ein Tor", schießt es in der Nachspielzeit nicht nur Fortunas Verteidiger Sepp Weikl durch den Kopf. Teamkollege Egon Köhnen versucht sich mit Selbstgesprächen über die Zeit zu retten: Komm,

Zweimal zugepackt: Bis kurz vor Schluß beweist Herthas Torhüter Nigbur ein gutes Stellungsspiel. Zweimal kommt er eher an den Ball als Düsseldorfs Seel, zweimal ist auch Seels Schatten Sziedat nicht weit

„Grasbüschel war schuld": Aus spitzem Winkel zirkelt Seel den Ball an Nigbur vorbei in den Kasten der Herthaner – 1:0 für Düsseldorf, die Entscheidung

Ohne Schuhe: Die Treter, die ihn zum Sieg trugen, hat Baltes längst ausgezogen, als er sich mit Bommer auf die Ehrenrunde begibt

Egon, steh auf, komm, Egon, lauf!"

Mittlerweile neigt sich auch die Verlängerung dem Ende zu, und so recht mag niemand mehr an eine Entscheidung glauben. „So ein Mist, jetzt müssen wir unseren Urlaub verschieben", schießt es den Düsseldorfer Spielerfrauen auf der Tribüne durch den Kopf, doch Herthas Kapitän Uwe Kliemann bringt es nicht übers Herz, die Damen noch zwei Tage auf den gepackten Koffern sitzen zu lassen. Alles sieht so harmlos aus, als er an der Strafraumgrenze in Ballbesitz kommt. Die Düsseldorfer orientieren sich in die eigene Hälfte, Hertha-Trainer Kuno Klötzer fordert seine Jungs von draußen auf: „Los, nach vorne, noch vier Minuten, sucht die Entscheidung!" Sekunden später ist sie da: 1:0 für Düsseldorf. Die Fortunen reißen die Arme hoch, obwohl die meisten überhaupt nicht mitbekommen haben, was eigentlich passiert ist. Uwe Kliemann hat mit einer verpatzten

Nelken mit Salz und Pfeffer

Rückgabe Wolfgang Seel mustergültig in Szene gesetzt, und der Nationalspieler überlistet Norbert Nigbur im Kasten der Berliner mit einem raffinierten Schlenzer aus spitzem Winkel. „Das darf nicht wahr sein", ungläubig schüttelt Kuno Klötzer an der Außenlinie den Kopf. Vier Minuten später ist aus dem „ewigen Verlierer" ein strahlender

Kunstschütze: Seels Treffer, fast von der Torauslinie mit Gefühl ins Tor geschlenzt, brachte die Entscheidung. „Bloß keine Verlängerung"

Sieger geworden. Als Kapitän Gerd Zewe den 20.000 mitgereisten Düsseldorfer Fans im Niedersachsenstandion von Hannover den Pokal präsentiert, wird eine lange, unvergeßliche Siegesfeier eingeläutet, auf deren Höhepunkt Lizenzobmann Werner Faßbender sogar einen rotweißen Nelkenstrauß verspeist. Schon lange vor dem mit Salz und Pfeffer gewürzten, pflanzlichen „Festschmaus" lieferte Pechvogel Uwe Kliemann ein anderes Naturgewächs als Begründung für Fortunas Siegesfeier: „Schuld daran ist ein herausgerissenes Grasbüschel, das den Lauf des Balles zum Torwart bremste. So kam Seel vor Nigbur an den Ball. Das war mein Pech und unsere Niederlage."

Längst sind die körperlichen Qualen der 120 Minuten vergessen. Die Fortunen feiern den ersten Pokalerfolg ihrer Vereinsgeschichte. „Komm Egon, steh auf"

4. Juni 1980: Fortuna Düsseldorf – 1. FC Köln 2:1

Vor dem Abstieg gerettet: Zum Dank bekommt Otto den Pokal!

Gelungene Revanche: Nachdem die Düsseldorfer das Finale vor zwei Jahren gegen den Rheinrivalen Köln noch unglücklich verloren hatten, können sie diesmal ihren zweiten Pokalsieg bejubeln

Das war bislang nur dem berühmten Schalker Kreisel gelungen. Kuzorra, Szepan und Co. standen von 1935 bis '37 dreimal hintereinander im Pokalfinale. Jetzt haben Zewe, Seel und Co. das gleiche Kunststück vollbracht. Mit einem kleinen Unterschied allerdings: Während die Königsblauen nur eines der drei Finals, nämlich das letzte, für sich entscheiden konnten, waren die Düsseldorfer bereits in ihrem zweiten Endspiel als Sieger vom Platz gegangen. Mit einem Sieg gegen den 1. FC Köln könnten die Düsseldorfer sogar eine bessere Bilanz aufweisen, als die legendären Helden der 30er Jahre.

Damit es dazu kommt, packt Otto Rehhagel, der mittlerweile Dietrich Weise auf der Trainerbank der Fortunen abgelöst hat, tief in die psychologische Trickkiste. In zahlreichen Einzelgesprächen versucht der Coach seinen Schützlingen das nötige Selbstbewußtsein für das Duell mit den favorisierten Kölnern einzuimpfen. „Sepp, du hast so viele Vorteile. Bist beweglich, dribbelstark, kannst links wie rechts schießen. Ich versteh'

Sektfontäne: Ersatztorhüter Dreher hat das Kommando übernommen. Mit der Riesenpulle verpaßt er seinen Teamkollegen eine kalte, prickelnde Dusche

Pokalsieger 1980: Fortuna Düsseldorf

Die erfolgreichen Titelverteidiger: Dusend, Brei, Wirtz, Bansemer, Wenzel, Trainer Rehhagel, Klaus Allofs, Thomas Allofs, Obmann Beiroth, Thiele, Zewe, Co-Trainer Exner (steh. v. l.); Bücher, Daniel, Bommer, Köhnen, Baltes, Weikl, Seel, Masseur Restle (hock. v. l.)

einfach nicht, warum der Kaltz in der Nationalmannschaft spielt und nicht du."

Das sind Worte, die Sepp Weikl natürlich heruntergehen wie Öl. Düsseldorfs Verteidiger ist nicht der einzige Fortune, der an Rehhagels Lippen „klebt", wenn der Trainer seinen Spielern die eigenen Stärken vor Augen führt. Der neue Coach erfreut sich großer Beliebtheit in der Mannschaft: „Otto hat uns vor dem Abstieg gerettet, jetzt holen wir als Dank den Pokal für ihn." So denkt auch Egon Köhnen, der durch Rehhagel in der Öffentlichkeit und bei den Teamkollegen einen ganz neuen Stellenwert erlangt hat. „Egon, du mußt die Abwehr hinten zusammenhalten. Wenn du diese Aufgabe erfüllst, hast du für mich gut gespielt. Egal, was die anderen sagen." So wurde Köhnen von Rehhagel im Abstiegskampf ein ums andere Mal lobend hervorgehoben, auch dann, wenn er selbst mit seiner Leistung eigentlich nicht zufrieden war. „Da tankt man natürlich Selbstbewußtsein. Und das können wir gegen den 1. FC Köln verdammt gut gebrauchen."

Zum zweiten Mal nach 1978 kommt es im DFB-Pokalfinale zum Kräftemessen der rheini-

Hoffen auf Revanche

schen Rivalen. Die Erinnerungen an die unglückliche 0:2-Niederlage sind noch tief verankert. „Wir waren damals klar die bessere Mannschaft, konnten aber leider unsere Chancen nicht nutzen. Diesmal werden wir es besser machen", hofft Kapitän Gerd Zewe auf eine gelungene Revanche.

Doch bevor es auf dem Rasen zur Sache geht, müssen die Fortunen erst einmal mit einem ganz anderen Problem klarkommen. „Was sind denn das für dämliche Klamotten? Die sind viel zu eng, in denen kann sich doch niemand vernünftig bewegen." Besonders Egon Köhnen, bereits mit einem kleinen

Ohne Trikots: Die Düsseldorfer lassen sich mit nackten Oberkörpern von ihren Fans für die gelungene Titelverteidigung feiern. „Sehen aus wie Preßwürste"

Überlaufen: Düsseldorfs Kapitän Zewe läßt sich von der Grätsche seines Kölner Pendants Cullmann nicht aufhalten. Auch Littbarski kann nicht mehr eingreifen

„Fans, wir danken euch", mit diesem eigens für das Pokalfinale kreierten Transparent grüßen die glücklichen Sieger auf der Ehrenrunde ihre rund 20.000 Fans im Parkstadion. „In der zweiten Halbzeit haben wir die Kölner mit der lautstarken Unterstützung unserer tollen Fans regelrecht an die Wand gespielt", jubelt Sepp Weikl, einer von neun erfolgreichen Cupverteidigern in Reihen der Düsseldorfer. „Das war die beste Fortuna, die es je gegeben hat."

Bauchansatz ausgestattet, kann den neuen Trikots wenig abgewinnen. „Mir ist völlig egal, ob die Sachen den Schweiß besser aufsaugen. Ich finde, wir sehen aus wie Preßwürste", spricht's und verlängert seinen Schlitz an der Hosenseite mit einer Schere um gut fünf Zentimeter, ehe er den Rasen des Gelsenkirchener Parkstadions betritt.

Zur Halbzeit ist es um die Stimmung der Düsseldorfer nicht gerade besser bestellt. „Was geht

Fortuna im Preßwurst-Dreß

da draußen ab? Ihr dürft nicht nur reagieren. Ihr müßt agieren! Wenn ihr nicht die Initiative ergreift, könnt ihr nicht gewinnen." Otto Rehhagel versucht seine Mannen mit einer lautstarken Ansprache wachzurütteln. „Noch ist nichts verloren. Es bleibt genug Zeit, das 1:0 der Kölner wettzumachen."

Die Düsseldorfer benötigen ganze fünf Minuten, um Rehhagel zu beweisen, wie recht er damit hat. Ein Doppelschlag von Rüdiger Wenzel und Thomas Allofs zwischen der 60. und 65. Minute läßt das Spiel zugunsten des Außenseiters kippen. „Das darf nicht wahr sein, jetzt lassen wir uns von denen noch die Butter vom Brot nehmen", schimpft Bernd Cullmann. Am Ende muß aber auch der Schütze des Kölner Führungstreffers einsehen, daß der Sieg der Fortunen in Ordnung geht, auch wenn Nationalkeeper Toni Schumacher mit zwei Patzern maßgeblichen Anteil daran hatte.

Gelungenes Dribbling: Littbarski spielt seine Stärke aus. Den Ball eng am Fuß, kurvt er sich in der ersten Halbzeit ein ums andere Mal durch die Düsseldorfer Abwehrreihen, ist auch von Egon Köhnen (rechts) nur schwer zu bremsen. „Was geht da draußen ab?"

Brüderfreuden: Zum zweiten Mal hintereinander haben sie es geschafft. Thomas und Klaus Allofs (vorn) bejubeln die erfolgreiche Titelverteidigung. „Das war die beste Fortuna, die es je gab"

2. Mai 1981: Eintracht Frankfurt – 1. FC Kaiserslautern 3:1

Zum Abschied von Hölzenbein: „Unser schönster Pokaltriumph!"

Auf und nieder immer wieder, Sprints und noch 'ne Runde. „Los, Jungs, ihr wollt doch nicht etwa schon schlappmachen? Ich will euch noch mal um den Platz laufen sehen."

Erster österreichischer Pokalsieger in Deutschland seit 1969: Bruno Pezzey machte es seinem Landsmann August Starek nach, der 1969 mit den Bayern den Pott gewann

Lothar Buchmann stellt die Trainingslehre auf den Kopf. Der Coach von Eintracht Frankfurt scheucht seine Spieler fünf Tage vor dem Pokalfinale dermaßen über den Platz, daß der Betrachter glauben muß, die Mannschaft befindet sich gerade in der Vorbereitung auf die neue Saison. „Der hat doch nicht mehr alle Tassen im Schrank", denken nicht wenige der Zaungäste auf dem Trainingsgelände der Erbesmühle, dem Quartier der Frankfurter in der Woche vor dem 38. Pokalendspiel. Am Abend liegen Hölzenbein, Nickel und Co. völlig geschafft in ihren Betten, können jeden einzelnen Knochen und Muskel spüren.

„Vielleicht sollte mal einer zum Trainer gehen und ihm sagen, daß das Finale schon diese Woche Samstag steigt", witzelt Vorstopper Karl-Heinz Körbel. Doch Lothar Buchmann hat sein Ziel erreicht. „Ich wollte die Jungs vor dem Saisonhöhepunkt noch mal so richtig wachrütteln. Ich glaube, daß ist mir ganz gut gelungen", frohlockt

Er lebe hoch: Zum Abschied seiner Laufbahn in Deutschland gewinnt Bernd Hölzenbein zum dritten Mal den Pokal. Grund genug für seine Teamkollegen, ihn auf den Schultern über den Platz zu tragen

Pokalsieger 1981: Eintracht Frankfurt

Mannschaftsfoto mit Pokal: Pezzey, Hölzenbein, Borchers, Körbel, Cha, Lorant (stehend von links); Pahl, Nickel, Nachtweih, Sziedat und Neuberger (hockend von links)

der Coach. Buchmann hatte schon seit Tagen darüber gerätselt, wie er seine Jungs am Ende der langen Saison noch einmal auf Vordermann bringen kann. In der Bundesliga haben die Frankfurter ihr Saisonziel erreicht, sicherten sich mit Rang fünf einen Platz im lukrativen europäischen Fußballgeschäft. „Wenn man den Sprung in den

UEFA-Cup-Platz bereits sicher

UEFA-Cup bereits geschafft hat, ist man im Pokalfinale vielleicht nicht mehr bereit, über die Grenzen der Belastbarkeit hinauszugehen. Von daher war die harte Trainingseinheit doch nicht das verkehrteste", bringt Charly Körbel einen Tag vor dem Finale schon wieder Verständnis für die ungewöhnlichen Maßnahmen Buchmanns auf.

Auch der zweite Finalist, der 1. FC Kaiserslautern, konnte sich für den UEFA-Cup qualifizieren. Damit stehen erstmals zwei Teams im Endspiel, die ihre Tickets für die europäische Fußballbühne bereits gelöst haben. Die Lauterer, die in der Bundesliga einen Platz und sechs Punkte besser abgeschnitten haben als die Frankfurter, gehen als leichter Favorit ins Spiel. Nicht zuletzt, weil die „Roten Teufel" zwei Wochen zuvor, am vorletzten Bundesligaspieltag, die Eintracht mit 2:0 bezwingen konnten.

„Das hat heute nicht die geringste Bedeutung, ich will im dritten Anlauf endlich zum ersten Mal den Pott in den Händen halten", verbreitet Frankfurts Michael Sziedat trotzdem ungebrochenen Optimismus. 1977 und 1979 stand der Verteidiger bereits mit Hertha BSC im Fina-

Zwei gegen einen: Lauterns Wendt versucht sich gegen Sziedat (links) und Körbel durchzusetzen. „Das hat nicht die geringste Bedeutung"

Führungsknaller: Lauterns Keeper Hellström ist geschlagen, das Leder zappelt bereits hinter ihm im Netz. Links schreit Hölzenbein seine Freude heraus, und der Schütze, Neuberger, dreht im Hintergrund (rechts) jubelnd ab. „Ihr wollt doch nicht schon schlappmachen?"

le und verlor zweimal. Zu Beginn der Saison wechselte Sziedat zur Eintracht und warf mit den Frankfurten im Halbfinale seinen alten Club aus dem Pokalrennen. „In diesem Jahr stehe ich auch im Endspiel auf der Siegerseite", hatte sich der Ex-Berliner bereits im Anschluß an

Beruhigende Pausenführung

den 1:0-Sieg vor einem Monat geschworen.
Innerhalb von nur 120 Sekunden tragen seine Teamkollegen Neuberger und Borchers dazu bei, daß Sziedats Schwur sich nicht als heiße Luft erweist. In der 38. und 40. Minute sorgen die beiden nicht nur für einen beruhigenden Pausenstand, sondern auch für die Vorentscheidung. 70.000 begeisterte Zuschauer im ausverkauften Neckarstadion erleben nach dem Wechsel zwar einige vielversprechende Lauterer Angriffe – aber auch, wie Bum-Kun Cha mit seinem Kopfballtor zum 3:0 den Widerstand der Pfälzer endgültig bricht. Geyes Anschlußtreffer in der Schlußminute bedeutet nicht mehr als Ergebniskosmetik.

Abschiedsrunde: Frankfurts Kapitän Hölzenbein nach seinem letzten großen Sieg, Teamkollege Neuberger hilft ihm beim Pokaltragen

Alles klar: Nach diesem Kopfballtor von Cha sind die zuvor leicht favorisierten Lauterer endgültig geschlagen

„Der Doppelschlag zum 2:0 war spielentscheidend. Er hat uns moralisch gestärkt und Kaiserslautern getroffen", hat Frankfurts Trainer Lothar Buchmann die Schlüsselszenen des Spiels schnell gefunden. Für seinen Libero Bruno Pezzey liegen die

„Verdienter Eintrachtsieg"

Gründe für den Triumph etwas weiter zurück: „Kaiserslautern war nach dem 2:0-Bundesligasieg zu überheblich und hat nicht mit einer so starken Gegenwehr gerechnet." Ähnlich analysiert Bundestrainer Jupp Derwall das Finale: „Das 2:0 im Punktspiel vor zwei Wochen hat eine Rolle gespielt. Doch den Lauterern fehlte heute die Betzenberg-Atmosphäre. Am verdienten Sieg der Eintracht gibt es nichts zu deuteln." So wird Eintracht-Kapitän Bernd Hölzenbein ein Abschied bereitet, den er sich nicht schöner hätte wünschen können. Der mittlerweile 35jährige Weltmeister von 1974 fliegt zwei Tage später nach Florida zu seinem künftigen Club Fort Lauderdale. Doch erst einmal steigt die rau(s)chende Pokalfete. Karl-Heinz Körbel gönnt sich zur Feier des Tages mal wieder eine dicke, qualmende Zigarre. Und diesmal ist kein Dietrich Weise da, der ihm das Prachtstück aus dem Gesicht schlagen kann: „Das ist der schönste von unseren drei Pokalsiegen", ist Charly mit seinem alten Freund und baldigen US-Legionär Bernd Hölzenbein einer Meinung.

Der zweite deutsche Pokalsieger aus Asien: Nach Japans Okudera (1978 mit Köln) ist nun der Südkoreaner Cha an der Reihe

1. Mai 1982: Bayern München – 1. FC Nürnberg 4:2

Trotz blutender Platzwunde: Hoeneß' wichtigster Sieg!

Erst Turban-, dann Pokalträger: Dieter Hoeneß zeigt den Fans „seinen" Pott. „Komm, beiß die Zähne zusammen!"

Der Tanz der Bayern auf drei Hochzeiten: Einen Monat vor dem letzten Bundesligaspieltag haben sich die Münchner fest vorgenommen, die laufende Saison als erfolgreichste Spielzeit in der Vereinsgeschichte zu küren. „Für uns ist wieder alles drin", spekuliert Kapitän Paul Breitner, nachdem die Hamburger nicht über ein 0:0 gegen Bayer Leverkusen hinausgekommen und die Bayern dem Spitzenreiter somit wieder einen Punkt näher auf den Pelz gerückt sind.

Doch im Moment gilt die volle Konzentration erst einmal dem Pokalfinale gegen den bayrischen Rivalen 1. FC Nürnberg. Mit einem Erfolg gegen den Club wollen die Mannen von Trainer Pal Csernai den Grundstein für einen erfolgreichen Saisonschlußspurt legen. Denn neben den Pokal- und Meisterwünschen träumt der FC Bayern München vor allem von einem: dem Triumph im Europapokalfinale der Landesmeister. In gut vier Wochen ist der Gegner im holländischen Rotterdam allerdings kein geringerer als Englands Titelträger Aston Villa. Wenn es nach dem Gesetz der Serie ginge, hätten die Bayern zwei Trophäen schon in der Tasche. Denn bislang mußte noch keine Mannschaft des erfolgsverwöhnten Vereins nach ei-

Höchst umstritten: Per Foulelfmeter bringt Paul Breitner die Bayern erstmals in Führung, sichert sich und (kleines Foto) seinen Teamkollegen Rummenigge (mit Fahne) und Torwart Müller die Ehrenrunde

Pokalsieger
1982: FC Bayern München

Zum sechsten Mal holt eine Bayern-Mannschaft den Pokal: K.-H. Rummenigge, Horstmann, Breitner, Niedermayer, Dürnberger (stehend von links); Augenthaler, Dremmler, Kraus, Müller, Weiner, Hoeneß (sitzend von links)

nem Finale den Platz als Verlierer verlassen. Fünfmal (1957, 66, 67, 69 und 71) stand man im deutschen Pokalfinale – fünfmal jubelte man am Ende. Und auch die vier Endspiele auf euro-

Makellose Bilanz

päischer Bühne (1967 im Cupsieger-Wettbewerb, 1974, 75 und 76 bei den Meistern) konnten allesamt gewonnen werden. „Dafür können wir uns jetzt wenig kaufen", macht der Kapitän deutlich, daß er von Statistiken herzlich wenig hält, und fügt hinzu: „Dieses Finale in Frankfurt

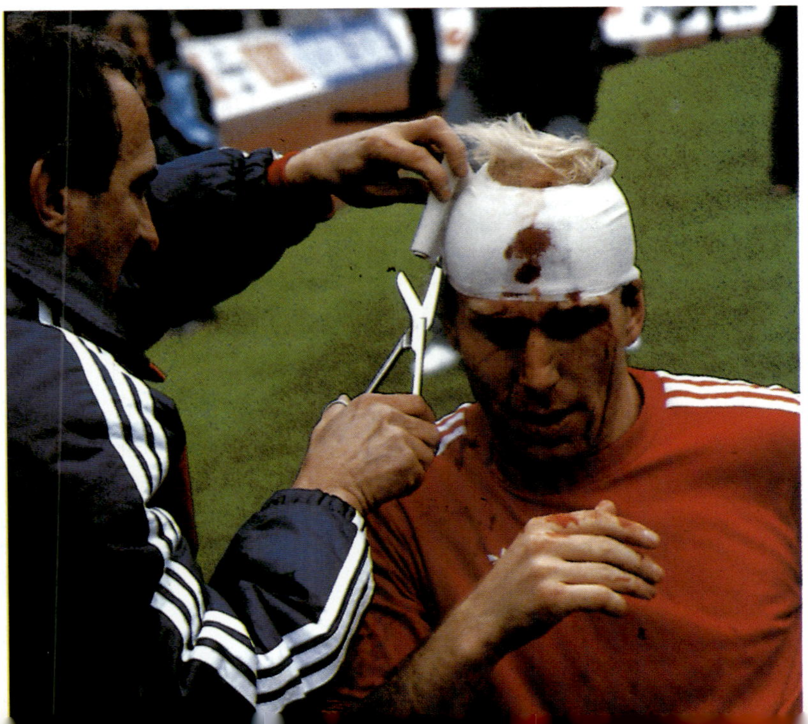

Erste Hilfe: Bei einem Zusammenprall mit Nürnbergs Vorstopper Reinhardt zog sich Dieter Hoeneß eine stark blutende Platzwunde an der Stirn zu

Gezeichnet:
Eine bleibende Erinnerung an ihr Kopfballduell in der 13. Spielminute behalten Club-Vorstopper Reinhardt (links) und Bayern-Mittelstürmer Hoeneß

Wortgefecht:
Vom Luftkampf gezeichnet, setzen die Kontrahenten Hoeneß und Reinhardt ihre Auseinandersetzung (verbal) am Boden fort (Foto rechte Seite). Trotz seiner Verletzung schont sich Hoeneß nicht beim Kopfballspiel (Foto unten)

ist für uns viel schwieriger als das in Rotterdam." Die Begründung liefert Paul Breitner auch gleich mit: „Weil es das erste ist. Gewinnen wir, fahren wir ganz locker und cool nach Holland und werden gewiß auch das zweite Finale gewinnen. Wenn nicht ..."
Diesen Gedanken möchte Breitner am liebsten nicht zu Ende führen, tut es aber unweigerlich doch: „Bei einer Niederlage liegt in Rotterdam ein solcher Druck auf uns, daß wir uns dieses Finale dann selbst schwerer machen, als es eigentlich ist."

„Weiche Knie und Kloß im Hals"

Denn alle im Bayernteam wissen: „Haben wir vor dem Finale gegen Aston Villa bereits Meisterschaft und Pokal verspielt, bietet Rotterdam die allerletzte Chance, statt der erträumten drei und der geplanten zwei gerade mal noch einen Titel zu gewinnen. In solch einer scheußlichen Lage ist die Gefahr groß, daß man verkrampft, weiche Knie bekommt und einen Kloß im Hals hat."
Der Gedanke an diese Situation beschäftigt die Star-Kicker, doch verrückt machen lassen will sich trotzdem niemand: „Wen wir in Frankfurt als Gegner haben, ob Nürnberg oder sonst irgendeine Mannschaft, ist scheißegal. Wir spielen in erster Linie gegen uns selbst", betont noch einmal

Versöhnlich:
Trotz harter Auseinandersetzung die faire Geste am Spielende – Dieter Hoeneß und Alois Reinhardt beim Trikottausch

4

Paul Breitner, „wir müssen das Spiel machen, das Spiel bestimmen." Im Klartext: Das Waldstadion ist für die Bayern wie ein Flaschenhals, durch den sie kriechen müssen, wenn sie bis zum Ende der Saison frei atmen wollen.

„Die Sorgen der Münchner möchte ich haben", witzelt im Lager des Gegners derweilen Udo Klug, Trainer und Manager in einer Person. Den Nürnbergern drückt zur Zeit ganz woanders der Schuh: Der Club steckt mitten im tiefsten Abstiegssumpf. „Versucht den Existenzkampf in der Bundesliga für einen Tag zu vergessen, und kon-

„Beiß die Zähne zusammen"

zentriert euch allein auf den Pokal!" lautet die Devise des „Trainermanagers".

Als die ersten 45 Minuten des Finales vorüber sind, staunt Klug selbst, wie gut die Nürnberger seine fast flehenden Worte in die Tat umgesetzt haben: Der Außenseiter führt mit 2:0!

In der Pause schütteln nicht wenige der 61.000 Fußballfans im Frankfurter Waldstadion immer noch ungläubig den Kopf über die beiden Nürnberger Tore. Erst hatte Hintermaier mit einem Sonntagsschuß am Samstag Bayern-Keeper Müller den Ball aus 35 Metern in den Winkel gejagt, dann machte sich Dressel auf den Weg: Seinen Alleingang über das halbe Spielfeld krönte er mit dem 2:0!

„Dieter, du darfst dich jetzt nicht auswechseln lassen", bekniet Manager Uli Hoeneß seinen Bruder. In der Bayernkabine ist die Hölle los. Nicht nur, daß der Außenseiter es gewagt hatte, Breitner und Co. in der 1. Halbzeit an die Wand zu spielen, nun droht auch noch dem langen, kopfballstarken Dieter Hoeneß das Aus. Ausgerechnet jetzt, wo die Bayern versuchen müssen, mit der Brechstange den Spieß noch umzudrehen. „Dieter, komm, beiß die Zähne zusammen, wir brauchen dich", versucht auch Trainer Pal Csernai seinen Torjäger zu überzeu-

Der Anfang der Wende: Karl-Heinz Rummenigge kommt im Fünfmeterraum der Nürnberger zum Kopfball ...

... die Nürnberger Hintermannschaft samt Torhüter Rudi Kargus ist chancenlos ...

... jubelnd reckt der Schütze die rechte Hand in die Höhe: 1:2 – die Aufholjagd hat begonnen!

Ausgleich: Wolfgang Kraus (Mitte) schießt den Ball zwischen Club-Keeper Kargus und Verteidiger Reinhardt hindurch zum 2:2-Ausgleich ins Netz

Siegeshoffnung: Nach Hintermaiers tollem 25-Meter-Treffer zum 1:0 sah der Club zeitweilig wie der sichere Sieger aus

gen. Mit Erfolg: Hoeneß, der in der 13. Minute mit Nürnbergs Vorstopper Reinhardt zusammengeprallt war, sich eine klaffende, stark blutende Platzwunde an der Stirn zugezogen hatte und nur noch mit „Turban" weiterspielen konnte, gibt dem „Doc" das Okay zum Nähen. „Ich beeile mich auch, schließlich kann ich Ihnen keine Betäubung verabreichen", klingelt es Hoeneß in den Ohren, als die Nadel angesetzt wird. Nur eine knappe Viertelstunde später klingelt es auch erstmals im Kasten der Nürnberger: 1:2, der Anschlußtreffer durch Rummenigge. Der Rest des Finales ist schnell erzählt: Kraus und ein von Breitner verwandelter, aber höchst umstrittener Foulelfmeter rücken die Machtverhältnis-

Erste Endspiel-Niederlage

se in der bayrischen Fußballwelt wieder zurecht. Daß es ausgerechnet Dieter Hoeneß vorbehalten ist, in der Schlußminute mit einem seiner gefürchteten Kopfballtore für das 4:2 und die endgültige Entscheidung zu sorgen, klingt fast zu schön, um wahr zu sein. „Das ist der wichtigste Sieg in meiner Laufbahn", jubelt der Torjäger.

Fünf Wochen später ist allerdings Schluß mit lustig: Aston Villa macht der Mär, die Bayern seien in Endspielen unschlagbar, ein Ende: 1:0 für die Engländer. Vier Tage später dürfen sich die Bayern am Fernseher ansehen, wie sich der Hamburger Sportverein im Volksparkstadion mit der Meisterschale feiern läßt. Der Traum von der erfolgreichsten Saison in der Vereinsgeschichte bleibt unerfüllt.

Tor trotz Turban: Obwohl in Rücklage, trifft der am Kopf verletzte Dieter Hoeneß den Ball vorbildlich ...

... sein Nürnberger Gegenspieler Reinhardt steht zu weit weg, kann nicht mehr eingreifen ...

... im unteren rechten Eck des Clubtores schlägt's ein – 4:2 für die Bayern: die endgültige Entscheidung

11. Juni 1983: 1. FC Köln – Fortuna Köln 1:0

Nach Sieg im Lokalderby: Fete wird zum Mega-Flop!

Verdienter Schluck: Der Schütze des „goldenen Tores", Pierre Littbarski, genehmigt sich einen aus dem gerade gewonnenen „Pott"

Großes Getümmel: Fast alle Akteure beider Finalisten versammelten sich im Strafraum von Fortuna, als nur „Litti" die Übersicht behält und das 1:0 markiert – der Sieg

Eine Stadt im Fußballfieber. Zum ersten Mal in der Geschichte des DFB-Pokals kommt es im Endspiel zu einem echten Lokalderby. Die kleine Fortuna aus der 2. Liga fordert den großen 1. FC aus dem Oberhaus. Klar, daß schon Tage vor dem Endspiel ganz Köln verrückt spielt.

„Wir wollen hier und heute keinen Achtungserfolg, wir wollen den Pokal", schlägt Fortuna-Trainer Martin Luppen forsche Töne an. Und Rinus Michels, Coach des großen Bruders aus der 1. Liga, warnt seine Jungs: „Die Fortunen haben mit Braunschweig, Gladbach und Dortmund drei Erstligisten hintereinander rausgeworfen. Wer die unterschätzt, ist selbst schuld." Doch die mit Nationalspielern gespickte FC-Elf schießt die mahnenden Worte des Trainers scheinbar in den Wind. Als Schiedsrichter Walter Engel das 40. Cup-Finale freigibt, staunen die gut 60.000 Fans im ausverkauften Müngersdorfer Stadion nicht schlecht. Die unbeschwert aufspielenden Fortunen setzen dem großen Favoriten mächtig zu, zeigen die bessere Spielanlage und erarbeiten sich die größeren Chancen. Spätestens

Pokalsieger 1983: 1. FC Köln

Die Sieger im Ortsderby: Engels, Schumacher, Konditionstrainer Herings, Strack, Steiner, Trainer Michels, Konopka, Willmer, Hartmann, Zimmermann, Höhnerbach (steh: v. l.); Klaus Allofs, Littbarski, Prestin, Fischer und Slijvo (hock. v. l.); es fehlt: Neumann

als Gedes 30-Meter-Schuß gegen die Latte von Toni Schumachers Gehäuse kracht, hat der David die Herzen der neutralen Betrachter endgültig erobert. Die Startruppe um Littbarski und Klaus Allofs kann sich glücklich schätzen, daß sie mit einem 0:0 zur Pause in die Kabine darf. Selbst Torjäger Klaus Fischer läßt seine Qualitäten vermissen und vergibt zu Beginn der 2. Halbzeit freistehend die mögliche Führung. Der Nationalspieler hatte sein persönliches Endspiel bereits im Viertelfinale absolviert. Dort trafen die Kölner auf seinen alten Club, Schalke 04. Fischer legte seine ganze

Fischers Rache an Schalke

Wut über den unrühmlichen Abschied aus Gelsenkirchen in dieses Spiel. Vor zwei Jahren hatten ihn die Fans am letzten Spieltag gegen den 1. FC Köln mit „Judas-raus-Rufen" vergrault. Er ließ sich zur Halbzeit auswechseln, weil er diesen akustischen Schmerz nach elf Jahren beim FC Schalke nicht ertragen konnte. Im DFB-Pokal-viertelfinale zahlte Fischer zurück, in seiner Sprache. Beim 5:0-Erfolg der Kölner war er gleich dreimal zur Stelle, schoß die Königsblauen quasi im Alleingang aus dem Rennen. „Das ist schon eine besondere Genugtuung", jubelte Fischer nach dem Spiel.

Zweikampfsieger:
Fortunas Baier (rechts) kann sich gegen Zimmermann durchsetzen

Unter Beobachtung:
Strack und Fortuna-Recke Linßen (am Boden) im Blickwinkel von Schiri Engel

Rote Überzahl:
Klaus Allofs kann auch gegen drei Fortunen einen neuen FC-Angriff einleiten

Hoppla, Herr Kollege: Umringt von den FC-Kickern Konopka (links), Neumann und Steiner (rechts), setzt Fortuna-Torjäger Schatzschneider zum Fallrückzieher an

Aber jetzt, genau vier Monate später, wollte auch ihm kein Treffer gelingen. Erst ein Mißverständnis zwischen Fortuna-Keeper Helmschrot und seinem Kapitän Finkler besiegelt das Schicksal des Underdogs. Das Leder fällt Pierre Littbarski vor die Füße, und der läßt sich das Geschenk nicht entgehen: 1:0 – die Entscheidung! Aber selbst bei der Siegerehrung durch Bundestagsvizepräsident Richard Stücklen wollen die Pfiffe für den Favoriten und die „Fortuna, Fortuna"-Rufe nicht verstummen. Das schlägt den siegreichen FC-Kickern auf den Magen. Die anschließende Siegesfeier avanciert zum Mega-Flop. Gerade mal eine Handvoll Spieler kann sich über den Pokaltriumph ausgelassen freuen und im Anschluß an das abendliche Festbankett des DFB so richtig einen draufmachen. Einer von ihnen: Klaus Fischer. „Am Ende haben sie mich zwar bitter enttäuscht, aber eins, das konnten sie, die Schalker – und das war feiern", erinnert sich der Stürmer etwas wehmütig an die zweitägige Jubelarie von 1972.

Für die Fotografen: Torschütze Littbarski und „Zu null"-Toni Schumacher lächeln mit hochgehaltenem Pokal in die Kameras

Zweikampfstark: Der körperlich kleine Littbarski (links) demonstriert auch im Zweikampf seinen Spielwitz

Unser Tag im Park

ich →

Pano

im Wildpark

Papa ist sogar 3 mal gefahren

Panorama-Park Sauerland
57399 Kirchhundem-Oberhundem
Tel.: (0 27 23) 7 74-100 Fax: (0 27 23) 7 74-234

Schon um 10 Uhr waren wir da

31. Mai 1984: Bayern München – Bor. Mönchengladbach 8:7

Doppelter Abschied: Matthäus trauert – Rummenigge jubelt!

Nie zuvor war er so spannend wie diesmal. Der DFB-Pokal setzt neue Maßstäbe. Was die rund 115.000 Zuschauer am Gladbacher Bökelberg und im Gelsenkirchener Parkstadion sowie das Millionen-Publikum zu Hause an den Fernsehschirmen in den zwei Halbfinals geboten bekommen, ist in Worten kaum zu beschreiben. 330 Minuten und 26 Tore sind nötig, um die beiden Endspielgegner Borussia Mönchengladbach und Bayern München zu ermitteln.

Den Anfang dieses Fußballfestes feiern am 1. Mai die 34.500 völlig begeisterten Fans auf dem Bökelberg. „Das war beste Werbung für den Fußball in Deutschland. Nach den müden Länderspiel-Übertragungen hatte das Fernsehen endlich mal wieder eine Sternstunde", sind sich Borussen-Coach Jupp Heynckes und Werder-Trainer Otto Rehhagel nach dem Abpfiff einig.

Kleiner Bruder ganz groß: Nach seinem entscheidenden Elfer ist Michael Rummenigge Mittelpunkt der Münchner Jubelarien

Großer Bruder ganz glücklich: Schöner hätte sich Karl-Heinz Rummenigge seinen Abschied nicht wünschen können. Bevor er nach Mailand wechselt, kann er mit Dremmler und Pfaff über den Pokalsieg jubeln

Untröstlicher Matthäus: Ausgerechnet im letzten Spiel für den alten Club „mitgeholfen", daß der neue Pokalsieger wird. Da lindert auch Borowkas Zuspruch die Enttäuschung nur wenig

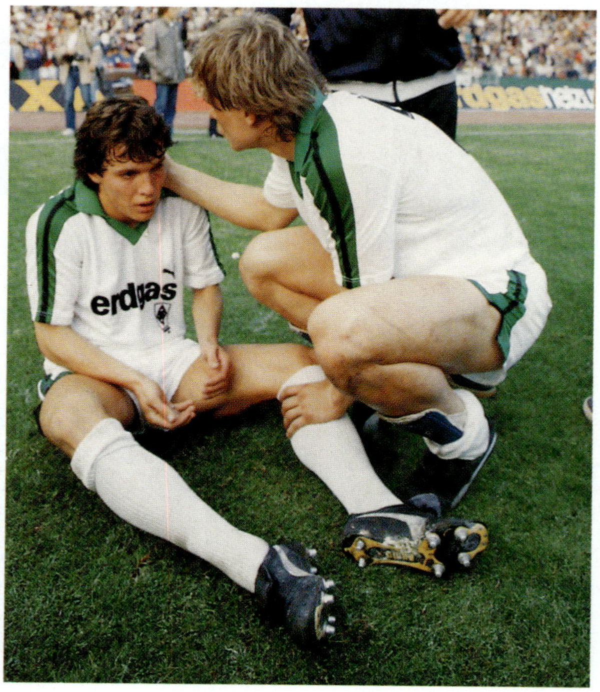

Pokalsieger
1984: FC Bayern München

Das Drama mit Happy-End liegt noch vor ihnen: K.-H. Rummenigge, Pfaff, Augenthaler, Grobe, Martin, M. Rummenigge, Dürnberger, Kraus, Dremmler, Nachtweih, Lerby

Eine Viertelstunde vor Ende der Partie sahen die Gladbacher bereits wie die sicheren Sieger aus, führten 3:1. Doch Bremen brachte das Kunststück fertig, den Spieß innerhalb von nur vier Minuten umzudrehen: 3:4.
120 Sekunden vor Spielende verweigert Schiedsrichter Hont-

Wahnsinn „auf Schalke"

heim dem vermeintlichen Ausgleich von Hannes die Anerkennung, und die Bremer wähnen sich in Gedanken wohl schon beim Finale im Frankfurter Waldstadion, als Hans-Jörg Criens doch noch den Ausgleich markiert: 4:4!. Der Joker der Borussen setzt in der Verlängerung sogar noch einen drauf und schießt seinen Club zum ersten Mal nach 1973 wieder in das DFB-Pokalfinale: 5:4!
Doch wer glaubt, dieser Wahnsinn sei nicht mehr zu überbieten, muß sich nur einen Tag später eines Besseren belehren lassen. 70.600 Zuschauer im ausverkauften Parkstadion las-

Eiserne Nerven: Wenn Karl-Heinz Rummenigge nicht getroffen hätte, wären die Gladbacher Pokalsieger gewesen. Doch der Kapitän verwandelt souverän zum 4:4

Familienjubel: Die Rummenigges haben doppelten Grund zum Feiern. Für Karl-Heinz (links) ist es der letzte große Triumph in Deutschland, für Michael der erste Pokalsieg

Das 2:0 auf dem Schlappen: Nach seinem Kopfball zum 1:0 hat Frank Mill die Riesenchance, für die Vorentscheidung zu sorgen, doch sein strammer Rechtsschuß verfehlt das Ziel

sen sich anschaulich vor Augen führen, daß es nichts gibt, was es nicht gibt! Nach zwölf Minuten führen die Gäste aus München 2:0, sieben Minuten später steht es 2:2, zur Halbzeit 3:2 für die Bayern. Olaf Thon, das erst 18jährige Nachwuchstalent der Schalker, besorgt den erneuten Ausgleich (61.), elf Minuten später führt der Zweitligist sogar: 4:3 durch Stichler. Der Ausgleich durch Michael Rummenigge „beschert" den Mannschaften die Verlängerung und den Fans vier weitere Treffer. Den Schlußpunkt setzt dabei erneut der Youngster in der 120. Minute: 6:6 – ganz Schalke liegt dem dreifachen Torschützen Olaf Thon zu Füßen! Der neue blau-weiße „Hero" überrascht

Erstickter Torschrei: Die Bayern haben den Führungsjubel schon auf den Lippen. Der raffinierte Flugkopfball von Michael Rummenigge fliegt scheinbar ins Netz der Gladbacher, doch das Leder berührt noch den Torpfosten und springt von dort zurück ins Feld. Es bleibt vorerst beim 0:0

Drei sind einer zuviel: Bayerns Mittelstürmer Dieter Hoeneß springt im Kopfballduell zwar höher als Borowka (rechts) und Criens (links), doch Hannes (Nr. 4) kann die Situation bereinigen

anschließend die staunenden Fans und TV-Zuschauer mit einem Geständnis der besonderen Art: „Eigentlich bin ich ja Bayernfan, ich schlafe sogar in deren rot-weißer Bettwäsche." Doch den Schalkern ist an diesem „pokalhistorischen" Tag selbst das egal, sie schweben auf Wolke sieben – bis zum

Der Alptraum wird wahr

Rückspiel. Sieben Tage später stehen sich beide Team im Münchner Olympiastadion gegenüber. Als die Schalker erneut einen Zwei-Tore-Rückstand wettmachen können, werden Hoffnungen auf ein ähnlich dramatisches Spiel geweckt. Doch das 3:2 durch Karl-Heinz Rummenigge (71.) besiegelt das Schicksal des tapferen Zweitligisten und die Neuauflage eines Klassikers der 70er Jahre: Bayern München gegen Borussia Mönchengladbach.
Doch bevor es zum Kräftemessen auf dem grünen Rasen kommt, lassen die Bayern erst mal ihre Muskeln hinter den Kulissen spielen. „Ja, es stimmt. Ich wechsle in der kommenden Saison zu den Bayern." Der fast ohnmächtige Blick der Mönchengladbachfans auf den Kalender bringt Gewißheit: Für ei-

Fairer Einsatz: Gladbachs Kapitän Hannes grätscht Dremmler das Leder vom Fuß. Schäfer (links) braucht nicht einzugreifen. Im Hintergrund der für Kraus eingewechselte Mathy

Das Unheil nimmt seinen Lauf: Nur noch wenige Sekunden trennen Matthäus vom ersten (Fehl-) Schuß in der Elfmeterentscheidung (rechts). Bayern-Trainer Lattek und sein scheidender Star K.-H. Rummenigge können kurz darauf den Pokalsieg bejubeln (Foto linke Seite)

Zwischen Hoffen und Bangen: Gladbachs Verteidiger Borowka hat in einer Kiste von Masseur Stock Platz genommen, fiebert mit ihm gemeinsam bei jedem Elferschützen. Hofft auf einen Fehlschuß der Bayern, bangt bei jedem Gadbacher. – „Bloß nicht verschießen"

nen Aprilscherz ist es zu spät. Der Alptraum wird wahr. Der beste Borusse wechselt für eine Ablöse von 2,4 Millionen Mark ausgerechnet zum Erzrivalen nach München.

„Das ist ein herber Rückschlag. Schließlich wollte ich um Lothar eine neue, große Mannschaft aufbauen", zeigt sich auch Trainer Jupp Heynckes geschockt. Matthäus beteuert, daß ihm die Entscheidung nicht leichtgefal-

„Zum Abschied der Pokal"

len sei: „Ausschlaggebend war auf keinen Fall das Geld, sondern die sportliche Perspektive."

Eine Argumentation, der die verärgerten Gladbachanhänger nur schwerlich folgen können. Immerhin hat die Borussia ihre beste Saison seit der Vizemeisterschaft 78 gespielt, steht am Ende als Tabellendritter punktgleich mit Meister Stuttgart und sogar einen Zähler besser als die Bayern da.

Hinzu kommt der Einzug ins Pokalfinale: eine Bilanz, die sich durchaus sehen lassen kann. Doch der Entschluß von Matthäus ist unumstößlich. Bevor der Publikumsliebling der vergangenen Jahre allerdings seine Siebensachen packt und Richtung Isar zieht, kennt er nur

Ungewißheit: Noch kann Karl-Heinz Rummenigge nicht ahnen, daß er bald den Pokal in den Händen halten darf, weil sein Bruder Michael den entscheidenden Elfer verwandelt. „Mein schönstes Abschiedsgeschenk"

Der Schuß in die Abenddämmerung: der Körper nicht über dem Ball, Rücklage. Matthäus' letzter Schuß für Borussia Mönchengladbach verfehlt sein Ziel. „Sogar von Schiebung war die Rede"

noch ein Ziel: „Ich möchte mich unbedingt mit dem Pokalsieg im Gepäck nach München verabschieden.

Vergleichbare Abschiedswünsche hegt aber auch der große Star auf der anderen Seite. Ehe Karl-Heinz Rummenigge für die Rekordablöse von 10,5 Millionen Mark zu Inter Mailand wechselt, will er „unbedingt noch einmal den Pott in den Händen halten".

So ist es ein Spiel voller Emotionen, das Schiedsrichter Volker Roth am 31. Mai 1984 zu leiten hat. Und es wird ein Finale, das seinen zwei spektakulären Vorgängern im Halbfinale am Ende in nichts nachstehen wird.

Die Bayern erwischen zwar den besseren Start und erspielen

Das Drama nimmt seinen Lauf

sich ein optisches Übergewicht, doch das erste Tor fällt auf der anderen Seite: Lothar Matthäus bleibt es vorbehalten, Frank Mill in der 31. Minute den Eckball maßgerecht auf den Kopf zu servieren: 1:0 für Borussia. Bis zur 82. Minute ist der „Abschiedstitel" für Matthäus zum Greifen nah, dann hat Dremmler freie Schußbahn – 1:1! Die anschließende Verlängerung erfüllt nur einen Zweck: Sie verlängert die Qual vor dem entscheidenden und ersten Elfmeterschießen in der Endspielgeschichte des DFB-Pokals.

Matthäus nimmt als erster sein Herz in beide Hände und das

Kopf im Pott: In der Bayernkabine blüht der Flachs: Augenthaler stülpt K.-H. Rummenigge den Pokal über. „Tschüß, Kalle"

Frustriert: Matthäus muß zusehen, wie seine neuen Teamkollegen jubeln

Der letzte Schuß: Sude verladen, Ball im Netz, jubelnd dreht Michael Rummenigge ab. Die Bayern sind zum siebten Mal Pokalsieger

Drama seinen Lauf. Sekunden später jubeln die Bayern, und ihr zukünftiger Mannschaftskollege „möchte am liebsten im Erdboden versinken". Der völlig verzogene Elfer verschwindet in der Abenddämmerung über dem Frankfurter Waldstadion. Wie ein Häufchen Elend kauert der Fehlschütze auf dem Rasen, fühlt nur noch „eine unglaubliche Leere". Als Bayern-Libero Klaus Augenthaler seinen Elfmeter genau auf die Fäuste des stehen gebliebenen Uli Sude knallt, keimt noch einmal neue Hoffnung auf. Doch auch sie

Der Pfosten spielt Schicksal

wird kurz darauf am Pfosten des Tores von Jean-Marie Pfaff erstickt: Borussen-Verteidiger Norbert Ringels trifft nur das Aluminium. Nun hat es Michael Rummenigge in der Hand bzw. auf dem Fuß: Mit dem 16. Elfmeter sorgt er dafür, daß sich der Abschiedstraum seines Bruders erfüllt. Karl-Heinz Rummenigge verläßt München als glücklicher Pokalsieger. Für den zweiten Scheidenden, Lothar Matthäus, avancieren die letzten heimatlichen Tage dagegen zum Horrortrip. Die bösen Zungen, die gar von Schiebung und Bestechung reden, treffen den Nationalspieler bis ins Mark. Und auch die „Judas raus"-Rufe, die Matthäus immer dann zu hören bekommen wird, wenn er in den folgenden Jahren im Bayerndreß auf den Bökelberg zurückkehrt, tragen dazu bei, daß Lothar Matthäus „die bitterste Stunde in meiner Laufbahn" wohl nie vergessen wird.

Dänisch-belgische Freude: Lerby (links) und Pfaff bejubeln ihren ersten gemeinsamen Titel beim FC Bayern München

26. Mai 1985: Bayer Uerdingen – Bayern München 2:1

Endlich wieder in Berlin: Bayer schockt „unbesiegbare" Bayern!

Eine Fußspitze voraus: ein Bild mit Symbolcharakter. Genau wie Herget in diesem Zweikampf mit Lerby gehen am Ende auch die Uerdinger aus dem Finale gegen die Bayern als Sieger hervor

„Mann, was ist denn das für ein Acker? Daß auf einem solch schlechten Platz das Pokalendspiel ausgetragen wird, ist echt eine Frechheit", mault Wolfgang Schäfer am Pfingstsonntag beim Abschlußtraining über die schlechten Platzverhältnisse im Olympiastadion. Und auch seine Teamkollegen können so kurz vor dem wichtigsten Tag in der Vereinsgeschichte von Bayer 05 Uerdingen wenig Verständnis für die DFB-Entscheidung aufbringen, das Finale erstmals seit 1943 wieder in Berlin auszutragen. „Ich finde die Atmosphäre viel zu kühl, besonders dann, wenn das riesige Stadion nur zur Hälfte gefüllt ist", macht auch Manndecker Norbert Brinkmann seinem Ärger Luft.

Nur 20 Stunden später ist der Ärger allerdings wie verflogen. Als die Außenseiter aus Uerdingen gemeinsam mit dem Favoriten Bayern München das Olym-

Berlin feiert den Außenseiter: Schäfer mit Cup, Feilzer, Brinkmann und Friedhelm Funkel „baden" im Jubel von knapp 60.000 Fans. Nur den Bayernanhängern ist die gute Laune vergangen. „Den Ku'damm noch mal rauf und runter"

Pokalsieger

1985: Bayer 05 Uerdingen

Knapp zwei Stunden vom großen Triumph entfernt: Herget, Vollack, Wolfgang Funkel, van de Loo, Friedhelm Funkel, Brinkmann, Gudmundsson, Schäfer, Wöhrlin, Buttgereit, Feilzer

piastadion betreten, sind rund 70.000 Fußballfreunde gekommen, um mitzuerleben, ob die „graue Maus" den Bundesliga-Spitzenreiter stürzen kann.

Nach nur acht Minuten wird die Sensationslust allerdings im Keim erstickt: Dieter Hoeneß bringt die Mannen von Erfolgstrainer Udo Lattek in Führung. Die Bayern, die keines ihrer bislang sieben Pokalfinals verloren haben, jubeln mal wieder, die Berliner klatschen artig Beifall, und die Uerdinger sind keines-

Feilzers Kaugummisuche

falls geschockt. Denn gerade mal 60 Sekunden später rauscht ein Torschrei aus 50.000 Kehlen durch die Tribünen, die Antwort des Außenseiters. Hatte in der achten Minute der Mann mit der Nummer neun getroffen, ist es jetzt, in der neunten Minute, der Mann mit der Nummer acht, der jubelnd über den Platz in Richtung Uerdinger Fankurve stürmt.

Doch plötzlich bricht Horst Feilzer seinen Jubellauf ganz abrupt ab und blickt suchend auf die Tartanbahn. „Verdammt, erst vergißt unser Hennes die Kaugummis, dann kann mir Jörg Dahlmann wenigstens noch eins besorgen, und jetzt fällt mir das Mistding aus dem Mund. Das gibt's doch gar nicht", flucht er vor sich hin. „Ich kann ohne Kaugummi im Mund nicht weiterspielen. Dann bekomme ich einen ganz trockenen Hals, und kurz darauf geht nichts mehr." Doch einen Augenblick später die Erlösung: Ein treffsicherer Blick, ein Griff zum Boden, kurz gesäubert – und schon verschwindet das Kaugummi wieder zwischen den Zähnen des Torschützen. Auf der anderen Seite des Platzes offeriert Norbert Brinkmann seinem Gegenspieler Dieter Hoeneß zeitgleich seine ganz persönliche Spielprognose. „So, Langer, das war's. Das Ding könnt ihr heute

Wimpel zur Erinnerung: Die Kapitäne Augenthaler und Herget nehmen Schiedsrichter Föckler in die Mitte

Eingefangen: Das Fernsehen ist wie immer live dabei, bringt die packenden Zweikämpfe zwischen Bayer und Bayern Millionen TV-Zuschauern in die Wohnzimmer

auch die letzten neutralen Berliner Zuschauer ins Uerdinger Fanlager. Denn nach einer Flanke von der rechten Seite und einer Direktabnahme von Wolfgang Schäfer segelt Bayernkeeper Raimund Aumann in die lin-

Tränen der Enttäuschung

ke und der von Eder abgefälschte Ball in die rechte Ecke des Münchner Gehäuses – 2:1! Entsetzt schlägt Bayerns etatmäßige, aber zur Zeit verletzte Nummer eins, Jean-Marie Pfaff, die Hände vors Gesicht. Gut 25 Minuten später kullern ihm sogar ein paar Tränen über das Gesicht. Schiedsrichter Föckler hat abgepfiffen, der Favorit ist gestürzt. Fassungslos hocken die Bayern vor oder auf ihrer Mannschaftsbank, starren ins Leere oder lassen sich von Co-Trainer Egon Coordes trösten. Dieter Hoeneß zeigt derweil auch in der Niederlage Größe: „Herz-

nicht mehr gewinnen", flüstert er dem verdutzten Mittelstürmer zu. Anschließend versucht die Werkself alles, um den Worten ihres Manndeckers Taten folgen zu lassen. Gut 25 Minuten setzen sie die Bayern gehörig unter Druck, daran können auch Hoeneß' Zwischenrufe: „Los, Jungs, nach vorne, wir müssen schneller nach vorne spielen" nur wenig ändern.
Der Favorit wankt, und nach der Pause kommt er das erste Mal ins Straucheln. Wolfgang Dremmler, von Schiedsrichter Werner Föckler bereits mit der gelben Karte verwarnt, fährt im Mittelfeld Wolfgang Funkel in die Parade. „Rot war die gerechte Strafe für diese Blutgrätsche. Los, jetzt packen wir sie", feuert Mannschaftskapitän Matthias Herget seine Mitspieler an. Die Bayern ziehen sich mehr und mehr in ihre eigene Hälfte zurück und werden bestraft.
In der 66. Minute wechseln

Drunter und drüber: Die Funkel-Brüder wehren gemeinsam mit Torhüter Vollack einen Angriff der Bayernstürmer Hoeneß (am Boden) und Wohlfarth ab

lichen Glückwunsch, du hast es echt schon vorher gewußt", erinnert er sich beim Shakehands an die Prophezeiung seines Gegenspielers Brinkmann. Der schwebt, genau wie seine Teamkollegen, schon längst auf Wolke sieben. „Das ist das schönste Glücksgefühl, das ich bislang hatte", schwärmt der Abwehrrecke, schnappt sich den Pokal und spaziert damit in die Schiedsrichterkabine. „Wollen Sie auch mal probieren?" Der Mann in Schwarz nickt, greift sich den Pott und nimmt einen kräftigen Schluck von dem Siegesschampus. Im harten Alltag des Bundesligageschäftes sollte Manndecker Brinkmann mit Schiedsrichter Föckler anschließend nie wieder

Glücksbringer Feldkamp

nennenswerte Probleme bekommen.

Während in der Kabine der Uerdinger die lautstarken Jubelgesänge nicht verstummen wollen, kommt einer aus der siegreichen Mannschaft nur schwer in Fahrt: Horst Feilzer. „Ich kann es immer noch nicht fassen. Ich habe ein klasse Spiel gemacht, ein Tor geschossen und gekämpft wie noch nie. Plötzlich blicke ich nach draußen und sehe die acht. Ich denke noch, der kann mich doch nicht auswechseln, nur weil ich mir zwei Fehlpässe erlaubt habe, und schon bin ich draußen. Da darf sich niemand wundern, daß ich dem Kalli die Trainingsjacke vor die Füße geworfen habe", schimpft der Ausgewechselte wie ein Rohrspatz. „Laß mal, überall, wo der Feldkamp war, hat er Glück gehabt. Auch zu uns hat er es mitgebracht", versucht Matthias Herget die Wogen zwischen Trainer Karl-Heinz Feldkamp und Horst Feilzer zu glätten. Doch der Kicker muß noch einen weiteren Nackenschlag verkraften: „Ich wollte unbedingt das Trikot von Hoeneß haben. Aber der Lange wollte nicht tauschen. Als ich

Eine Etage höher: Diesmal hat Uerdingens Schäfer keine Chance, gegen Eder an den Ball zu kommen, doch in der 66. Minute macht der Uerdinger das Siegtor. „Hast wohl 'ne Kap'?"

Dribbler ohne Erfolg: Bayerns Publikumsliebling Wiggerl Kögl umspielt hier zwar Matthias Herget, steht am Ende aber mit leeren Händen da

Schon wieder ein jubelndes Brüderpaar: Nachdem 1984 Karl-Heinz und Michael Rummenigge den Cup gewannen, können sich jetzt Friedhelm (links) und Wolfgang Funkel mit dem Pott krönen

ihn dann endlich überreden konnte und mit dem Dreß vom Platz ging, hatte ich plötzlich die Nummer acht von Matthäus in der Hand," ärgert er sich über die Bayernhexerei.

Auf dem Weg vom Stadion ins Hotel ist der Frust dann schnell vergessen. Zehntausende von Bayerfans und Schaulustigen machen die Fahrt über den Ku'damm zu einer blau-roten Triumphfahrt. Feilzer klettert durch die Busluke nach oben und genießt das Szenario mit Pokal aus luftiger Höhe. „Das war super, laßt uns den Ku'-damm noch einmal rauf- und runterfahren", ruft er in den Bus, als die Fahrt am Hotel ihr Ende findet. „Nein, unsere

Bayern lecken ihre Wunden

Frauen warten schon auf uns", legt Teamkapitän Herget sein Veto ein. Die Krefelder ziehen sich auf ihre Zimmer zurück, um sich für das abendliche Festbankett zu rüsten, die Bayern lecken ihre Wunden und suchen Schuldige.

Besonders hart trifft es Lothar Matthäus. Hatte er sich und seiner alten Mannschaft Borussia Mönchengladbach vor einem Jahr den Abschied mit einem verschossenen Elfmeter gegen seinen jetzigen Club „versüßt", ist er auch diesmal wieder der Dumme: „Er hat auch in der Bundesliga noch kein Spiel zu unseren Gunsten drehen können. Das muß er erst noch lernen", rüffelt Udo Lattek seinen neuen Star. Doch der ist es leid, schon wieder den Prügelknaben zu spielen: „Ich sage immer: Es

gewinnt die ganze Mannschaft, also verliert auch die ganze Mannschaft", lautet seine trotzige Antwort. Und so geht Lattek in seinem zweiten Statement

Allerweltsfußballer

auch lieber mit der ganzen Mannschaft hart ins Gericht: „Nach dem 1:0 durch Hoeneß haben doch alle geglaubt, sie müßten nur noch zur Siegerehrung gehen. Ich bin sehr enttäuscht. Wenn Sie wollen, können Sie auch sagen, daß ich

Falsche Ecke: Bayern-Keeper Aumann fliegt nach links, der Ball in die rechte Ecke. Schütze Schäfer hat seinen linken Arm schon zum Jubeln nach oben gereckt. „Nur ein Allerwelts-fußballer"

Klick, klick, klick: Bayern zum ersten Mal in einem Pokalfinale besiegt. Klar, daß die Underdogs begehrtes Motiv der Fotografen sind

Nimbus zerstört: In sieben Finals zuvor blieben die Bayern ungeschlagen, jetzt gab's die erste Niederlage. Lerby (vorne links) und Co. können's nicht fassen. Auch Matthäus (Foto rechte Seite) ist nach seiner zweiten Finalniederlage in Folge zum Heulen zu Mute: „Es verliert die ganze Mannschaft"

stocksauer bin." Der Tag ist für die Bayern früh zu Ende. „Ruhe und Erholung für den Meisterschaftsendspurt" lautet die neue Parole. Ganz anders natürlich die Uerdinger: Die Nacht wird zum Tag gemacht. „Ich bin richtig besoffen, aber wer will mir das verübeln. Ich bin ein Allerweltsfußballer mit einem Allerweltsnamen, aber heute spricht ganz Deutschland von mir", lallt Wolfgang Schäfer noch einmal, bevor er mit seiner Frau Rita auf dem Hotelzimmer verschwindet.

Doch in dieser Nacht sind die zwei nicht allein. Auch der goldene DFB-Pokal bekommt einen Platz im Bett. Anschließend wird der Stürmer in fast allen deutschen Gazetten nur noch

Besondere Ehrenrunde

Cup Schäfer genannt. Nur die wenigsten wissen, daß ihm die Uerdinger den Namen schon zu Saisonbeginn verpaßt haben. „Er hat mich beim Essen gefragt, ob ich 'ne Kap', sprich einen an der Kappe, habe. Seitdem rufen wir ihn nur noch Kap", lüftet Horst Feilzer das kleine Geheimnis.

Aber egal ob nun Cup oder Kap Schäfer, am nächsten Morgen sitzt der Schütze des Siegtreffers genau wie alle anderen völlig übermüdet, aber glücklich im Flieger Richtung Düsseldorf. Nach der Ankunft haben dann die Mannschaftsbetreuer Hennes Strather und Werner Sauer ihren großen Auftritt: Angefeuert von den erfolgreichen Kickern, schnappen sich die beiden den heißbegehrten Pokal und drehen auf dem Gepäckfließband ihre ganz persönliche Ehrenrunde. Kein Wunder, daß das gesamte Bayerteam vom Ausflug an die Spree begeistert und die Berlinkritik vom Pfingstmontag vergessen ist: „Die drei Tage waren ein einmaliges Erlebnis, die sensationelle Stimmung werden wir nie vergessen. Berlin kann ‚Das Deutsche Wembley' werden."

„Seht her, wir haben den Pott!" Friedhelm Funkel freut sich über den gelungenen Coup

Sechs Hände am Pokal: Für Wolfgang Funkel, Feilzer, Herget, Brinkmann und Friedhelm Funkel geht ein Traum in Erfüllung. „Berlin kann ‚Das Deutsche Wembley' werden"

Commodore

3. Mai 1986: FC Bayern München – VfB Stuttgart 5:2

„Nach Sieg über „Meistermacher": „Double-Bayern" blutet das Herz!

Kaiserwetter und ein voll besetztes Olympiastadion. Die 76.000 Fußballfans können sich nicht nur an dieser fangsicheren Einlage von Bayern-Torhüter Pfaff, sondern später auch an sieben Toren erfreuen

Die Bayern sind mal wieder siegestrunken. Vor vier Wochen waren sie in der Bundesliga noch einem Vier-Punkte-Vorsprung von Werder Bremen hinterhergehechelt, jetzt sind sie Deutscher Meister. Die Titelträume der Rehhagel-Schützlingen zerbrachen am Pfosten des Münchner Gehäuses. Zwei Minuten waren am vorletzten Spieltag im Gipfeltreffen noch zu spielen, als Werder-Vorstopper Michael Kutzop den wohl berühmtesten Elfmeter der Bundesligageschichte an das Aluminium des von Jean-Marie Pfaff gehüteten Bayerntores schoß. Statt Meisterschaft mußten die Bremer nun in Stuttgart punkten, um doch noch jubeln zu können. Die Schwaben machten den Nordlichtern allerdings einen Strich durch die Rechnung, gewannen 2:1 und hievten die Bayern, 6:0-Sieger gegen Gladbach, auf den Titelthron. Ausgerechnet diese Stuttgarter sind jetzt der Bayerngegner im 43. deutschen Pokalfinale.

In den Reihen des Meisters fühlt man sich irgendwie zu Dank verpflichtet. „Die haben so toll gekämpft und uns zum Titel verholfen, von mir aus kann der

Pokalsieger

1986: FC Bayern München

Nach Meisterschaft auch Pokal: Hoeneß, Kögl, Lattek, Lerby, Coordes, Wohlfarth, Hartmann, Präs. Scherer, Augenthaler (steh. v. l.); Beierlorzer, Nachtweih, Rummenigge, Matthäus, Pfaff, Pflügler (sitz. v. l.). Es fehlen: Willmer und Mathy. Links im Hintergrund: Eder

VfB jetzt ruhig Pokalsieger werden", denkt nicht nur Dieter Hoeneß, früherer Torjäger der Stuttgarter.

Im ersten Siegestaumel der Feierlichkeiten hegt fast die gesamte Meistertruppe Sympathien für den nächsten Gegner. Doch nach dem ersten Ausnüchterungstraining kehrt in die Spielerköpfe der Siegeswille zurück. Maßgeblichen Anteil daran hat Trainer Udo Lattek. „Ihr habt die große Chance, das Double perfekt zu machen. Meister und Pokalsieger in einem Jahr; das muß doch der Traum eines jeden Spielers sein", versucht er seinen ausgelaugten Kickern vor dem letzten Saisonhöhepunkt neues Leben einzuhauchen.

Besonders bei einem stößt er damit auf offene Ohren: Lothar Matthäus. Der Nationalspieler

Großchance für Mathy: Der Bayernstürmer allein vor dem VfB-Tor, aber Jäger kann retten

Im dritten Anlauf: Matthäus, der hier einen Zweikampf gegen Buchwald gewinnt, kann endlich den Pott holen. „Ein unbeschreibliches Gefühl"

steht zum dritten Mal in Folge im Finale und will den Pott diesmal unbedingt in den Händen halten. „Ich bin es leid, immer zusehen zu müssen, wie die anderen feiern." Vor zwei Jahren trug er noch das Trikot von Mönchengladbach, als er im Elfmeterschießen gegen seinen jetzigen Club den Ball in die Wolken jagte. „Nach meinem Wechsel mußte ich mir dann einiges anhören. Nicht nur in Gladbach, auch hier in München haben sie mich mächtig aufgezogen. Beim Training habe ich erst mal ein

Jäger im Rampenlicht

paar Belobigungen und Schulterklopfer bekommen", erinnert sich Matthäus nur ungern an seinen Start bei den Bayern.
Im Vorjahr, als die Uerdinger groß aufspielten, stand er wieder auf der falschen Seite und mußte zudem noch harsche Kritik an seiner Leistung einstecken. Doch das ist mittlerweile Schnee von gestern, jetzt will Matthäus die Saison mit dem Pokalsieg krönen.

Abkühlung: Nach dem Pokalsieg wird Doublemacher Udo Lattek von seinen Spielern mit Klamotten unter die Dusche gezerrt. Er nimmt's natürlich mit Humor, schließlich hatten seine Spieler das Finale im Griff, überstanden auch Schrecksekunden wie beim Kopfball von Spies (Foto rechte Seite) unbeschadet

Die Stuttgarter, die sich durch den Sieg gegen Werder einen Platz im UEFA-Cup sicherten, bangen derweilen um ihren Torhüter. Helmut Roleder hat sich eine Hüftprellung zugezogen und kann nur unter starken Schmerzen trainieren. Kurz vor dem Anpfiff winkt die etatmäßige Nr. 1 endgültig ab: „Sorry,

Zwei Gentlemen im Gespräch: Fachsimpelei zwischen DFB-Teamchef Beckenbauer und Bundespräsident von Weizsäcker

Packende Zweikämpfe: Hoeneß versucht sich gegen Karl-Heinz Förster durchzusetzten (Foto links).
Mit Riesenschritten eilt auf der anderen Seite Klinsmann seinem Bewacher Pflügler davon (Foto rechts)

DINKEL
ACKER

Treffsicherer Wohlfarth: Der Bayernstürmer markiert gegen den VfB drei Treffer, macht den Anfang zum 1:0, erzielt das 2:0 und auch den fünften und letzten Treffer für die Münchner

Geschlagene Stuttgarter: Vor einer Woche machten sie die Bayern zum Meister, jetzt ziehen ihnen selbige das Fell über die Ohren. „Hätte nicht gedacht, daß wir so verlieren können"

Trainer, aber es geht beim besten Willen nicht", verzichtet Roleder schweren Herzens auf den Finaleinsatz. Es schlägt die Stunde seines Ersatzmannes: Ganze 13mal stand Armin Jäger in den vergangenen drei Bundesligajahren zwischen den Pfosten des VfB-Tores und jetzt urplötzlich im Rampenlicht. Es

„Viel zu nervös"

hätte sein Tag werden können, doch der Keeper selbst ist nicht ganz schuldlos, als in der 34. Minute das VfB-Waterloo eingeleitet wird. Bei Wohlfarths 20-Meter-Schuß steht er etwas weit vor seinem Kasten, und schon zappelt das Leder im Netz. Nur acht Minuten später ist der Bayernstürmer zum zweiten Mal zur Stelle, diesmal mit dem Kopf: 2:0 – Halbzeit!

„Die sind viel zu nervös, da brennt nichts mehr an", sind sich die Bayern in der Kabine ihres Sieges sicher. Auch als Lothar Matthäus acht Minuten nach der Pause den zweiten Endspiel-Elfmeter seiner Karriere verschießt, geht kein Ruck durchs Schwabenteam. Michael

Erneuter Fehlschuß: Vor zwei Jahren verschoß er noch im Gladbachtrikot ...

... diesmal scheitert Matthäus im Bayern-Dreß. Torhüter Jäger kann den zu schwachen Schuß sogar festhalten ...

... doch bei Matthäus' drittem Finale in Folge ist der verschossene Elfer nicht ganz so tragisch. Die Bayern führen schon mit 2:0

Rummenigges Doppelschlag (64. und 72.) sorgt für mehr als klare Verhältnisse. Bis Schiedsrichter Dieter Pauly das Torfestival vor 76.000 Zuschauern im ausverkauften Olympiastadion abpfeift, haben die Stuttgarter zumindest noch zwei Treffer erzielt, die können aber kaum über die deftige 2:5-Schlappe hinwegtrösten. Während Udo Lattek über das Bayerndouble jubeln kann, ist sein Gegenüber Willi Entenmann fassungslos: „Daß man ein Spiel in einer solchen Form verlieren kann, hätte ich nicht für möglich gehalten. Mir tun vor allem unsere Fans leid, daß wir so schwach gespielt haben." Und als die deprimierten „Meistermacher" den strahlenden Siegern gratulieren, blutet Dieter Hoeneß schon wieder etwas das Herz: „Irgendwie bedaure ich ja doch, daß wir gewonnen haben!"

Bedauern über Sieg

Rummenigges zweiter Streich: Nach seinem Treffer zum 3:0 hat VfB-Keeper Jäger erneut das Nachsehen

Die ganze Welt umarmen: Der zweite Pokalsieg nach 1984 ist perfekt, da hat Michael Rummenigge gut lachen

Siegestanz: Die Torschützen Wohlfarth und Rummenigge, Lerby und Pflügler. „Das Double ist das größte"

20. Juni 1987: Hamburger SV – Kickers Stuttgart 3:1

Kaltz' Kunstschuß sichert das Happel-Happy-End!

Stein-Zeit: Nach Manni Kaltz ist es an Torwart Uli Stein, den Cup zu präsentieren

Unbeschreiblich schön: Diesen Moment vergißt Thomas von Heesen nie; auf den Schultern durchs Olympiastadion mit dem „Pott" in der Hand

Aller guten Dinge sind drei. Zum dritten Mal in Folge steigt das Pokalfinale im Berliner Olympiastadion, und zum dritten Mal kommen mehr als 70.000 Zuschauer. „Das Deutsche Wembley" boomt. Dabei hätten sich die Berliner Stadtväter zur 750-Jahr-Feier sicherlich lieber ein klangvolleres Endspiel gewünscht. Doch Zweitligist Stuttgarter Kickers machte einen Strich durch die Rechnung, kanzelte im Viertelfinale erst Eintracht Frankfurt und in der Vorschlußrunde Fortuna Düsseldorf ab. Daß die Erfolge gegen die Kellerkinder der ersten Liga kein Zufallsprodukt waren, bewiesen die Schwaben auch im Zweitliga-Alltag eindrucksvoll und fordern nun als Bundesliga-Aufsteiger im 44. Pokalfinale den deutschen Vizemeister heraus.

„Die Stuttgarter haben hier und heute nichts zu verlieren, auf uns wartet ein hartes Stück Arbeit", impft Mannschaftskapitän Manfred Kaltz seinen Kollegen vor dem Spiel in der Kabine ein, bevor er sich wieder mal neue Stollen unterschraubt. „Das ist so eine Marotte von mir. Ich muß in jedem Spiel neue Stollen unter meinen Schuhen haben.

Kalt erwischt:
In der ominösen 13. Minute guckt HSV-Keeper Uli Stein verdutzt dem „Kopfballgeschoß" von Kurtenbach nach. Der Außenseiter führt 1:0

Pokalsieger 1987: Hamburger SV

Sie treten an, um den Pokal zum drittenmal in die Hansestadt zu holen: Mannschaftskapitän von Heesen, Stein, Kaltz, Jacobs, Jusufi, Beiersdorfer, Kastl, Homp, Lux, Kroth, Okonski (von rechts)

Das war schon 1976 so, als ich zum ersten Mal Pokalsieger wurde, daran hat sich auch heute noch nichts geändert." Ziemlich genau elf Jahre ist es jetzt her, daß der mittlerweile 34jährige Kaltz im heißesten Endspiel der Pokalgeschichte dem 1. FC Kaiserslautern mit dem HSV eine 2:0-Dusche verpaßt hatte. Damals gehörte der Mann mit den „Bananenflanken" zu den Youngstern im Team der Hanseaten, heute ist er der Kopf der Mannschaft. Und so ist es kein Wunder, daß Kaltz gut neunzig Minuten später als Matchwinner den Pokal aus den Händen von Kanzleramtsminister Wolfgang Schäuble entgegennehmen darf.

Zuerst sorgt der Linksverteidiger mit seiner präzisen Vorarbeit dafür, daß Beiersdorfer in der 15. Minute, nur 120 Sekunden nach dem überraschenden Führungstor der Kickers, den Ausgleich erzielen kann, dann reiht er sich selbst in die Liste der Torschützen ein. Mit einem der raffiniertesten Treffer in der Fi-

Nur 120 Sekunden später: Nach Vorarbeit von Kaltz gleicht Beiersdorfer die Kickers-Führung aus – 1:1! „Auf uns wartet eine Menge Arbeit!"

Zu spät gekommen: Torjäger Kastl (links) braucht nicht mehr einzugreifen. Kickers-Keeper Jäger und der Ball zappeln schon im Netz. „Berlin ist kein gutes Pflaster für mich!"

Dieses Mal keine Bananenflanke: Statt einer Hereingabe zirkelt Manni Kaltz das Leder mit dem Innenrist aufs kurze Eck und trifft zum 2:1 – kurz darauf wird er vom Rest der HSV-Mannschaft (kleines Foto) fast erdrückt. „Beim Tor von Kaltz hat unsere Mauer leider gepennt"

nalgeschichte zieht er dem aufopferungsvoll kämpfenden Außenseiter den Zahn.

„Als ich meine Frau gerade schonend darauf vorbereiten wollte, daß sie auch noch die Verlängerung ertragen muß, schießt du ein solches Tor", freut sich Hamburgs Erfolgstrainer von 1976, Kuno Klötzer, mit seinem damaligen Schützling. 87 Minuten waren bereits verstrichen, als sich Kaltz nach einer Freistoßentscheidung von Berlins Schiedsrichter Peter Gabor den Ball zurechtlegte und die Kickers mal wieder mit einer typischen Bananenflanke rechneten. Doch Kaltz drehte das Leder aus halbrechter Position mit dem Innenrist an der sechsbeinigen Schwabenmauer vorbei aufs kurze Eck des Stuttgarter Gehäuses. Sekundenbruchteile später zappelte der 20-Meter-Schuß gemeinsam mit Keeper Armin Jäger im Netz. „So ein Mist", flucht der Torhüter nach dem Spiel. „Berlin ist kein

Abschied mit Pokalsieg

gutes Pflaster für mich. Im vergangenen Jahr habe ich im VfB-Tor fünf Stück von den Bayern kassiert, diesmal mit den Kickers drei vom HSV." Schlotterbeck hatte kurz zuvor, quasi mit dem Schlußpfiff, eine scharfe Kaltz-Flanke über die eigene Linie bugsiert. „Wir hatten viel Pech. Beim Tor von Kaltz hat unsere Mauer leider gepennt, aber ich glaube, wir haben bewiesen, daß wir nicht durch Zufall ins Finale gelangt sind", erklärt Kickers-Trainer Dieter Renner im Anschluß an die Niederlage. Und auch Ernst Happel läßt sich zum Erstaunen aller auf der Pressekonferenz blicken. Im Bundesliga-Alltag hatte der Wiener zuletzt immer Manager Felix Magath geschickt. „Zuerst möchte ich betonen, daß ich nicht gekommen bin, weil wir gewonnen haben, sondern weil mich der DFB gebeten hat. Zweitens möchte ich als Wiener nicht vergessen, Berlin zur 750-Jahr-Feier zu gratulieren, und drittens möchte ich ihnen mitteilen, daß ich mich freue, dem HSV zum Abschied den Pokalsieg beschert zu haben", spricht's und verabschiedet sich für immer von der Bundesligabühne. Ein starker Abgang einer der schillerndsten Figuren in der Fußballgeschichte.

Glückliche Verlierer: Kickers-Trainer Dieter Renner ist trotz der Niederlage obenauf. „Bewiesen, daß wir nicht durch Zufall ins Finale gelangt sind"

Starker Abgang: Mit der ihm eigenen guten Portion Wiener Schmäh verabschiedet sich HSV-Trainer Ernst Happel von der Bundesligabühne. „Freue mich, dem HSV zum Abschied den Pokal beschert zu haben"

© 1992 WC 94/ISL

Die hält... und hält...und hält...

Die offizielle Batterie der WM'94

WorldCup USA94

28. Mai 1988: Eintracht Frankfurt – VfL Bochum 1:0

Pokalsieger Körbel: „Besser, wir hätten verloren!"

Der gute Geist des Pokalsiegers: Kapitän Charly Körbel und Teamkollege Manni Binz (rechts) stemmen den Cup voller Freude in den Berliner Himmel. „Mit dem können wir das Ding gar nicht verlieren!"

Hinter den Kulissen von Eintracht Frankfurt brodelt es mal wieder gewaltig. Vor Saisonbeginn hatte die Mannschaft von Trainer Karl-Heinz Feldkamp einen UEFA-Cup-Rang ins Visier genommen, jetzt können die Hessen froh sein, daß sie dem Abstieg entronnen sind. Ganze drei Pünktchen stehen am Ende der Saison mehr auf dem Konto als beim Drittletzten, dem SV Waldhof. Da kommt das Pokalfinale gerade recht: „Das ist unsere Chance. Gegen Bochum können wir uns den Frust, der sich im Laufe der Saison angesammelt hat, in nur 90 Minuten von der Seele spielen", versucht Karl-Heinz Körbel seine Mannschaftskollegen auf das Endspiel einzustimmen. Der Kapitän hat sich längst zum guten Geist der Mannschaft gemausert und gilt bei den Teamkollegen als Garant für einen Sieg gegen den VfL: „Der Charly stand bislang dreimal im Finale und hat jedesmal gewonnen. Mit dem können wir das Ding gar nicht verlieren."

Doch Vorsicht: Die Bochumer entpuppten sich in den vergangenen Jahren zunehmend als Angstgegner der Eintracht. Ein Sieg in nur acht Spielen lautet

Versöhnliche Geste: Uli Stein umarmt Ersatzkeeper Hansi Gundelach, dem er zu Saisonbeginn den Stammplatz entriß

Ehemalige Mannschaftskameraden: Der Ex-Bochumer Frank Schulz wird von Rob Reekers mit langem Bein am Schuß gehindert. „Oh nein, warum ausgerechnet der Frank?!"

Pokalsieger 1988: Eintracht Frankfurt

Die vierten Pokalsieger der Eintracht: Turowski, Dr. Degenhardt, Ernst (im Hintergrund), Zeugwart Hübler, Meinl, Balzis, Sievers, Schlindwein, Heitkamp, Münn, Körbel, Conrad, Kraaz, Schulz, Stein, Haub (stehend von links); Trainer Feldkamp, Binz, Kostner, Friz, Smolarek, Roth, Klepper, Detari (hockend von links)

die magere Ausbeute seit 1985. In der abgeschlossenen Spielzeit zog man sogar zweimal mit 0:1 den kürzeren. Kein Wunder also, daß die Westfalen vom ganz großen Coup träumen.

„Jungs, jetzt seid ihr so weit gekommen. Ein Sieg noch, und es brechen rosigere Zeiten für uns an", erklärt Hermann Gerland. Jedem der Bochumer ist natürlich bewußt, was der Trainer zu

„Störe meine Kreise nicht": Der Ungar Lajos Detari im Trikot der Eintracht ist der Mittelfeldstar des Finales

Der Kuß des Kunstschützen: Filigrantechniker Detari zog geschickt die Fäden im Frankfurter Spiel und schoß das „pokalbringende" Tor

verstehen gibt: „Mit einem Sieg und den möglichen Millionen aus dem Europacup in der kommenden Saison können wir endlich das Image der grauen Maus ablegen", frohlockt Martin Kree. Daß der VfL nicht schon jetzt fürs europäische Geschäft qualifiziert ist, hat er seinem ehemaligen Spieler Frank Schulz zu „verdanken". „Oh nein, warum ausgerechnet der Frank?" fluchten die Bochumer, als Schulz im Halbfinale gegen Werder Bremen den Siegtreffer für die Eintracht erzielte. Denn bei einem

Graue Maus will fetten Speck

Finale gegen den Deutschen Meister aus Bremen hätten die Bochumer selbst bei einer Niederlage Europacup-Millionen scheffeln können. Doch auch so will die „graue Maus" der Liga endlich an den fetten, internationalen Speck. Damit es klappt, soll sogar die Ernährung umgestellt werden. „Keine Soßen mehr zum Essen, dafür um so mehr Vitamine" lautet die Marschroute aus der Küche. „So ein Quatsch, wir werden doch nicht wegen eines Spiels unsere Eßgewohnheiten ändern", hält Lothar Woelk, Wortführer der Spieler, dagegen. Mit Erfolg: Am Abend vor dem großen Spiel schmeckt es den Bochumern wie gewohnt. Bis auf einem: Martin Kree. Ersatzmann Michael Hubner hat ihm beim nachmittäglichen Training mit dem Ellenbogen zwei Rippen gebrochen. Doch Kree beißt die Zähne zusammen, läßt sich bandagieren und hat seine Schmerzen fast völlig vergessen, als er am Finaltag, kurz vor 18.00 Uhr, das Olympiastadion betritt. Rund 30.000 Fans aus dem Ruhrgebiet sind gekommen, um den Bochumern den Rücken zu stärken. „So ähnlich müssen sich die Gladiatoren in Rom gefühlt haben" ist Kree von dem triumphalen Empfang begeistert. Gut 90 Minuten später fühlt er eine nie dagewesene Leere in seinem Geist und Kör-

So feiern Sieger: Smolarek zeigt den Kollegen Schulz (mit Hut), Balzis und Turowski, wie schön Sekt sprudeln kann

Detaris Freistoß entscheidet

per. Frankfurts Spielmacher Lajos Detari hat einen Freistoß ins Netz der Bochumer gezaubert: 1:0! „Mist, nur noch neun Minuten zu spielen, da läuft nichts mehr" schießt es Kree durch den Kopf. Schon in diesem Augenblick ist ihm klar, daß er wohl einer der nächsten sein wird, der verkauft werden muß,

Die „Katze" lauert vergeblich: Über die wackelige Bochumer Mauer zirkelt Detari den Freistoß Richtung Bochumer Gehäuse und läßt Zumdick keine Chance. „Mist, nur noch neun Minuten zu spielen, da läuft nichts mehr!"

Komm in meine Arme: Torschütze Detari ist der umjubelte Held der Frankfurter Eintracht nach seinem Freistoß-Tor zum 1:0

Dominierende Persönlichkeiten: Siegtor-Schütze Detari und Erfolgstrainer Kalli Feldkamp zeigen stolz den gewonnenen Pokal

um den Bochumern die Lizenz zu sichern. Gut ein Jahr später trägt Martin Kree das Dreß von Bayer Leverkusen.

Aber auch die Freude beim Cupsieger währt nicht lange. Superstar Lajos Detari wechselt nach Italien, der Start in die neue Saison wird erneut verpatzt, Trainer-Triumphator Feldkamp muß schon knapp vier Monate nach dem Endspielsieg seine Koffer packen und „Mister Eintracht Frankfurt", Charly Körbel, meint: „Wahrscheinlich wäre eine Niederlage im Pokalfinale besser für uns gewesen. Dann hätte es schon eher so richtig geknallt."

24. Juni 1989: Borussia Dortmund – Werder Bremen 4:1

Trotz Verletzung zwei Tore: Dickel – der Held von Berlin!

Stürmer-Jubel total: Das Dortmunder Angriffsduo Mill/Dickel ist nach dem Schlußpfiff unzertrennlich

Die Geschichte des Pokalfinals von 1989 ist die Geschichte von Norbert Dickel. Nur sieben Wochen vor dem Spiel gegen den SV Werder Bremen lag Dortmunds Mittelstürmer noch auf dem Operationstisch, mußte sich einem Meniskuseingriff unterziehen. Eigentlich ist es unmöglich, daß man nach so kurzer Abstinenz schon wieder sein Comeback feiert, doch Norbert Dickel hatte fieberhaft auf den großen Tag hingearbeitet.

Jetzt, gerade mal 20 Stunden vor dem Anpfiff durch Schiedsrichter Karl-Heinz Tritschler, weiß der Torjäger immer noch nicht, ob sich die Quälerei gelohnt hat.

„Nobby, was ist, willst du spielen?" lautet die Frage von Trainer Horst Köppel. Dickel weiß genau: „Wenn ich jetzt ja sage,

Schwarz-gelbe La ola: Einmalig die phantastische Stimmung, die von mehr als 40.000 BVB-Anhängern während der 90 Minuten im Olympiastadion und nach der Partie in Berlin verbreitet wird

BV 09 Borussia Dortmund

Jubelaufstellung des Pokalsiegers: Trainer Köppel, Dickel, Helmer, Zorc, Conrad, Co.-Trainer Henke, Storck, Meyer, Kroth, Nicolic (verdeckt), Rummenigge, Ruländer (steh. v. l.); Breitzke, Kutowski, Betreuer Wiegand, De Beer, Möller, Mill, McLeod, Lusch (hock. v. l.)

bin ich morgen dabei", doch er kann sich nicht dazu durchringen. „Wenn ich wüßte, daß ich es durchstehe, würde ich es machen. Aber ich bin mir nicht sicher, vielleicht ist es besser, wenn ich nur die letzten 30 Minuten spiele, dann kann ich vielleicht was reißen."

„Nobby, du spielst!"

Für den Trainer und seinen Stürmer wird es eine unruhige Nacht, beide zerbrechen sich den Kopf, doch auch beim Frühstück am nächsten Morgen ist noch keine Entscheidung gefallen. Das ändert sich schlagartig, als BVB-Präsident Dr. Gerd Niebaum das Gespräch mit Köppel sucht. „Ohne den Nobby können wir das Ding nicht gewinnen, mit Storck im Team sind wir zu defensiv ausgerichtet, laß uns das Risiko eingehen." Die Worte des 1. Mannes am Hofe Borussias zeigen Wirkung. „Nobby, du spielst", teilt Köppel dem Angeschlagenen kurz und knapp die Entscheidung mit. „Gut, Trainer, wenn du mir die Rückendeckung gibst, ist alles klar." In der mittäglichen Mannschaftsbesprechung bekommt auch der Rest des Teams reinen Wein eingeschenkt: „Aber behaltet es für euch, ich will, daß Rehhagel bis kurz vor Spielbe-

Goldrichtige Position: Norbert Dickel nimmt den Paß von Fränki Mill auf und schiebt unhaltbar ein. „Wahnsinn, diese Kulisse!"

Gefundenes Fressen für Ex-Berliner: Kalle Riedles plazierter Rechtsschuß läßt Teddy de Beer im BVB-Tor keine Abwehrchance – 1:0 für Werder

Vergebliche Angriffsmühe: Dortmunds Zorc kann Ordenewitz zwar nicht am Torschuß hindern, doch das Leder verfehlt sein Ziel

Bild oben rechts: Jubeln und jubeln lassen: In Karl-Heinz Riedles Torjubel stimmen die rund 15.000 mitgereisten Werder-Anhänger ein

ginn rätselt, wie wir spielen werden", gibt Köppel als Parole aus.

Unterdessen ist die Berliner City fest in schwarz-gelber Hand. Mehr als 40.000 Fans haben sich aus der westfälischen Biermetropole auf den Weg gemacht, um im Olympiastadion eine Südtribünen-Atmosphäre zu zelebrieren. Nicht wenige von ihnen sind schon Tage vorher angereist, haben sich längst so richtig in Stimmung gesungen und getrunken. Wohin man auch schaut: überall Schwarz und Gelb. In Charlottenburg, rund um das Olympiastadion, kann sich niemand der Borussen-Invasion entziehen. 1,80 Meter hoch und 10 Meter breit ist die größte Bierbüchsenwand, die die Dortmunder bis kurz vor Spielbeginn als eindrucksvolles Denkmal zusammengetrunken haben. Die größte Party steigt allerdings um 18.00 im Stadion. Als die Mann-

„Wahnsinn, diese Kulisse"

schaften zur Nationalhymne auf dem Rasen stehen und auch der Aufstellungspoker längst sein Ende gefunden hat, sind fast drei Viertel des Stadions in Schwarz und Gelb gehüllt. Doch bevor die mehr als 40.000 Borussenfans erstmals jubeln können, sind die rund 15.000 Bremer am Zug. Berlin-Heimkehrer Karl-Heinz Riedle sorgt bereits in der 14. Minute für die 1:0-Führung des Favoriten und dafür, daß die Berliner noch einmal so richtig Sehnsucht nach seinen alten Zeiten bei Blau-Weiß 90 bekommen. Der schöne Steilpaß von Schaaf ist für den schnellen Riedle ein gefundenes Fressen. Sein plazierter Rechtsschuß läßt Teddy de Beer im Kasten der Dortmunder keine Abwehrchance: 1:0 für Werder.

Doch nur sieben Minuten später folgt der große Auftritt des schwarz-gelben Fahnen- und Bananenmeeres. Mill paßt von der linken Seite in die Mitte, Dickel-Bewacher Rune Bratseth steht schlecht zum Ball, und schon ist die Kugel drin. Die Arme ausgebreitet wie ein Flieger, segelt der Mann mit der Nummer neun scheinbar schwerelos über den Platz. Dickel, ausgerechnet Norbert Dickel stand einmal mehr goldrichtig – 1:1! „Wahnsinn, diese Kulisse, wir dürfen nicht nach Hause fahren, ohne diesen tollen Fans den Pott mit auf den Heimweg zu geben", schießt es ihm durch den Kopf. Das Fußballmärchen nimmt seinen Lauf. Denn nach-

Enttäuschung hat einen Namen: Karl-Heinz Riedle, Mittelstürmer von Werder Bremen. „Laßt mich in Ruhe!"

dem Frank Mill mit einem plazierten Kopfball die Dortmunder in Front gebracht hat, schlägt Dickel zum zweiten Mal zu. Als ihm der Ball an der Strafraumgrenze vor die Füße fällt, hat er nur eine Wahl: volles Risiko. Ein Schuß mit dem Innenrist kommt nicht in Frage, die Schmerzen sind bei einer solchen Belastung immer noch viel zu groß. Bleibt nur die schmerzfreie Lösung, der Vollspann. Ein Schuß, ein Strich! Wie an der Schnur gezogen, zischt das Leder ins lange Eck – 3:1!

„Die Südtribüne ist wie ein Loch"

„Die Südtribüne im Dortmunder Westfalenstadion ist wie ein Loch. Ein Loch, in das du unbedingt rein willst. Dort ein Tor zu schießen ist ein echt geiles Gefühl", hatte Dickel schon vor dem Finale jedem erzählt, der es hören wollte. Jetzt war auch fast das gesamte Olympiastadion ein einziges Loch. „Unbeschreiblich, einfach unbeschreiblich", jubelt der „Held von Berlin", als er in der 77. Minute vorzeitig den Platz verlassen darf. Längst war das Spiel entschieden, Michael Lusch hatte 100 Sekunden nach Dickels zweitem Treffer noch einen draufgesetzt – 4:1! Mit der Siegerehrung beginnt für die Borussen ein 24stündiger Triumphzug. Als Dickel auf der Ehrentribüne steht, ihn nur noch wenige Meter vom DFB-Pokal trennen, beginnt das Kribbeln in seinen Fingern. „Ich habe außer der Stadtmeisterschaft von Perleberg noch nie zuvor einen Titel gewonnen, gebt mir den Pott, ich will ihn jetzt unbedingt anfassen. Jaaaahhh!"

In der Kabine gibt es dann eine innige Umarmung mit Borussias Zeugwart „Bomber" Wiegand. „Super, daß du mir die alten Schuhe rausgestellt hast. Sie haben mir tatsächlich Glück gebracht", weiß Dickel ganz genau, bei wem er sich zu bedanken hat. Als er vor dem Spiel in

Hilfreicher Aberglaube

die Kabine kam, standen an seinem Platz nämlich zwei Paar Schuhe. Ein völlig neues und ein altes, ausgelatschtes. „Hey, Bomber, was soll ich denn mit den alten Tretern?"

„Das sind die Dinger, mit denen du vor acht Monaten einen Treffer nach dem anderen erzielt hast. Ich kann dir zwar nicht versprechen, daß sie halten, aber

Elegante Kurventechnik: Günter Breitzke umspielt geschickt den grätschenden Otten und leitet den nächsten Angriff ein

Ein Schuß – ein Strich! Wie an der Schnur gezogen, zischt der Ball ins lange Eck – 3:1. Nur sieben Wochen nach seiner Meniskusoperation wählt Norbert Dickel die schmerzfreie Schußvariante – Vollspann. „Super, Bomber, daß du mir die alten Schuhe rausgestellt hast!"

ich habe sie so gut wie möglich flicken lassen. Du willst doch heute wieder Hütten machen, also zieh sie an."

Dickel folgte dem Rat, ließ die neuen Schuhe stehen und die alten anschließend vergolden. „Ich konnte zwar kaum laufen in den Dingern, aber da ist eine Menge Aberglaube im Spiel. Ich habe einfach an die alten Treter geglaubt, und sie haben mich

„Chancen nicht genutzt"

nicht im Stich gelassen", jubelt der zweifache Torschütze.

Während Dickel, gefragt wie nie, ein Interview nach dem anderen gibt, präsentiert sich sein Bremer Pendant wortkarg wie selten. „Laßt mich in Ruhe", mehr bekommt Karl-Heinz Riedle als erste Reaktion nach dem Spiel nicht über die Lippen. Berlin scheint nicht das beste Pflaster für ihn zu sein. Vor zwei Jahren mußte er sich nach einjährigem Bundesliga-Gastspiel als Absteiger verabschieden, jetzt schleicht er mit hängendem Kopf als Pokalverlierer vom Platz. Als Riedle sich kurze Zeit später frisch geduscht auf den Weg zum Bus macht, gibt er sich schon etwas gesprächiger. „Nach dem 1:0 waren wir zu siegessicher und haben einfach versäumt, ein zweites Tor nachzulegen. Chancen hatten wir ja genug, selbst nachdem der Ausgleich gefallen war." Aber trotz aller Trauer zeigt sich der Frustrierte beeindruckt von der imposanten Kulisse: „Ist schon toll, so eine Atmosphäre", sind seine letzten Worte, bevor er im Bus des SV Werder Bremen verschwindet.

Ganz so leicht, sich den bohrenden Fragen der Reporter zu entziehen, hat es Norbert Dickel nicht. Beim abendlichen Fest-

Jubelarie zweiter Teil: Der begeisterte Empfang der BVB-Mannschaft am Tag nach dem Pokalfinale in Dortmund ist ein Stück Stadtgeschichte (unten). Kein Ereignis sorgte für mehr Bewegung auf den Straßen der Ruhr-Metropole mit Herz (Foto rechte Seite)

BIG

Der Flug des schwarz-gelben Adlers: Nach seinem Tor zum 1:1 startet „Nobby" Dickel mit ausgebreiteten Armen zur „Runde" durchs Olympiastadion. „Unbeschreiblich, einfach unbeschreiblich!"

bankett folgt ihm einer von der hartnäckigen Sorte sogar bis auf die Toilette. „Ich bin wirklich ein Gemütsmensch. Aber wenn ich nicht mal in Ruhe pinkeln kann, lernst du mich von einer ganz anderen Seite kennen", beendet der Matchwinner das Interview bereits, bevor es begonnen hat. Zu später Stunde regelt sich das mit den Interviews dann von ganz alleine. „Sorry, aber der Mensch verträgt nun mal nur eine gewisse Menge Alkohol" lautet die einfache, gelallte Erklärung. Davon können am nächsten Morgen so gut wie alle Borussen ein Lied singen. Als die Mannschaft auf dem Rückflug über dem Gebiet der DDR nicht höher als 1.000 Meter fliegen darf, kommt es zu einigen Turbulenzen. Nicht nur im Innern der Maschine, sondern auch im Innern der Pokalhelden. Der Reigen beginnt bei Andreas Möller und zieht sich fast nahtlos durch den ganzen Flieger.

Kampf um jeden Zentimeter: In den Duellen „Mann gegen Mann", wie hier Andy Möller gegen Werders Otten, sind die Borussen meistens eine Fußspitzenlänge eher am Ball

Ganze Stadt schwarz-gelb

Die kleinen Tüten in den Sitznetzen haben minutenlang Hochkonjunktur. Als sich kurz vor der Landung der Kapitän zu Wort meldet, haben sich die Gemüter allerdings wieder beruhigt: „Meine Herren, am Flughafen warten 20.000 Fans auf Ihre Ankunft, in der Innenstadt sollen es bereits mehr als 200.000 sein."
Die rund 20 Kilometer lange Fahrt in offenen Kutschen bis in die Dortmunder City dauert rund viereinhalb Stunden. „Verrückt, Schwarz und Gelb, wohin das Auge reicht. Ich glaube, die

ganze Stadt ist schwarz-gelb. Selbst die Omas oben an den Fenstern haben uns zugerufen: ,Toll, daß ihr uns das noch geschenkt habt.'" Diese Erinnerungen werden in Norbert Dickels Gedächtnis wohl unauslöschlich bleiben und ihn auch noch Jahre später über seine Sportinvalidität hinwegtrösten. Zumindest ein wenig.
Viel schlimmer wird der Frust darüber sein, daß keine seiner Versicherungen ihm auch nur einen Pfennig gezahlt hat, sich alle durch den Paragraphendschungel und über die Gerichtswege vor dem Zahltag drücken konnten. Doch das ist eine andere Geschichte.

„Ja, wir haben den Pokal, Halleluja ...": Den Kabinen-Chor im Club der schwarz-gelben Sieger bilden Thomas Hellmer und Andreas Möller, der den goldenen Beweis des Sieges in Händen hält

Glückseligkeit eines jungen Fußball-Helden: Andreas Möller läßt seiner Freude freien Lauf: der erste Titel in seiner Profilaufbahn

19. Mai 1990: 1. FC Kaiserslautern – Werder Bremen 3:2

Teuflischer Wahnsinn: Aus der Abstiegshölle zum Pokalsieg!

Siegerpose: Lauterns Stürmer Labbadia legte mit seinen beiden Treffern zur 2:0-Führung den Grundstein zum ersten Pokalsieg in der Vereinsgeschichte der „Roten Teufel". „Immer schön locker bleiben"

Hergeschaut: Keeper Ehrmann mit dem Pokal auf den Knien ist nach dem Schlußpfiff ein begehrtes Motiv für die zahlreichen Fotografen

Die dunklen Wolken über Kaiserslautern wollen sich einfach nicht verziehen: Zwölf Spieltage vor Saisonende rangieren die Pfälzer nur auf Rang 17, es droht der Absturz in die 2. Liga. In der Not der „Abstiegshölle" klammern sich die „Roten Teufel" an den letzten Strohhalm, und der heißt Karl-Heinz Feldkamp. Von 1978 bis 1982 hatte der Coach schon einmal das Zepter auf dem Betzenberg geschwungen, die Lauterer viermal in Folge in den UEFA-Cup geführt. Jetzt soll er die Mannschaft vor dem Abstieg retten. Was folgt, ist eine der spektakulärsten Erfolgsserien im deutschen Fußball.

Nicht nur, daß die Lauterer unter neuer Trainerregie 15:9 Punkte holen und noch auf Platz 12 klettern, auch der Einzug ins DFB-Pokalfinale läßt die bekannte Faneuphorie wieder so richtig aufleben.

„Berlin, Berlin, wir fahren nach Berlin", skandieren die Anhänger der Lauterer während des

Pokalsieger 1990: 1. FC Kaiserslautern

Die siegreichen „Roten Teufel": Co-Trainer Hollmann, Trainer Feldkamp, Schupp, Lutz, Labbadia, Lelle, Foda, Wiezik, Friedmann, Stumpf (stehend von links); Hoos, Roos, Scheer, Serr, Kuntz, Ehrmann, Hotic, Dooley (hockend von links)

letzten Heimspiels. Die Rettung ist vollbracht, jetzt konzentriert sich alles auf den Saisonhöhepunkt im Berliner Olympiastadion. „Der 1:0-Sieg im Halbfinale in Offenbach hat uns noch mal einen richtigen Schub für den Abstiegskampf gegeben, jetzt können wir in Berlin völlig befreit aufspielen", freut sich Kapitän Stefan Kuntz.

„Die sind völlig platt"

Zeitgleich wird die Situation der Lauterer im Lager von Gegner Werder Bremen völlig anders eingeschätzt: „Die mußten bis zum Ende der Saison alles geben, haben schon seit Wochen über ihren Verhältnissen gespielt und sind jetzt völlig platt", frohlockt ein Großteil der Mannschaft. Doch irgendwie klingt das ein bißchen nach dem berühmten „Pfeifen im Walde". Denn im Hinterkopf der Spieler spukt immer noch die Niederlage aus dem Vorjahr. Auch gegen Borussia Dortmund gingen die Mannen von Trainer Otto Rehhagel als Favorit ins Spiel und am Ende mit hängenden Köpfen vom Platz.

Der Gedanke an eine erneute Endspielniederlage läßt sich nicht so leicht vertreiben, bereits im Training ist der ungeheuere Druck, der auf den Spielern lastet, spürbar: „Was ist bloß los mit den Jungs? Irgendwie fehlt hier das Feuer", wundert sich Manfred Burgsmüller in den Tagen vor dem Finale. Für den Bundesliga-Oldie soll der 19. Mai 1990 der krönende Abschluß seiner wechselvollen Karriere werden. 332 Erstliga-

Sektdusche: Markus Schupp (links) „wäscht" Mannschafts-kapitän Kuntz mit dem prickelnden Siegestrunk den Kopf. Lutz füllt den Pokal, während Ersatzkeeper Serr schon das Wasser im Mund zusammenläuft

Jaaaahhh: Lauterns Kapitän Stefan Kuntz schreit bei der Siegerehrung seine Freude heraus. „Der erste Titel ist irgendwie wie die erste Liebe"

spiele und 179 Tore hatte der damals 34jährige auf dem Konto, als er 1984 mit dem 1. FC Nürnberg aus der Bundesliga absteigen mußte und seine Laufbahn bei Zweitligist Rot-Weiß Oberhausen ausklingen lassen wollte. Doch da hatte Manni die Rechnung ohne Otto Rehhagel gemacht. Mit Bart und Mütze verkleidet, nahm der Coach seinen ehemaligen Schützling von Borussia Dort-

Nichts zu verlieren

mund beim Zweitligaspiel von Oberhausen in Wattenscheid genauestens unter die Lupe. Am nächsten Tag klingelte bei Burgsmüller das Telefon: „Willst du zu uns nach Bremen kommen?" lautete Rehhagels überraschende und direkte Frage. „Was habe ich schon groß zu verlieren", dachte sich der Umworbene und sagte „Ja".
Drei Jahre später, 1988, feierte Manfred Burgsmüller mit 38 Jahren seine erste Deutsche Meisterschaft. Jetzt, mit mittlerweile 40 Lenzen auf dem Buckel, möchte er in seinem letzten Spiel zu gerne den Pokal gewinnen. Im Training kniet sich Burgsmüller rein wie kaum ein anderer. Manni will keine Abschiedsgeschenke, sondern durch Leistung überzeugen. Ohne Erfolg! Der Name Burgsmül-

„Kuntzstück": Mit diesem Kopfballtreffer sorgt Kuntz dafür, daß die Bremer am Ende zum zweiten Mal hintereinander mit leeren Händen dastehen. „Viel verkrampfter als wir"

ler taucht in der Mannschaftsaufstellung für das Pokalfinale nicht auf. „Das gibt es doch nicht. Der Otto muß doch gemerkt haben, daß ich so ziemlich der einzige bin, der der Truppe zum Ende der Saison noch mal so richtig Feuer unterm Hintern machen kann", wundert sich Burgsmüller.
Vor einigen Jahren noch hätte es jetzt mächtig Ärger und einigen Wirbel in der Mannschaft gegeben. Aber auch der einstige Rebell ist ruhiger und besonnener geworden. „Was nutzt es jetzt, wenn ich noch mal richtig

Lautern zum ersten: Labbadia hat zugeschlagen. Mit dem Kopf versenkt der Mittelstürmer (vor dem Tor, verdeckt) das Leder im Bremer Kasten – 1:0

auf die Kacke haue. Bring' das jetzt lieber mit Anstand zu Ende", sagt sich das Schlitzohr vergangener Tage und findet sich mit seiner Reservistenrolle ab. Vorerst.
Während Rehhagels Aufstellung schon elf Namen hat, zittert sein Gegenüber, Karl-Heinz Feldkamp, um Bruno Labbadia. Der Mittelstürmer laboriert immer noch an den Folgen einer

Wie einst Gerd Müller: Aus der Drehung abgezogen, landet der Schuß vom Mann mit der Nummer neun zum 2:0 im Netz der Bremer, und ganz Lautern tanzt den „Lambaddia"

Oberschenkelzerrung. Doch als der Endspieltag gekommen ist, gibt der Torjäger Entwarnung: „Ich beiß' die Zähne zusammen und bin dabei." Feldkamp

„Schön locker bleiben"

nimmt es erleichtert zur Kenntnis und setzt alles daran, den Spielern den Kopf frei zu reden. „Das wichtigste ist, daß ihr nicht verkrampft, ihr habt hier überhaupt nichts zu verlieren. Niemand kann von euch erwarten, dieses Spiel zu gewinnen. Das einzige, was zählt, ist, daß ihr euch voll reinkniet. Alles andere kommt von selbst." Karl-Heinz Feldkamp weiß, wovon er spricht. In den vergangenen fünf Jahren führte der Coach bereits zwei andere Teams ins Pokalfinale und gewann. 1985 düpierten seine Uerdinger den großen Favoriten Bayern München, vor zwei Jahren konnte er dank Detaris Freistoßtor gegen Bochum die Frankfurter Eintracht zum Pokalsieg führen. Nur in seinem ersten Finale, 1981 mit Kaiserslautern gegen Frankfurt, zog Feldkamp den kürzeren. Aber das ist in der Vorbereitung auf das Duell mit Werder Bremen kein Thema. Diesmal lautet die einfache Parole: „Immer schön locker bleiben." So denkt der Trainer auch nicht im Traum daran, seinen Spielern in den Tagen vor dem Finale das

„Wir sind besser drauf"

Bierchen am Abend zu verbieten. Die Mannschaft dankt es ihm. Es wird gelacht und geflachst. Die Stimmung ist gut und gelöst, sprich locker.
Anders die Bremer: Voll konzentriert und angespannt warten sie darauf, daß es endlich losgehen kann. Der Druck des Gewinnenmüssens ist überall spürbar, selbst für die Lauterer. „Jungs, zerbrecht euch nicht den Kopf,

Andere Perspektive: Hier wird deutlich, wie unbedrängt Labbadia zum Kopfball kommt. Klar, daß er sich diese Chance nicht entgehen läßt

Befreiungsschlag: Lauterns Libero Foda läßt nichts anbrennen, schlägt das Leder mit voller Wucht aus der Gefahrenzone

wir sind viel besser drauf als die Bremer, die sind völlig verkrampft", verleiht Stefan Kuntz seinen Mitspielern nach dem Warmmachen und kurz vor dem Anstoß noch einmal zusätzlichen Mut. Mut, der schon bald in zählbaren Erfolg umgemünzt wird. Denn gerade einmal eine halbe Stunde ist gespielt, da steht es sage und schreibe 3:0 für die Pfälzer! In der 19. Minute ist Labbadia nach einer Lelle-Ecke mit dem Kopf zur Stelle – die Führung. Als Werder-Keeper Oliver Reck seinem bösen Spitznamen „Pannen-Olli" mal wieder alle Ehre macht und sich ein harmloses Schüßchen selbst über die Linie schubst, tanzen die rund 30.000 mitgereisten Fans der Lauterer endgültig „Lambbadia". Denn auch diesmal ist der Mann mit der Nummer neun, der so lange um seinen Einsatz bangen mußte, der Torschütze: Bruno Labbadia.

„Noch nie erlebt"

„Ihr müßt die Bremer mit ihren eigenen Waffen schlagen. Kommt über die Flügel, und versucht nach hohen Flanken zum Abschluß zu kommen", hatte Feldkamp in der Mannschaftsbesprechung noch einmal betont. Auch dieser Wunsch des „Herrn und Meisters" ist den Pfälzern Befehl. Wieder Flanke Lelle, diesmal steht Stefan Kuntz goldrichtig: Kopfball, Treffer – 3:0! Teuflischer Wahnsinn! Mit der höchsten Pausenführung in der Finalgeschichte des deutschen Fußballpokals gehen die Lauterer in die Kabine. „Setzt euch Männer, ihr müßt jetzt versuchen zur Ruhe zu kommen." Karl-Heinz Feldkamp hat alle Hände voll zu tun, seine Spieler, die wie ein aufgescheuchter Hühnerhaufen in der kleinen Kabine hin und her laufen, auf den Teppich zurückzuholen. „Es sind noch 45 Minuten zu spielen. Ihr müßt voll konzentriert weitermachen. Die Bremer werden jetzt noch mal alles nach vorne werfen", versucht der Coach seine Mannen auf den zu erwartenden Sturmlauf des angeschlagenen Favoriten einzustimmen.

Doch bei den Bremern herrscht

Genährte Hoffnung: „Joker" Burgsmüller hat getroffen, nur noch 2:3. Kurz darauf hat der „Oldie" auch den Ausgleich auf dem Schlappen. „Das ist meiner, und der ist drin"

Abgeschirmt: Geschickt deckt Bremens Votava das Leder mit dem Körper vor Lauterns Roos ab

Bremer Frust zum ersten: Eilts liegt nach dem Schlußpfiff geschlagen am Boden.

Lethargie vor. „So etwas habe ich noch nie erlebt. Drei Tore in dreißig Minuten. Und das in einem Finale. Keiner auf dem Platz spricht ein Wort, jeder hat die Hosen gestrichen voll." Manfred Burgsmüller redet Klartext, bevor er sich quasi selbst einwechselt: „Los, Männer, entweder es springt jetzt der Funke über, oder wir gehen mit fliegenden Fahnen unter", heizt er den Bremern ein, ehe er zum letzten Mal die große Fußballbühne betritt. Ganze zwei Minuten später haucht der ebenfalls eingewechselte Frank Neubarth den Hanseaten neues Leben ein. Die Vorarbeit von Karl-Heinz Riedle nutzt der lange Mittelstürmer zum Anschlußtreffer: 1:3! Die Schlußoffensive der Bremer kann beginnen und wird durch ihren zweiten Treffer belohnt. Erneut ist es Riedle, der das Leder maßgerecht auflegt. Diesmal profitiert Joker Nummer zwei, Manfred Burgsmüller – nur noch 2:3!

Karl-Heinz Feldkamp sieht seine Warnungen bestätigt und den fast schon sicher geglaubten Pokal durch seine Hände glei-

„Der ist drin"

ten. Denn auch ihm ist nicht entgangen, daß seine Spieler dem hohen Anfangstempo Tribut zollen und fast auf dem „Zahnfleisch gehen".

Ganze 150 Sekunden nach seinem ersten Treffer wähnt Manfred Burgsmüller sich schon als „Held von Berlin": „Das ist meiner, und der ist drin", schießt es ihm durch den Kopf, als der Ball von der rechten Seite vor das Tor gesegelt kommt. Und tatsächlich: Manni kommt völlig freistehend zum Schuß. Doch anstatt in die Maschen des Lauterer Tores fliegt das Leder Richtung Anzeigetafel. „So ein Dreck", flucht der Fehlschütze, „warum muß das Ding ausgerechnet auf diese Delle im Rasen springen." So trifft Burgsmüller den Ball nur mit dem Knöchel des Sprunggelenks, und das Happy-End einer spektakulären und langen Karriere scheitert an einer Unebenheit des Platzes.

Wer es nicht gesehen hat, wird auch anschließend den Erzählungen kaum glauben: Otto Reh-

Bremer Frust zum zweiten: Abwehrrecke Bratseth schlägt sich voller Enttäuschung die Hände vor das Gesicht. „So etwas habe ich noch nie erlebt"

Hoch das Bein: Bremens Bratseth im Duell mit Lauterns Hotic

hagel schlägt nach der vergebenen Ausgleichschance vor Enttäuschung ein Rad und kurz darauf endgültig die Hände vor sein Gesicht. Aus, vorbei, wieder nichts: 2:3!

„Rehhagel vor Rücktritt"

Zum zweiten Mal waren die Bremer als Favorit ins Spiel gegangen, zum zweiten Mal müssen sie zusehen, wie die anderen den Pokal in die Höhe recken. „Ich kann es nicht glauben. Die waren doch tot, total platt. Wenn ich das Ding reingemacht hätte, wären die sogar in der normalen Spielzeit auseinandergefallen", schüttelt Manfred Burgsmüller niedergeschlagen den Kopf, während Stefan Kuntz den Pokal immer wieder ganz fest an sich drückt. „Der erste Titel ist irgendwie wie die erste Liebe", strahlt der Kapitän der Lauterer.
Otto Rehhagel will die Pfälzer Jubelarien erst gar nicht ertragen müssen, verschwindet in den Katakomben des Olympiastadions. „Herr Fischer, wenn Sie wollen, daß Ihr Trainer auch in der nächsten Saison Otto Rehhagel heißt, müssen Sie ihn jetzt vor dem Rücktritt bewahren." Der Tip an den Vizepräsidenten des SV Werder kommt natürlich von Manfred Burgsmüller. Kaum ein anderer kennt Otto Rehhagel so gut wie das Schlitzohr Burgsmüller, der sich und vor allem auch seinem Trainer den Abschied so gern mit dem Pokalsieg versüßt hätte. Daraus wurde zwar nichts, aber vielleicht hat er am 19. Mai 1990 dazu beigetragen, daß Otto Rehhagel schon nächsten Jahr in den Genuß des Pokaltriumphes kommen konnte. Denn kurz nach seinem Tip an Werder-Vize Klaus-Dieter Fischer ist der Rücktritt von Otto Rehhagel kein Thema mehr. „Der Herr Fischer und Dr. Franz Böhmert, Werders Präsident, haben den

Zweitliga-Beobachter

Otto zur Seite genommen und ihn überzeugt, daß sein Rücktritt nichts bringen würde", ist sich Burgsmüller sicher.
Des einen Leid, des anderen Freud: Karl-Heinz Feldkamp kann den Erfolgsweg vom „Fast-Absteiger" zum Pokalsieger noch gar nicht richtig fassen: „Vor 14 Tagen habe ich mir noch Zweitligaspiele angesehen. Für den Fall der Fälle – und jetzt das!"
Statt Meppen und Mainz warten nun Barcelona und Genua. Solche Geschichten kann nur der Pokal schreiben. Und Karl-Heinz-Feldkamp führte nicht nur diesmal die Feder, sondern Kaiserslautern ein Jahr später sogar zum Meistertitel.

In die Knie gegangen: aber nicht vor den Bremern, sondern aus Freude über den Pokalsieg und seine zwei Treffer. Labbadia hatte maßgeblichen Anteil am Husarenstück der Lauterer

22. Juni 1991: Werder Bremen – 1. FC Köln 5:4

„Dreimal ist Bremer Recht": Endlich hat Werder den Cup!

Verdienter Schluck: Borowka gönnt sich den Sieges-Schampus. Kurz zuvor hatte er den entscheidenden Elfer verwandelt (unten). „Jetzt nur rein damit, egal wie"

„Die erste Niederlage war schlimm, die zweite noch schlimmer. Aber wenn es diesmal wieder nicht klappen sollte, haben wir dieses Gefühl ja schon erlebt." Nach diesem Spruch von Otto Rehhagel könnte man meinen, der Bremer Trainer beuge schon mal der nächsten Finalschlappe vor. Doch weit gefehlt: Klaus Allofs, zu Beginn der Saison aus Frankreich nach Deutschland zurückgekehrt, hat schnell durchschaut, was sein neuer Coach mit der Tiefstapelei bezweckt. „In den vergangenen Jahren galt die Mannschaft zweimal als Favorit, damit ist sie nicht fertig geworden. Sie war zu verkrampft, ist an ihren eigenen Nerven gescheitert. Diesmal versucht Otto den Spielern von vornherein den Druck zu nehmen."

Allofs war zwar bei den Niederlagen gegen Dortmund und Kaiserslautern noch nicht mit an Bord, gleichwohl hat er mehr Endspielerfahrung gesammelt als jeder seiner Teamkollegen. Viermal war der Ex-Nationalspieler bislang in DFB-Pokalfinals mit von der Partie. Nur sein erstes, 1978 mit Fortuna Düsseldorf gegen den 1. FC Köln

Abgedreht: Als der entscheidende Schuß ins Kölner Netz klatscht, beginnt „Sieg-Treffer"-Borowkas Ehrenrunde

Pokalsieger 1991: SV Werder Bremen

Im dritten Anlauf – endlich Pokalsieger, die Trainer und Spieler des SV Werder: Coach Rehhagel, Bratseth, Harttgen, Schaaf, Wolter, Neubarth, Bockenfeld, Sauer, Co-Trainer Kamp, Eilts, Bode (steh. v. l.); Votava, Hermann, Reck, Allofs, Borowka, Rollmann (hock. v. l.)

(0:2), ging verloren. In den nächsten beiden Jahren hatten Allofs und Fortuna mehr Glück: 1:0 gegen Hertha BSC und 2:1 gegen den 1. FC Köln. Seinen dritten und vorerst letzten Coup landete der torgefährliche Stürmer 1983. An das 1:0 mit dem 1. FC Köln gegen den Lokalrivalen

Nicht frei im Kopf

Fortuna Köln erinnert sich Allofs allerdings nicht besonders gern: „Unser Sieg wurde von den Fans mit Pfiffen begleitet, das ist den meisten von uns dermaßen auf den Magen geschlagen, daß wir kaum noch Lust hatten, unseren Triumph richtig auszukosten."

Da ist die Ausgangssituation vor dem 91er Finale schon eine ganz andere: In Berlin gibt es kaum jemanden, der den Bremern im dritten Anlauf den Pokalsieg nicht gönnen würde.

Doch für die Sympathien der „neutralen" Berliner können sich die Werderaner herzlich wenig kaufen. 1989 und 1990 waren die lautstarken Fans aus Dortmund bzw. Kaiserslautern zwar stets klar im Vorteil, doch das allein gab nicht den Aus-

Der Trophäen-Sammler: Dreimal ist Bremer Recht – das gilt auch für den Jungen aus dem Kohlenpott, Werder-Coach Otto Rehhagel

schlag. Die Bremer waren einfach nicht frei im Kopf, ließen sich von der Favoritenlast erdrücken. Doch da gibt es ja noch ein heimisches Sprichwort, das wohl noch nie so arg strapaziert wurde wie in den Tagen und Stunden vor dem Finale. „Dreimal ist Bremer Recht" heißt es in der Hansestadt. Wenn es danach ginge, stünde der Sieger schon fest.

Diese Meinung teilt auch Christoph Daum. Der Trainer des VfB Stuttgart ist nach dem letzten Bundesligaspieltag ein gefragter Mann. Zum einen weil er die Schwaben binnen eines halben Jahres von Rang 15 auf Platz sechs führte. Zum anderen stand er zuvor beim 1. FC Köln unter Vertrag. Doch von alter Liebe keine Spur, Daum muß im Finale Werder die Daumen drücken. Denn wenn die bereits für den UEFA-Cup qualifizierten Bremer das Spiel gewinnen, rutschen auch seine Stuttgarter noch ins so begehrte internationale Geschäft. Und so sind Daums Prognosen kurz, präzise und eindeutig: 1. Der Sieger steht bereits nach der normalen Spielzeit fest. 2. Es gibt auf jeden Fall einen Zu-null-Sieg. 3. Wer das erste Tor schießt, gewinnt. 4. Das Spiel endet 1:0 für Werder. Der „Lautsprecher der Liga" macht seinem Namen also mal wieder alle Ehre.

Sein Nachfolger beim 1. FC Köln ist dagegen eher ein Mann der leisen Töne. Nur einmal ist

„Mach et, Otze"

Erich Rutemöller etwas rausgerutscht, was er besser für sich behalten hätte. „Mach et, Otze", rief er seinem Stürmer Frank Ordenewitz zu, als der im Halbfinale beim Stand von 3:0 gegen den MSV Duisburg seinen Trainer fragte, ob er einen Platzverweis provozieren solle. Der Hintergrund der Aktion war klar: Ordenewitz hatte gegen die Duisburger seine zweite gelbe Karte im laufenden Pokalwettbewerb gesehen, wäre

**Kopf an Kopf:
Sie lieferten sich im Laufe der 120 Minuten manches Duell, wie hier in der Luft, Maurice Banach (links) und Mirko Votava**

Kampf um jeden Ball: Bis zum Ende der Verlängerung kämpfen beide Teams (fast) immer mit fairen Mitteln, auch wenn Marco Bode in dieser Szene unsanft zu Boden geht

Erschöpfte Elfmeterschützen: Vor den entscheidenden Schüssen gönnen sich die „Auserwählten" noch ein kleines Päuschen

Der Erfolg hat viele Väter: Werder-Manager Willi Lemke schreit dem Pokal seinen Jubel entgegen

nach DFB-Reglement im Finale nicht einsatzberechtigt gewesen. Der durch Spielverzögerung provozierte Platzverweis hätte normalerweise eine Sperre für die nächsten zwei, drei Wochen nach sich gezogen. Damit wäre der Linksfüßler zwar im Bundesliga-Alltag nicht mit am Ball gewesen, hätte aber im Finale wieder auflaufen dürfen. Doch der spontan ausgeheckte Plan schlug fehl,

„Mach et, Otze", eigentlich nur für Ordenewitz' Ohren bestimmt, fand auch noch andere Zuhörer, zum Beispiel laufende TV-Mikrophone. Der DFB schaltete sich ein, Rutemöller gestand und mußte nun in der Bundesliga und im Pokalfinale auf seinen Stürmer verzichten.

So heißen die Kölner Angriffsspitzen am 22. Juni Sturm und Banach. Letzterer sorgt nur 15 Minuten nach der Bremer Führung (48.) durch Eilts dafür,

„Jetzt packt ihr sie"

daß sich der Tip seines früheren Trainers, Christoph Daum, als Schall und Rauch erweist. Banach, der kurze Zeit später bei einem tragischen Autounfall ums Leben kommt, verlängert eine präzise Littbarski-Flanke zum Ausgleich ins Netz – 1:1!

Da war sie wieder, die Bremer Angst. Die Angst, erneut zu versagen. Hatte der Bundesligadritte im ersten Durchgang das Geschehen diktiert, gewannen nun die Kölner zunehmend Oberwasser.

„Kommt, Jungs, jetzt packt ihr sie", meldet sich plötzlich Udo

Auf dem Weg in die richtige Ecke: Der vielgescholtene Bremer Keeper Oliver Reck, hier beim Elfer von Littbarski, half kräftig mit, daß der Pokal in grün-weiße Hände kam

Gehalten: Der Elfer von Littbarski wird sichere Beute von „Pannen-Olli"

Überschäumende Freude: Noch auf dem Rasen lassen die siegreichen Bremer „die Sau und den Schampus" raus

Lattek, Sportdirektor der Geißböcke, in der kurzen Verschnaufpause vor der Verlängerung zu Wort. Doch die eindringlichen Worte des alten Zampanos haben nicht mehr die Wirkung früherer Zeiten: 1:1 auch nach Verlängerung. Zum zweiten Mal in der deutschen Fußballgeschichte wird der Pokalsieger im Elfmeterschießen ermittelt. Und genau wie 1984 im Duell Bayern München gegen Borussia Mönchengladbach ist es auch diesmal der dritte Fehlschuß, der für die Entscheidung sorgt. Daß dabei ausgerechnet dem Ex-Berliner und Publikumsliebling Pierre Littbarski die Nerven einen Streich spielen, unterstreicht einmal mehr die eigenen Gesetze des Pokals.

„Jetzt hat er den Pott"

„Jetzt nur noch rein damit, egal wie", denkt sich Uli Borowka, bevor er, entgegen seiner sonstigen Gewohnheit, das Leder mit viel Gefühl zum Werder-Sieg in die Maschen setzt. 4:3 im Elfmeterschießen: Dreimal ist halt Bremer Recht!

Und auch Klaus Allofs, der die Bremer Schützengarde mit einem Ausrutscher seines Standbeins und dem damit verbundenen Fehlschuß eröffnete, jubelt erleichtert: „Rehhagel hat mich verplichtet, damit Werder endlich mal wieder einen Titel gewinnt. Jetzt hat er den Pott."

„Strahlemänner" mit Pokal: Wynton Rufer, Oliver Reck und Otto Rehhagel

23. Mai 1992: Hannover 96 – Borussia Mönchengladbach 4:3

Sievers Elfer-Triumph nach der ersten „Nullnummer"!

Der Macher: Trainer Lorkowski führte die 96er zum sensationellen Pokalsieg, wechselt anschließend zu St. Pauli. „Mehr drin, als nur mit Anstand verlieren"

Die Nacht vor der Sensation. Nicht wenige der Zweitliga-Kicker von Hannover 96 lassen vor dem Einschlafen die vergangenen Pokalmonate noch einmal gedanklich Revue passieren. Einer von ihnen: Torhüter Jörg Sievers. Mit ihm als Rückhalt brachten die Niedersachsen das Kunststück fertig, vier Erstligisten in Folge aus dem Wettbewerb zu kippen. „Die unglaubliche Serie begann mit unserem besten Saisonspiel. Der 3:2-Erfolg in Bochum hat uns die Kraft und das Selbstbewußtsein für die nächsten Runden gegeben", erinnert sich Sievers. Als der nächste Gegner aus dem Lostopf gezogen wurde, hatten die 96er für diese Saison mit dem Pokal eigentlich schon abgeschlossen. „Super, daß wir auch mal in Dortmund spielen

„Alles wie von selbst"

und die tolle Atmosphäre im Westfalenstadion erleben dürfen, aber danach können wir uns bestimmt wieder auf den Zweitliga-Alltag konzentrieren" lautete die einhellige Meinung im Team. Als die Dortmunder zur Halbzeit 2:0 führten, hatte sich an dieser Einschätzung natürlich wenig geändert. „Doch nachdem wir 15 Minuten vor Schluß den Anschlußtreffer erzielt hatten, ging alles wie von selbst", redet sich Sievers auch vor dem Finale gegen Borussia Mönchengladbach Mut zu. Schließlich schalteten die Hannoveraner nach dem Husarenstück in Dortmund (3:2) auch

Der Matchwinner: Hannovers Keeper Sievers pariert im Elferschießen gleich zwei Gladbacher Schüsse. Bereits im Halbfinale war er der Garant für den Erfolg gegen Werder Bremen, verwandelte sogar einen Elfer selbst

Pokalsieger

1992: Hannover 96

Das siegreiche Zweitliga-Team mit Betreuern: Mannschaftsarzt Dr. Becker, Sportkoordinator Hartmann, Koch, Trainer Lorkowski, Sievers, Physiotherapeut Krömer, Grün, Klütz, Masseur Hoppek, Mannschaftsarzt Dr. Mankow, Barbarez, Kruse, Sirocks, Ehlers, Zeugwart Heyer (stehend von links); Groth, Weiland, Wojcicki, Schönberg-Christensen, Heemsoth, Friedemann, Jursch, Kuhlmey, Sundermann (hockend von links); Djelmas u. Kretzschmar (liegend von links)

noch die favorisierten Karlsruher (1:0) und den großen norddeutschen Rivalen Werder Bremen aus. Die Euphorie in der niedersächsischen Landeshauptstadt stieg von Spiel zu Spiel, gegen Werder waren innerhalb weniger Tage alle Eintrittskarten ver-

Mulmiges Gefühl

griffen. „Das war für ganz Hannover ein Jahrhundertspiel, davon wird auch noch in zig Jahren gesprochen werden, egal wie das Finale auch ausgehen mag", glaubt der Torhüter. Im Halbfinale war er der große Held. Als nach fünf Schützen auf jeder Seite die Entscheidung im Elfmeterschießen noch immer nicht gefallen war, eilte Trainer Michael Lorkowski auf Jörg Sievers zu: „Er hat mich gefragt, ob ich schießen will. Ich habe ganz spontan ja gesagt, aber dann hatte ich doch ein ganz mulmiges Gefühl. Zum Glück habe ich ihn reingemacht. Als dann Marco Bode antrat, wußte ich, daß wir gewinnen. Der war viel zu nervös. Als ich seinen Elfer gehalten hatte,

Wie ein Häufchen Elend: Galdbachs Keeper Uwe Kamps kniet verzweifelt am Boden. Einen Elfer gehalten, trotzdem verloren

Verladen: Kamps hat sich die linke, Schütze Schönberg-Christensen die rechte Ecke ausgesucht – 4:3 für Hannover 96! Kamps, der im Halbfinale gegen Leverkusen im Elfmeterschießen sensationell alle Schüsse der Werksmannschaft parieren konnte, muß die Rolle des Helden diesmal seinem Gegenüber Sievers überlassen

Zweikampf I: Gladbachs Schneider durchschaut die Finte von Koch, grätscht ihm den Ball vom Fuß

Zweikampf II: Hannovers Klütz ist mit dem Kopf eher am Ball als Criens mit seinem gestreckten Bein

Zweikampf III: Hannovers Sundermann im Zweikampf Fuß an Fuß mit dem Gladbacher Max

wollte ich die ganze Welt umarmen", erinnert sich Sievers noch ganz genau an die Halbfinal-Schlüsselszene. Mit diesem Glücksgefühl, fest in seinen Gedanken verankert, schließt Jörg Sievers die Augen und träumt in den nächsten Stunden vom großen Coup.

Der nächste Tag ist ein ver-

Mit Anstand verlieren

dammt langer Tag. Das Warten zehrt an den Nerven, fast scheint es so, als würde die Zeit stehenbleiben. Endlich: Punkt 18 Uhr pfeift Bernd Heynemann das 49. Pokalfinale an. „Laßt uns hier bloß nicht untergehen. Wir wissen, daß wir wahrscheinlich ohne den Pott nach Hause fahren, aber wenn wir schon verlieren, dann wenigstens mit Anstand" hatte die Mannschaft sich vor dem Spiel auf die Fahnen geschrieben. Aber schon nach zehn Minuten merken die Außenseiter, daß hier mehr drin ist, als nur mit Anstand zu verlieren. „Vor beiden Toren tut sich ja so gut wie überhaupt nichts. Gut möglich, daß es wieder zum Elfmeterschießen kommt", spekuliert Sievers bereits Mitte der ersten Halbzeit. Gut 100 Minuten später ist das erste Finale ohne Tore nach Verlängerung perfekt, und Holger Fach, der Gladbacher Kapitän, steht ihm Auge in Auge gegenüber. Genau elf Meter trennen die beiden, als Fach das Leder trifft, um es links von Sievers in die Maschen zu setzen. Doch Hannovers Keeper fliegt in die richtige Ecke und wird zum zweiten Mal zum Held. Denn als kurz darauf Michael Schönberg-Christensen den letzten Elfer der 96er verwandelt, kennt der Jubel des Underdogs keine Grenzen mehr. Zum ersten Mal in der Geschichte des DFB-Pokals hat ein Zweitligist den ganz großen Wurf geschafft.

Die Rückfahrt nach Hannover wird zum Triumphzug. Als der Mannschaftsbus im Stau steckenbleibt, starten die nicht

„Der Pott ist für euch"

nur siegestrunkenen Spieler mitten auf der Autobahn eine Polonäse. Während die Gladbacher Fans sich in diesem Moment Jalousien an ihre Autofenster wünschen, trauen einige der 96-Anhänger ihren Augen nicht, als plötzlich Jörg Sievers in ihrem Auto sitzt und ihnen für Sekunden den Pokal in die Hände drückt: „Den Pott haben wir auch für euch geholt."

Ausgelassener Mannschaftsjubel: Nach dem Schlußpfiff gibt's kein Halten mehr. Die 96er baden im Beifall ihrer mitgereisten Fans und der Berliner Fußballfreunde. „Pott für euch geholt"

Lothar Matthäus setzt sich für ein Leben ohne Drogen ein. Der Deutsche Fußball-Bund und der Deutsche Sportbund unterstützen KEINE MACHT DEN DROGEN, eine Initiative der Bundesregierung unter der Schirmherrschaft von Bundeskanzler Dr. Helmut Kohl. Informationen zu KEINE MACHT DEN DROGEN erhalten Sie bei der Bundeszentrale für gesundheitliche Aufklärung, Ostmerheimer Straße 200, 51107 Köln.

KEINE MACHT DEN DROGEN

12. Juni 1993: Bayer Leverkusen – Hertha BSC (A) 1:0

„Schuß, Tor, Hurra" – aber Bayer holt sich den Pokal!

Berliner Jubel im Leverkusener Trikot: Als „Steppke" und Junior stand er beim Traber FC und Blau-Weiß 90 im Kasten, jetzt feiert er in seiner Heimatstadt seinen zweiten Titel mit der Werksmannschaft. 1988 gewann Rüdiger Vollborn den UEFA-Cup, jetzt ist er Pokalsieger

„Schuß, Tor, Hurra – wir holen den Pokal." Immer und immer wieder dröhnt der Pokalsong von Herthas Amateuren durch die Kabine der Berliner. „Was ist denn da los, so etwas haben wir ja noch nie erlebt", wundern sich die in der Nachbarkabine hockenden Kicker von Bayer Leverkusen, als sie versuchen, sich auf ihren bevorstehenden Goliath-gegen-David-Kampf zu konzentrieren.

„Die machen vielleicht ein Theater, das gibt es doch überhaupt nicht. Ist das überhaupt erlaubt?"

Die psychologische Kriegsführung der Underdogs aus der Amateur-Oberliga zeigt Wirkung. Während die größte Sensationsmannschaft in der deutschen Pokalgeschichte versucht, sich mit den lauten Disco-Rhythmen aufzuputschen, ist in den Köpfen der haushohen Favoriten aus der Bundesliga die Angst

„Die Deppen Europas?"

wieder da. Die Angst zu verlieren. Die Angst, sich zu blamieren. Die Angst zu versagen.

„Wenn wir das Spiel nicht gewinnen, sind wir die Deppen der Nation. Nein, noch viel schlimmer: die Deppen Europas", spricht Abwehrrecke Martin Kree das aus, was alle in der Mannschaft denken. Vor einigen

Sprachlos: Kaiser, Zimmermann, Andreas Schmidt und Holzbecher sammeln nach dem vergeblichen Kampf ihre Gedanken

Kommt ein Kirsten geflogen: schöne Flugeinlage vom Mittelstürmer des Bayerteams. In dieser Szene bleibt ihm allerdings der Torerfolg noch verwehrt. Noch ...

Pokalsieger 1993: Bayer 04 Leverkusen

Die jubelnden „Außenseiterkiller": Happe, Hapal, Thom, Lupescu, Fischer, Vollborn, Hoffmann, Kree (stehend von links); Wörns, Kirsten, Foda, Scholz (hockend von links)

Monaten hatte die Startruppe noch amüsiert zur Kenntnis genommen, wie die Nobodys aus Berlin erst den Pokalverteidiger Hannover 96 und dann auch noch Erstligist Nürnberg aus dem Rennen warfen. Doch spätestens nach dem Halbfinalsieg der Amateure gegen Chemnitz war „Schluß mit lustig".

„Das Endspiel im Berliner Olympiastadion gegen eine Berliner Amateurmannschaft zu bestreiten ist so ziemlich das schlimmste, was einem passieren kann.

Luftduell I: Hertha-Stürmer Kaiser verlängert das Leder, bevor Fischer an den Ball kommen kann

Luftduell II: Oliver Schmidt ist einen Tick schneller als Leverkusens Kree, doch der Kopfball des Berliners streicht über das Tor

Wenn es die Amateure von Bayern München oder Borussia Dortmund geschafft hätten, wäre alles halb so schlimm. Aber so ist das eine verdammt heikle Angelegenheit", sind sich die Bayerspieler sicher, daß sie ein ganz heißer Tanz erwartet. Alle wissen: „Wir können hier nur verlieren. Wenn wir gewinnen, sagen alle: War doch logisch. Wenn wir das Ding vergeigen, hilft nur noch eins: Koffer packen, in Urlaub fliegen und am besten ein Jahr nicht zurückkommen", haben sich einige sogar schon einen Notplan zurechtgelegt. Als kurz vor dem Anpfiff endlich Ruhe in den Kabinen einkehrt, versucht Bayer-Trainer Dragoslav Stepanovic noch einmal, mit einer kurzen Ansprache die Spieler einzustimmen: „Wir werden hier mit Sicherheit kein Schützenfest feiern können. Es wartet ein Stück harte Arbeit auf uns. Aber wenn jeder seine Aufgaben erfüllt, können wir eigentlich nicht verlieren." Da war es wieder, dieses Wort: „eigentlich". Dieses Wort, das die Wahrscheinlichkeit einer Niederlage nicht ausschließen kann. Und so hat wohl jeder der „Goliaths" ein mulmiges Gefühl im Magen, als er die Kabine verläßt und sich auf den Weg in die Arena macht.

Täuscht das Gefühl?

Nur eine Tür weiter hat zur gleichen Zeit auch Jochem Ziegert, Coach der sogenannten „Hertha-Bubis", versucht, die richtigen Worte zu finden. „Ihr dürft euch nicht nur darauf verlassen, Thom und Kirsten auszuschalten. Genauso wichtig ist es, die

Entwischt: Hertha-Stürmer Gezen setzt sich gegen Nationalspieler Wörns durch. „Wir können hier nur verlieren"

Zugepackt: Bayer-Keeper Vollborn fängt das Leder sicher vor Holzbecher

Zulieferer Hapal, Lupescu, Happe und auch Libero Foda abzuschirmen. Nicht vergessen: Wir greifen zehn Meter in der Hälfte der Leverkusener an. Wir dürfen sie nicht ins Spiel kommen lassen. Es ist eigentlich wie immer: Ihr habt keine Chance, also geht raus und nutzt sie."

Arm in Arm bei der Hymne

17.56 Uhr stehen die DFB-Pokalfinalisten 1993 inmitten des Olympiastadions, lauschen den Klängen der Nationalhymne. Und wieder wird den 76.391 Fans in der ausverkauften Arena und den Millionen Zuschauern an den Bildschirmen klar, daß diesmal eine ganz besondere Mannschaft das Endspiel erreicht hat. Denn Kapitän Karsten Nied und Co. stehen nicht, wie die 100 Finalteams vor und Bayer Leverkusen rechts von ihnen, andächtig nebeneinander, sondern Arm in Arm. Jeder Herthaner hat seine Arme über die Schultern des Nachbarn gelegt: die letzten Gedanken vor dem Spiel, das Hoffen auf den ganz großen Coup. Nur wenige Meter daneben: die Gedanken an das Gewinnenmüssen und die Angst vor dem Versagen.

45 Minuten später hat sich an der Situation nichts geändert. 66.000 Hertha-Fans begleiten die Außenseiter mit stehenden Ovationen in die Pause: immer noch 0:0!

„Ich warne euch, macht jetzt bloß nicht auf und rennt in euer Verderben. Zur Not gehen wir eben durch die Verlängerung. Mir ist egal, ob dann über uns gelacht wird. Wir werden gewinnen, egal wie!" Die An-

Kopfschmuck: Leverkusens Kapitän hat seine eigene Art, sich über den Pokalsieg zu freuen

Geteiltes Leid, halbes Leid: Die Sekunden nach dem Abpfiff sind die schmerzhaftesten. Auch für Oliver Schmidt (links) und den für ihn eingewechselten Sascha Höpfner

sprache von Dragoslav Stepanovic ist unmißverständlich. Der Coach steht mächtig unter Zugzwang. Denn eigentlich wäre er heute zum Zuschauen verurteilt, schließlich war er im Halbfinale mit seinem alten Club Eintracht Frankfurt an seinem neuen Arbeitgeber Bayer Leverkusen ge-

Erleichterung größer als Freude

scheitert. Doch kurioserweise setzten die Bayer-Verantwortlichen dem Halbfinalsieger Reinhard Saftig kurze Zeit später den Trainerstuhl vor die Tür, um den Halbfinalverlierer Dragoslav Stepanovic, der eigentlich erst zu Beginn der neuen Saison kommen sollte, vorzeitig ans Ruder zu lassen. „Eigentlich schade für den Stepi, das wird wahrscheinlich die kürzeste Trainerstation seines Lebens. Denn ich glaube nicht, daß Leverkusen ihn weiterbeschäftigt, wenn er erst mal gegen uns verloren hat", orakelte Herthas Mittelfeldspieler Wolfgang Kolczyk vor dem Finale. Doch Stepi und seinen Jungs bleibt die Blamage erspart. Zwar halten die Hertha-Bubis auch im zweiten Durchgang mächtig dagegen, aber das entscheidende Tor machen die Profis. 77 Minute: Schuß Foda, der bis dahin überragende Berliner Keeper Christian Fiedler läßt das Leder abprallen, Flanke Hapal, Kopfball Kirsten – 1:0! Der Pokal gehört Bayer, die Herzen von Deutschlands Fußballfans den tollen Youngsters von Hertha BSC. Während Ramelow, Meyer, Kaiser und Co. als moralische Sieger gefeiert werden, kommt bei der Werkself nur langsam Jubelstimmung auf. Martin Kree bringt die Gefühle treffend auf den Punkt: „Die Erleichterung über das Vermeiden der Blamage ist größer als die Freude über den Pokalsieg."

Verdienter Beifall: Christian Fiedler und Andreas Schmidt bedanken sich bei ihren Fans für die tolle Unterstützung

Das Ende aller Underdog-Träume: Kirsten überspringt den eingewechselten Höpfner und köpft zum 1:0 ein. Anschließend liegen Herthas Abwehrspieler und Keeper Fiedler geschlagen im Netz, der Torschütze dreht jubelnd ab

Tanz mit dem Pokal: Torschütze Kirsten läßt den Pokal hochleben, seine Teamkollegen stehen jubelnd und klatschend um ihn herum. „Erleichterung ist größer als Freude"

14. Mai 1994: Werder Bremen – Rot-Weiß Essen 3:1

Der fünfte Titel für Bratseth: „Rune kann alles!"

Krönung nach acht Jahren: Der Norweger Rune Bratseth krönte seinen Abschied von der Weser mit dem Pokalsieg. „Rune kann alles"

Da sind sie wieder, die Bremer. Zwei Jahre lang hatten sie sich nicht im Berliner Olympiastadion blicken lassen, versüßten sich die kurze Trennung allerdings mal eben mit dem Europacup der Pokalsieger und der Deutschen Meisterschaft. Damit das Titelfließband nicht zum Stillstand kommt, steht diesmal wieder der Pokalsieg auf dem Produktionsplan.

„Das wäre ein tolles Abschiedsgeschenk für mich", frohlockt Libero Rune Bratseth. Der Norweger wechselte vor acht Jahren für ein Taschengeld an die Weser, festigte fortan die Werderabwehr. Schnell, technisch beschlagen, zweikampfstark, fair: Bratseth, der perfekte Allrounder, ist einer von Rehhagels Lieblingsschülern. „Komm, Rune, spring!" hatten ihm seine Mannschaftskollegen vor Jahren zugerufen, als er während des Trainings den am Spielfeldrand postierten Leichtathleten bei den Hochsprungübungen zusah. „Komm, Rune, spring!" Und Rune sprang – ganz locker über

Kein Kanonenfutter

1,90 Meter. Staunende Gesichter überall und Beifall von Otto Rehhagel: „Seht ihr, Rune kann alles." Jetzt will Bratseth sein achtjähriges Gastspiel mit einem weiteren Pokalsieg krönen.

Vom Papier her scheint die Erfüllung dieses Wunsches reine

Trost für „Super-Mario": Ulli Borowka (links) und Torwart Olli Reck (Mitte) reden beruhigend auf den vorzeitig ausgewechselten Mario Basler ein

Alle Hände voll zu tun: Werders Torhüter Reck kommt in der zweiten Halbzeit ganz schön ins Schwitzen. Hier schirmt er den Ball gegen Rot-Weiß-Angreifer Dondera ab. Votava (links) und Beiersdorfer brauchen nicht mehr einzugreifen

Pokalsieger

1994: SV Werder Bremen

Sie sicherten den dritten Bremer Pokalsieg: Reck, Basler, Beiersdorfer, Wolter, Trainer Rehhagel, Neubarth, Gundelach, Eilts, Bockenfeld, Co-Trainer Kamps, Schaaf (steh. v. l.); Wiedener, Bode, Bratseth, Rufer, Herzog, Legat, Borowka, Votava (hockend v. l.)

Formsache zu sein. Denn der Gegner ist ein klassischer Underdog und heißt Rot-Weiß Essen. Aber Vorsicht: „Wer die Essener unterschätzt, ist selber schuld, wir werden diesen Fehler jedenfalls nicht machen“, stellt Otto Rehhagel einen Tag vor dem Finale auf der schon traditionellen Pressekonferenz des DFB klar. Die Essener müssen sich auf Grund des Lizenzentzuges durch den DFB zwar schon seit Monaten mit dem zukünftigen Regionalligadasein „anfreunden“, sind aber keinesfalls als Kanonenfutter für den Vorjahresmeister nach Berlin gekommen. „Werder ist zwar klarer Favorit, aber das Spiel beginnt bei 0:0. Und im Pokal hat es schon so manche Sensation gegeben. Auf eine solche hoffe ich auch gegen Bremen“, setzt Essens Trainer Wolfgang Frank auf Sieg. In der kommenden Nacht hat der Coach eine schwere Entscheidung zu treffen. Ingo Pickenäcker, Ex-Bundesligaprofi von VfL Bochum und Borussia Mönchengladbach, jetzt in Diensten

Folgenschwerer Fehler

der Rot-Weißen, plagt sich noch immer mit einer Leistenzerrung herum, will aber im Finale unbedingt dabeisein: „Trainer, ich beiße die Zähne zusammen, es wird schon irgendwie gehen.“ Frank läßt sich erweichen und muß noch in der ersten Halbzeit eingestehen, daß er einen folgenschweren Fehler begangen hat. Denn als der angeschlagene Manndecker für Roman Gschlecht weichen muß (41.), haben Bremens Beiersdorfer und Herzog schon getroffen. Zwar kommen die Essener nach

Schwerer Stand: Bremens Regisseur Herzog trifft im Finale zwar zum 2:0, verliert allerdings (wie hier gegen Kügler) zahlreiche Zweikämpfe

der Pause durch Bangoura auf 1:2 heran und bringen Werder in der Folgezeit mächtig ins Wanken, doch der Favorit stürzt nicht. Rehhagel nimmt seine beiden Stars, Herzog und Basler, vom Feld, sichert mit Wiedener und Borowka nach hinten ab und kann zwei Minuten vor Schluß tief durchatmen. Rufers verwandelter Elfmeter macht alles klar: 3:1! Bei der anschließenden Pokalübergabe kommt es fast zum Eklat. Der enttäuschte Jung-Nationalspieler und Ex-Berliner Mario Basler hat kein Verständnis für seine

Ein bißchen Wehmut

Auswechslung an alter Wirkungsstätte und nimmt erst nach sorgfältiger Fürsprache von Vizepräsident Klaus-Dieter Fischer an der Siegerehrung teil. Rune Brat-

Ich bin heiß auf Rot-Weiß: Der Aufdruck auf den T-Shirts vieler weiblicher Fans ist zugleich Leitsatz der mitgereisten Essener

Anschlußtreffer: Freie Bahn für Daouda Bangoura, der an Werders Olli Reck vorbei ...

... auch von Beiersdorfer (am Boden liegend) nicht am Torschuß und ...

... am Torjubel über seinen Treffer zum 1:2 gehindert werden kann

Mario Basler, die Saisonentdeckung bei Werder, springt am höchsten und ist wenig später (kleines Foto) am Boden zerstört. Grund: Seine vorzeitige Auswechslung treibt ihm die Tränen in die Augen

seth läßt das ganze Theater völlig kalt. Stolz läuft er mit seinem „Abschiedsgeschenk" die Ehrenrunde. „Leider kann ich den Pott nicht mitnehmen", klingt nach seinem letzten Spiel ein bißchen Wehmut durch. Zwei Tage später ist der sympathische Norweger schon Richtung Fußball-WM in den USA unterwegs. Sein Heimatland ruft. In der Kabine der Bremer wird nur noch das über seinem alten Platz hängende norwegische Elchgeweih an den Mann erinnern, der mit Werder zweimal Deutscher Meister, einmal Europacupsieger und zweimal Pokalsieger wurde.

Der Führungstreffer: Bode paßt den Ball auf Kollege Beiersdorfer (Mitte), und der ...

... schiebt die Kugel am herausstürzenden Essener Schlußmann Kurth vorbei ein zum 1:0. Torschütze Beiersdorfers ausgestreckter Zeigefinger ...

... läßt Vorbereiter Bode (rechts) genauso in Jubel ausbrechen wie ...

... die Bremer Kurve. Der Führungstreffer für Bremen weckt die grün-weiße Anhängerschar quasi auf

Von Davids, Underdogs und Favoritenkillern:

„Die Erinnerungen kann uns niemand nehmen!"

Geschultert:
Sascha Höpfner läßt sich nach dem tollen 2:1-Viertelfinalsieg gegen Bundesligist Nürnberg auf den Schultern von Fans und Teamkollegen in die Kabine tragen

Glückliches Trainergespann:
Nach dem Schlußpfiff gegen den Club liegen sich Udo Richter (links) und sein Chef Jochem Ziegert in den Armen

„Sensation im DFB-Pokal", „David schlägt Goliath", „Der Pokal hat seine eigenen Gesetze" – diese Redewendungen mußten in den vergangenen Jahrzehnten immer dann herhalten, wenn mal wieder etwas geschehen war, was mit Fußballsachverstand nicht zu erklären ist. Und das passierte nicht gerade selten. „Im Pokal bekommst du manchmal einen Gegner zugelost, von dem du nicht mal weißt, wo er auf der Landkarte zu finden ist. Dann fährst du in die ‚Knüste', und wenn du zurückkommst, bist du rausgeflogen. Das finden die Leute toll, und deshalb ist der Pokal so beliebt." Franz Beckenbauers Erklärung ist genauso einleuchtend wie einfach. Sven Kaiser, Christian Fiedler, Wolfgang Kolczyk und Co. wohnen zwar nicht gerade in der „Knüste", aber mit normalem Fußballsachverstand ist es trotzdem nicht zu erklären, was die Jungs 1993 geleistet haben. Vier Proficlubs hintereinander aus dem Rennen geworfen, mit Kampf, Spielwitz und Begeisterung die Herzen der Fans erobert, ganz Fußball-Deutschland in Staunen versetzt: Die Amateure von Hertha BSC waren nach ihrem Einzug ins DFB-Pokalfinale in aller Munde. Alle fragten sich: „Wie ist das bloß möglich?" Die Antwort ist eigentlich eine ganz simple und hätte schon von Sepp Herberger stammen kön-

Überwunden:
Ramelow gibt im Halbfinale gegen Chemnitz Gäste-Keeper Schmidt bereits in der 4. Minute das Nachsehen – 1:0

Vollrausch:
Der Blick von Ziegert sagt alles. Im Anschluß an den 2:1-Halbfinaltriumph gegen Chemnitz lassen die Herthaner die Puppen tanzen

Der größte Favoritenschreck: Hertha BSC (A)

Arm in Arm bei den Klängen der Nationalhymne; die Hertha-Elf vor dem Finale gegen Bayer Leverkusen: Nied, Fiedler, Gezen, Kaiser, Andreas Schmidt, Meyer, Ramelow, Oliver Schmidt, Holzbecher, Klews, Kolczyk (von links)

nen: „Elf Freunde müßt ihr sein." Die „Hertha-Bubis", wie sie überall genannt wurden, konnten eindrucksvoll beweisen, daß die Erfolgsformel des Alt-Bundestrainers noch lange nicht von der Zeit überholt wurde. Anno 1992/93 waren es

Ein Mann, ein Wort

rund 20 Freunde, die den etablierten Profis zeigten, daß echte Kameradschaft noch immer Berge versetzen kann. Getreu dem Motto: „Einer für alle, alle für einen". Die sportlichen Väter des sensationellsten Siegeszuges einer Amateurmannschaft in der deutschen Pokalgeschich-

Mitgeschunkelt: Die Herthaner stimmen auch beim Besuch im Roten Rathaus eines ihrer berüchtigten Ständchen an. Diesmal für Bürgermeister Eberhard Diepgen: „Ebse, wir danken dir"

Herr der Bälle: Sven Kaiser ist genau wie seine Teamkollegen für jeden Spaß zu haben

Ein Mann, ein Wort, ein Auto: Jochem Ziegert freut sich über sein Traumauto Triumph TR6. Herthas Amateurvorsitzender Jörg Thomas (links) versprach ihm den Wagen für den Fall, daß er sein Team ins Finale führt. Thomas hielt Wort

Karlsruhe am Boden, Haiger auf Wolke sieben: In dieser Szene kann KSC-Keeper Bernd Fuhr vor Eintrachts Harry Hartung noch retten ...

Seht her, ich hab's gemacht: Wolfgang Waldschmidt bejubelt seinen „goldenen Treffer". Diesmal hat auch KSC-Schlußmann Fuhr das Nachsehen

te hießen Karsten Heine und Jochem Ziegert. Letzterem wurde der Einzug ins Pokalfinale übrigens mit seinem Traumauto honoriert. „Das gibt's ja nicht. Von diesem Wagen habe ich schon in meiner Jugend immer geträumt", kam Ziegert vor dem Achtelfinalspiel gegen den damaligen Cup-Verteidiger Hannover 96 ins Schwärmen, als er auf der Tankstelle von Herthas Amateurchef Jörg Thomas einen Triumph TR6 stehen sah. „Komm du erst mal ins Finale, dann kriegst du den Wagen", versprach Thomas dem Coach etwas übermütig. Ein Mann, ein Wort: Als die Herthaner im Halbfinale Chemnitz ausgeschaltet hatten, löste Jörg Thomas sein Versprechen ein.

„Sieg geht in Ordnung"

Bereits 20 Jahre vor dem Triumphmarsch der Hertha-Bubis sorgte ein anderer Amateurclub für Schlagzeilen. „Das ist der schönste Tag in meinem Fußballerleben" jubelte am 26. Oktober 1974 Gerd Störzer, nachdem er seinen Club VfB Eppingen fast im Alleingang in die dritte Hauptrunde des DFB-Pokals geschossen hatte. Leidtragender der 1:2-Pleite war damals der HSV mit Trainer Kuno Klötzer. Knapp zwei Monate zuvor stand die Startruppe mit Rudi Kargus, Manfred Kaltz und Georg Volkert noch im Pokalfinale '74, unterlag erst in der Verlängerung mit 1:3 gegen Eintracht Frankfurt. So schnell kann's gehen.

Diese leidige Erfahrung mußte auch der 1. FC Kaiserslautern machen, und das nicht zu knapp. Die „Roten Teufel" erwischte es gleich zweimal gegen einen Amateurligisten. In der Saison 78/79 war Südwest Ludwigshafen Endstation (1:2), am 30. August 1986 erwies sich der BVL 08 Remscheid als zu stark für

Göttinger Doppelschlag gegen Frankfurt: Krech (halb verdeckt) hat von der Strafraumgrenze abgezogen – 2:0 (Foto links)! Es schlägt schon wieder ein: Nur eine Minute später heißt es 3:0 durch den Schotten Jimmy Weir (rechts). „Glück, daß ich nicht richtig fit war"

Der endgültige K. o. für Kaiserslautern. Remscheids Köhler verwandelt zehn Minuten vor dem Abpfiff einen Elfmeter zum 3:0

die Elitekicker. „Unser Sieg geht auf Grund unserer spielerischen Vorstellung in Ordnung", bejubelte BVL-Trainer Horst Döppenschmidt den klaren 3:0-Erfolg. Lauterns Coach Hannes Bongartz meinte sauer: „Heute hat man nicht gesehen, wer der ‚Große' und wer der ‚Kleine' war."

„HSV als Lachnummer"

Genauso erging es in den Jahren zuvor Eintracht Frankfurt und dem Karlsruher SC. „Heute nacht habe ich geträumt, wir gewinnen 1:0", scherzte Stefan Born, Mittelfeldregisseur von Eintracht Haiger, vor dem Spiel gegen den KSC am 20. November 1983. Er sollte recht behalten.

Noch dicker kam es für die Eintracht am 28. August 1983: 0:3-

„Das kann man ja nicht mit ansehen": Lauterns Trainer Bongartz hat bereits die Augen geschlossen, möchte am liebsten nicht wahrhaben, daß Remscheids Wulfmeier (am Boden) die Remscheider soeben mit 2:0 in Führung geschossen hat

Rückstand nach 17 Minuten, am Ende 2:4 beim Oberligisten Göttingen 05. „Die Frankfurter hatten Glück, daß ich heute nicht richtig fit war", witzelte der zweifache Torschütze Jimmy Weir.

Am 3. September 1984 lachte ganz Fußball-Deutschland zum zweiten Mal über den HSV. „Das ist der größte Tag unserer 84jährigen Vereinsgeschichte", freute sich Ehrenpräsident Hein-

Festtag in Eppingen: Amateur-Torhüter Volker Gerhardt (Foto links) ist im Duell mit dem großen HSV schier unbezwingbar. Ein ums andere Mal vereitelt er Großchancen des Favoriten. Am Ende können sich die Fans ausgelassen über den 2:1-Triumph der Eppinger freuen

Eiskalt verwandelt: Thomas Schwechheimer läßt Bayern-Torhüter Raimund Aumann keine Chance, verwandelt bereits in der 28. Minute den siegbringenden Elfmeter

rich Remmer nach dem 2:0-Sieg seines SC Geislingen. Während Manfred Kaltz als einziger „Überlebender" der Eppingen-Pleite nicht fassen konnte, daß er eine Wiederholung erleben mußte, knurrte ein enttäuschter Ernst Happel gewohnt mürrisch: „Mein Kompliment, Geislingen hat den Sieg verdient." Nachdem 1990 mit Kickers Offenbach erstmals ein Amateurligist das DFB-Pokalhalbfinale erreichte (1:0-Viertelfinal-Sieg beim MSV Duisburg), schlugen die „Kleinen" 1991 gleich doppelt zu. In Fürth warf die dortige Spielvereinigung trotz des frühen Platzverweises von David Schneider (2.) Titelverteidiger Borussia Dortmund mit 3:1 aus dem Pokalrennen. „Heller Wahnsinn" lautete der kurze Kommentar von Fürths Trainer

Die zweite Pleite für den HSV: Klaus Perfetto ist allein auf HSV-Torhüter Uli Stein zugestürmt und erzielt das 2:0 für Geislingen

Trauen ihren Augen kaum: Trainer Ernst Happel und Manager Günter Netzer können nicht glauben, daß dem HSV mit ihnen das gleiche widerfährt wie vor zehn Jahren unter der Trainerregie von Kuno Klötzer – das Aus gegen einen Amateurclub

Der Held, auf Händen getragen: Euphorisch lassen die Weinheim-Fans nach der Sensation gegen Bayern München ihren Torhüter Matthias Arnold hochleben

Günter Gerling. „Das ist eine Katastrophe" der von Borussen-Coach Horst Köppel. Zeitgleich feierten im kurpfälzischen Weinheim 15.000 begeisterte Zuschauer den K. o. des großen FC Bayern München. Ein ver-

„Von Bayern enttäuscht"

wandelter Elfmeter von Thomas Schwechheimer (28.) – das war's schon! Weinheims Abwehrrecke Ralf Kohl, der Brian Laudrup zum Statisten degradierte, resümierte nach dem 1:0-Sieg frech: „Von den Bayern bin ich enttäuscht. Das kommt davon, wenn man den Gegner unterschätzt."

Dieser Satz wird auch in den kommenden Jahren gestandenen Bundesligaprofis immer mal wieder in den Ohren klingen, wenn sie das Aus ereilt hat. Und die siegreichen Amateure werden das gleiche fühlen wie die „Vorbilder" aller Underdogs. Denn wie sagte Sven Meyer, Kapitän der Hertha-Bubis, doch so schön: Egal was jetzt noch passiert, die Erinnerungen an dieses wunderbare Erlebnis kann uns niemand mehr nehmen."

Eingelocht: Michael Kroninger sorgt mit seinem Kopfballtreffer beim 1:1 gegen den MSV Duisburg dafür, daß die Amateure von Kickers Offenbach ein zweites Viertelfinale gegen den MSV Duisburg erzwingen können. Im Wiederholungsspiel gewinnt der Oberligist auswärts mit 1:0, zieht in die Runde der besten vier ein

Vergeblich gestreckt: BVB-Keeper Teddy de Beer kann den Schlenzer von Fürths Oliver Zettl nicht erreichen – 1:0 für den Underdog (Foto links). „Wir haben's geschafft": Norbert Hütter und Norbert Förster bejubeln ihren Sensationscoup

Pokal-Statistik 1935 bis 1994

Namen, Fakten, Sünder

Eins, zwei, drei ...

... leider ist nicht genau überliefert, wie oft Bundestrainer Sepp Herberger 1950 die Kopfballübung am Pendel demonstrieren mußte, ehe seine Nationalspieler sie genauso vorbildlich beherrschten. Dafür erfahren Sie auf den folgenden rund 50 Seiten die wichtigsten Statistikfakten in Sachen 60 Jahre DFB-Pokal: alle Spiele und Ergebnisse der Hauptrunden, alle Trainer, alle Finaltorschützen, alle Schiedsrichter und vieles mehr.
Viel Spaß beim Schmökern!

Wußten Sie schon, daß ...

... seit Einführung der gelben und roten Karte zu Beginn der Saison 1971/72 in den darauffolgenden 13 Finals (inklusive des Wiederholungsspiels 1977) die Schiedsrichter nur vier Verwarnungen aussprachen, in den nächsten elf Endspielen allerdings gleich einunddreißigmal Gelb und einmal Rot zeigten?

... in den 52 gespielten Finals 165 Tore fielen? Das entspricht einem Schnitt von 3,17 Treffern pro Endspiel. Dazu kommen 27 Treffer im Elfmeterschießen.

... darunter nur ein einziges Eigentor war? Der Unglücksrabe hieß Niels Schlotterbeck und traf im Finale 1987 zum 3:1 Endstand für den Hamburger SV ins eigene Netz der Stuttgarter Kickers.

... 15 Finals zur Halbzeit 0:0 standen, aber nur eins davon (1992) auch nach der Verlängerung torlos endete?

... in zehn Finals der Sieger erst nach Verlängerung feststand und sogar dreimal das Elfmeterschießen entscheiden mußte?

... Wolfgang Seels 1:0 für Fortuna Düsseldorf gegen Hertha BSC 1979 das späteste Siegtor der Endspielgeschichte ist? Der entscheidende Treffer fiel in der 116. Minute.

... die beiden Wiener Clubs Rapid und Vienna die einzigen Finalteams vor der kriegsbedingten Unterbrechung waren, denen es gelang, nach einem Rückstand noch Pokalsieger zu werden?

... es nur eine Finalmannschaft schaffte, nach einem Zwei-Tore-Rückstand noch Pokalsieger zu werden? Der FC Bayern München bezwang 1982 den 1. FC Nürnberg nach 0:2 noch mit 4:2.

... die 52 Pokalfinals von rund 2,99 Millionen Zuschauern besucht wurden? Das entspricht einem Schnitt von 57.000 Fußballfreunden pro Endspiel.

Alle „Gelbsünder" der Pokalfinals*

Karte(n)	Name	Jahr(e), Verein
2	Lerby, Sören	1984, 86, Bayern München
2	Wolter, Thomas	1989, 94, Werder Bremen
1	Augenthaler, Klaus	1986, Bayern München
1	Beiersdorfer, Dietmar	1987, Hamburger SV
1	Breitzke, Günter	1989, Borussia Dortmund
1	Dremmler, Wolfgang	1986, Bayern München
1	Feilzer, Horst	1985, Bayer Uerdingen
1	Finke, Dieter	1987, Stuttgarter Kickers
1	Foda, Franco	1990, 1. FC Kaiserslautern
1	Gerber, Roland	1977, 1. FC Köln
1	Gielchen, Andreas	1991, 1. FC Köln
1	Grein, Oliver	1994, RW Essen
1	Greiner, Frank	1991, 1. FC Köln
1	Grobe, Wolfgang	1984, Bayern München
1	Hoeneß, Dieter	1985, Bayern München
1	Kirsten, Ulf	1993, Bayer Leverkusen
1	Klütz, Jörg-Uwe	1992, Hannover 96
1	Kostner, Michael	1988, Eintracht Frankfurt
1	Kraus, Wolfgang	1984, Bayern München
1	Kree, Martin	1988, VfL Bochum
1	Labbadia, Bruno	1990, 1. FC Kaiserslautern
1	Legat, Thorsten	1988, VfL Bochum
1	Loo, Ludger van de	1985, Bayer Uerdingen
1	Matthäus, Lothar	1985, Bayern München
1	Möller, Andreas	1989, Borussia Dortmund
1	Neubarth, Frank	1991, Werder Bremen
1	Rumenigge, Karl-Heinz	1984, Bayern München
1	Schlotterbeck, Niels	1987, Stuttgarter Kickers
1	Sidka, Wolfgang	1977, Hertha BSC
1	Sievers, Ralf	1988, Eintracht Frankfurt
1	Weiner, Hans	1977, Hertha BSC
1	Wohlfarth, Roland	1986, Bayern München
1	Wolf, Wolfgang	1981, 1. FC Kaiserslautern

Der einzige „Rotsünder" der Pokalfinals*

1	Dremmler, Wolfgang	1985, Bayern München

* Seit Einführung der gelben und roten Karte zu Beginn der Saison 1971/72

1935: 1. FC Nürnberg

Vorrunde:
FC Schalke 04 – Hannover 96 6:2;
SpVgg Fürth – FC Freiburg 2:3;
SV Waldhof – Fortuna Düsseldorf 3:0;
Minerva Berlin – Eintracht Braunschweig 4:2;
VfL Benrath – VfR Mannheim 3:2
Hanau 93 – Berolina Berlin 5:1
Dresdner Sportfreunde – Masovia Lyck 2:1
Polizei Chemnitz – 1. FC Nürnberg 1:3

Zwischenrunde:
FC Schalke 04 – VfL Benrath 4:1;
SV Waldhof – Sportfreunde Dresden 1:0;
FC Freiburg – Hanau 93 2:1
Minerva Berlin – 1. FC Nürnberg 1:4

Vorschlußrunde:
FC Schalke 04 – FC Freiburg 6:2;
SV Waldhof – 1. FC Nürnberg 0:1

Finale: 08. 12. 1935, 1. FC Nürnberg – FC Schalke 04 2:0 (0:0)

1. FC Nürnberg: Köhl, Billmann, Munkert, H. Uebelein, Carolin, Oehm, Gußner, Eiberger, Friedel, Schmitt, Spieß

Trainer: Dr. Michalke

FC Schalke 04: Mellage, Bornemann, Schweißfurth, Gellesch, Nattkämper, Tibulski, Kalwitzki, Szepan, Pörtgen, Kuzorra, Urban
Trainer: Schmidt

Tore: 1:0 Eiberger (46.), 2:0 Friedel (85.)

Schiedsrichter: Birlem (Berlin)

Zuschauer: 55 000 in Düsseldorf

1936: VfB Leipzig

Vorrunde:
FC Schalke 04 – VfB Stuttgart 0:0 n. Verl.und 6:0;
FC Schweinfurt 05 – SSV Ulm 4:2;
Wormatia Worms – 1. FC Pforzheim 2:1;
VfB Peine – Hindenburg Allenstein 3:1;
Werder Bremen – Wacker 04 Berlin 3:1
SV Waldhof – Polizei Chemnitz 1:0;
VfL Benrath – Hertha BSC Berlin 1:1 n. Verl. und 8:2
VfB Leipzig – Berliner SV 92 2:0

Zwischenrunde:
FC Schalke 04 – Werder Bremen 5:2;
Wormatia Worms – VfL Benrath 3:3 n. Verl. und 3:2;
FC Schweinfurt 05 – SV Waldhof 2:1
VfB Leipzig – VfB Peine 4:2

Vorschlußrunde:
FC Schalke 04 – FC Schweinfurt 05 3:2;
VfB Leipzig – Wormatia Worms 5:1

Finale: 03. 01. 1937, VfB Leipzig – Schalke 04 2:1 (2:1)

VfB Leipzig: Wöllner, Dobermann, Große, Richter, Thiele, Jähnig, Breidenbach, Schön, May, Reichmann, Gabriel

Trainer: Pfaff

FC Schalke 04: Mellage, Bornemann, Schweißfurth, Gellesch, Nattkämper, Tibulski, Kalwitzki, Szepan, Pörtgen, Kuzorra, Sontow
Trainer: Schmidt

Tore: 1:0 May (21.), 2:0 Gabriel (32.) 2:1 Kalwitzki (42.)

Schiedsrichter: Zacher (Berlin)

Zuschauer: 70 000 in Berlin

1937: FC Schalke 04

Vorrunde:
FC Schalke 04 – Eintracht Braunschweig 1:0 n. Verl.;
SV Waldhof – Polizei Chemnitz 2:0;
VfB Stuttgart – Hannover 96 2:1;
BC Hartha – Wormatia Worms 4:2;
Berliner SV 92 – SpVgg Fürth 1:0;
Borussia Dortmund – Duisburg 08 1:1 n.Verl. und 3:1;
Dresdner SC – Eimsbüttel 3:0;
Fortuna Düsseldorf – Holstein Kiel 2:1

Zwischenrunde:
FC Schalke 04 – Berliner SV 92 3:1;
Dresdner SC – VfB Stuttgart 3:1;
SV Waldhof – Borussia Dortmund 4:3
Fortuna Düsseldorf – BC Hartha 4:1

Vorschlußrunde:
FC Schalke 04 – SV Waldhof 2:1;
Dresdner SC – Fortuna Düsseldorf 2:5

Finale: 09. 01. 1938, FC Schalke 04 – Fortuna Düsseldorf 2:1 (0:0)

FC Schalke 04: Klodt, Sontow, Bornemann, Gellesch, Tibulski, Berg, Kalwitzki, Szepan, Pörtgen, Kuzorra, Urban

Trainer: Faist

Fortuna Düsseldorf: Pesch, Janes, Kluth, Mehl, Bender, Czaika, Albrecht, Wigold, Heibach, Zwolanowski, Kobierski

Trainer: Flink

Tore: 1:0 Kalwitzki (46.), 2:0 Szepan (47.), 2:1 Janes (83., Handelfmeter)

Schiedsrichter: Grabler (Regensburg)

Zuschauer: 72 000 in Köln

1938: SK Rapid Wien

Vorrunde:
FSV Frankfurt – Fortuna Düsseldorf 3:1;
VfB Mühlburg – VfB Stuttgart 2:1;
Brandenburg 05 – Vorwärts-Rasensport Gleiwitz 0:1;
Rot-Weiß Essen – Hertha BSC Berlin 3:0;
SV Waldhof – Westfalia Herne 6:0
1860 München – Dresdner SC 3:0
1. FC Nürnberg – VfR Mannheim 1:0
Blau-Weiß Berlin – Phönix Lübeck 1:0

Erste Zwischenrunde:
SV Waldhof – Rot-Weiß Essen 3:2 n. Verl.;
FSV Frankfurt – VfB Mühlburg 3:1;
Blau-Weiß Berlin – 1860 München 1:2
Vorwärts-Rasensport Gleiwitz – 1. FC Nürnberg 2:4

Ausscheidungsrunde der Ostmark:
Vienna Wien – Admira 6:0;
Wiener Sport-Klub – Wacker Wien 1:0
Rapid Wien – Austro Fiat 5:1
Grazer Sportklub – Austria Wien 3:2

Zweite Zwischenrunde:
1. FC Nürnberg – Vienna Wien 3:1;
1860 München – FSV Frankfurt 1:2 n. Verl.;
SV Waldhof – Rapid Wien 2:3
Wiener Sport-Klub – Grazer Sportklub 6:1

Vorschlußrunde:
Rapid Wien – 1. FC Nürnberg 2:0;
FSV Frankfurt – Wiener Sport-Klub 3:2

Finale: 08. 01. 1939, Rapid Wien – FSV Frankfurt 3:1 (0:1)

Rapid Wien: Raftl, Sperner, Schlauf, Wagner, Hofstätter, Skoumal, Hofer, Schors, Binder, Holec, Pesser

Trainer: Nitsch

FSV Frankfurt: Wolf, May, Schweinhardt, Böttgen, Dietsch, Fend, Armbruster, Heidmann, Dosedzal, Faust, Wörner

Trainer: Eiling

Tore: 0:1 Dosedzal (17.), 1:1 Schors (80.); 2:1 Hofstätter (85.), 3:1 Binder (90.)

Schiedsrichter: Rühle (Merseburg)

Zuschauer: 40 000 in Berlin

Pokal-Statistik 1939 bis 1940

Vorrunde 1939 bis Finale 1940

1939: 1. FC Nürnberg

Vorrunde:
Blau-Weiß Berlin – Sportfreunde Leipzig 9:2;
Neumeyer Nürnberg – Berliner SV 92 2:1;
VfL 99 Köln – Wacker Wien 1:3;
Hamburger SV – Westende Hamborn 2:0;
BC Hartha – 1. FC Nürnberg 0:1
Rapid Wien – Vorwärts-Rasensport Gleiwitz 6:1
Fortuna Düsseldorf – Tennis Borussia Berlin 8:1
SV Waldhof – VfL Osnabrück 4:0

Zwischenrunde:
Blau-Weiß Berlin – Rapid Wien 1:7;
SV Waldhof – Hamburger SV 6:2;
1. FC Nürnberg – Fortuna Düsseldorf 3:1
Wacker Wien – Neumeyer Nürnberg 7:4

Vorschlußrunde:
Rapid Wien – 1. FC Nürnberg 0:1;
SV Waldhof – Wacker Wien 1:1 n. Verl., 2:2 n. Verl. und 0:0 n. Verl., Losentscheid für SV Waldhof

Finale: 28. 04. 1940, 1. FC Nürnberg – SV Waldhof 2:0 (1:0)

1. FC Nürnberg: Köhl, Billmann, Uebelein I, Luber, Sold, Carolin, Gußner, Eiberger, Uebelein II, Pfänder, Kund

Trainer: Riemke

SV Waldhof: Fischer, Schneider, Siegel, Mayer, Heermann, Ramge, Eberhard, Franz, Erb, Pennig, Günderoth

Trainer: Dr. Neumann

Tore: 1:0 Eiberger (46.), 2:0 Eiberger (85.)

Schiedsrichter: Schütz (Düsseldorf)

Zuschauer: 60 000 in Berlin

1940: Dresdner SC

Vorrunde:
Union Oberschöneweide – 1. FC Nürnberg 0:1;
Stuttgarter Kickers – Rapid Wien 1:5;
Schwarz-Weiß Essen – Eschweiler 5:2;
Dresdner SC – Rot-Weiß Frankfurt 6:0;
SpVgg Fürth – FC Schalke 04 2:1
Eintracht Frankfurt – Fortuna Düsseldorf 2:3
Wacker Wien – Wiener Sport-Klub 5:6
VfB Königsberg – BuEV Danzig 5:1

Zwischenrunde:
1. FC Nürnberg – Schwarz-Weiß Essen 2:1;
Fortuna Düsseldorf – Wiener Sport-Klub 2:1;
Rapid Wien – SpVgg Fürth 6:1
VfB Königsberg – Dresdner SC 0:8

Vorschlußrunde:
Dresdner SC – Rapid Wien 3:1;
Fortuna Düsseldorf – 1. FC Nürnberg 0:1

Finale: 01. 12. 1940, Dresdner SC – 1. FC Nürnberg 2:1 (1:1, 1:1) n. Verl.

Dresdner SC: Kress, Miller, Hempel, Pohl, Dzur, Schubert, Boczek, Schaffer, Machate, Schön, Carstens

Trainer: Köhler

1. FC Nürnberg: Köhl, Billmann, Uebelein I, Luber, Kennemann, Carolin, Gußner, Eiberger, Friedel, Pfänder, Kund

Trainer: Riemke

Tore: 1:0 Machate (20.), 1:1 Gußner (32.), 2:1 Schaffer (94.)

Schiedsrichter: Pennig (Mannheim)

Zuschauer: 60 000 in Berlin

1941: Dresdner SC

Vorrunde:
Holstein Kiel – Blau-Weiß Berlin 4:0;
Dresdner SC – Hannover 96 9:2;
Stuttgarter Kickers – 1. FC Nürnberg 4:1;
Schwarz-Weiß Essen – FC Schalke 04 1:5;
LSV Kamp – VfB Königsberg 3:2
Austria Wien – Vorwärts-Rasensport Gleiwitz 8:0
SV Waldhof – Admira Wien 0:1
1. SV Jena – FC Metz 3:0

Zwischenrunde:
Holstein Kiel – 1. SV Jena 2:1;
Admira Wien – Stuttgarter Kickers 5:0;
FC Schalke 04 – Austria Wien 4:1
LSV Kamp – Dresdner SC 1:4

Vorschlußrunde:
FC Schalke 04 – Holstein Kiel 6:0;
Dresdner SC – Admira Wien 4:2

Finale: 02. 11. 1941, Dresdner SC – FC Schalke 04 2:1 (1:0)

Dresdner SC: Kress, Miller, Hempel, Pohl, Dzur, Schubert, Kugler, Schaffer, Hofmann, Schön, Carstens

Trainer: Köhler

FC Schalke 04: Klodt, Bornemann, Schweißfurth, Burdenski, Gellesch, Füller, Kalwitzki, Szepan, Eppenhoff, Kuzorra, Barufka
Trainer: Faist

Tore: 1:0 Kugler (8.), 1:1 Kuzorra (51.), 2:1 Carstens (53.)

Schiedsrichter: Fink (Frankfurt)

Zuschauer: 65 000 in Berlin

1942: TSV 1860 München

Vorrunde:
LSV Stettin – LSV Pütnitz 4:1;
Werder Bremen – Kickers Offenbach 6:1;
1860 München – SS Straßburg 15:1;
Hamburger SV – Dessau 05 3:4;
TuS Lipine – Adler Deblin 4:1
FC Schalke 04 – Westende Hamborn 4:1
VfB Stuttgart – Stade Düdelingen 0:2
Blau-Weiß Berlin – NSTG Falkenau 4:1

Zwischenrunde:
Dessau 05 – FC Schalke 04 0:4;
TuS Lipine – Blau-Weiß Berlin 4:1;
Stade Düdelingen – 1860 München 0:7
Werder Bremen – LSV Stettin 4:1

Vorschlußrunde:
1860 München – TuS Lipine 6:0;
FC Schalke 04 – Werder Bremen 2:0

Finale: 15. 11. 1942, TSV 1860 München – FC Schalke 04 2:0 (0:0)

TSV 1860 München: Keis, Pledl, Schmeiser, Rockinger, Bayerer, Kanitz, Schiller, Janda, Krückeberg, Willimowski, Schmidhuber
Trainer: Dr. Schäfer

FC Schalke 04: Flotho, Hinz, Schweißfurth, Bornemann, Tibulski, Berg, Kalwitzki, Szepan, Eppenhoff, Kuzorra, Urban
Trainer: Faist

Tore: 1:0 Willimowski (80.), 2:0 Schmidhuber (88.)

Schiedsrichter: Multer (Landau)

Zuschauer: 75 000 in Berlin

1943: Vienna Wien

Vorrunde:
FC Schalke 04 – Spfr. Katernberg 4:2;
Vienna Wien – Breslau 02 6:5;
Kickers Offenbach – FV Saarbrücken 1:2;
MSV Brünn – 1. FC Nürnberg 1:5;
VfB Königsberg – Dresdner SC 0:5
Hertha BSC – Holstein Kiel 0:3
LSV Pütnitz – LSV Hamburg 2:3
VfR Mannheim – BC Augsburg 4:2

Zwischenrunde:
Holstein Kiel – LSV Hamburg 2:4;
1. FC Nürnberg – Vienna Wien 2:3;
FV Saarbrücken – FC Schalke 04 1:2 n. Verl.
Dresdner SC – VfR Mannheim 5:3

Vorschlußrunde:
Vienna Wien – FC Schalke 04 6:2;
LSV Hamburg – Dresdner SC 2:1

Finale: 31. 10. 1943, Vienna Wien – LSV Hamburg 3:2 (2:2, 0:1) n. Verl.

Vienna Wien: Schwarzer, Kaller, Bortoli, Gröbel, Sabeditsch, Dörfel, Holeschofski, Decker, Fischer, Noack, Widhalm
Trainer: Gschweidl

LSV Hamburg: Jürissen, Miller, Münzenberg, Ochs, Gätner, Gebhardt, Mühle, Janda, Fornick, Heinrich, Lotz
Trainer: Höger

Tore: 0:1 Heinrich (26.), 1:1 Decker (49., Handelfmeter), 2:1 Noack (53.), 2:2 Gornik (70.), 3:2 Noack (113.)
Schiedsrichter: Schmetzer (Mannheim)
Zuschauer: 45 000 in Stuttgart

In den Jahren von
1944 bis 1952
wurden keine Pokalsieger ermittelt

1953: Rot-Weiß Essen

1. Hauptrunde:
VfB Stuttgart – Kickers Offenbach 0:3;
SV Waldhof – Eintracht Braunschweig 2:1;
1. FC Saarbrücken – FC St. Pauli 1:2;
SpVgg Fürth – VfR Kaiserslautern 6:1;
Concordia Hamburg – Borussia Dortmund 4:3;
Blau-Weiß Berlin – Eintracht Trier 0:1;
Alemannia Aachen – SC Essen West 81 5:2;
Hamborn 07 – Göttingen 05 4:1 n. Verl.;
Rot-Weiß Essen – Jahn Regensburg 5:0
Eintracht Osnabrück – Preußen Dellbrück 1:2
Borussia Neunkirchen – FC Schalke 04 2:1
Wacker 04 Berlin – 1. FC Nürnberg 2:6
Hamburger SV – Victoria Hamburg 6:1
VfB Mühlburg – Preußen Münster 5:3 n. Verl.
SSV Reutlingen – Wormatia Worms 4:5 n. Verl.
VfL Osnabrück – Phönix Ludwigshafen 2:2 n. Verl. und 2:0

2. Hauptrunde:
SV Waldhof – SpVgg Fürth 5:2;
Preußen Dellbrück – Kickers Offenbach 2:3 n. Verl.;
1. FC Nürnberg – Alemannia Aachen 3:3 n. Verl. und 0:2;
Hamborn 07 – FC St. Pauli 1:1 n. Verl. und 4:3;
Concordia Hamburg – VfB Mühlburg 4:3
Wormatia Worms – Eintracht Trier 4:1
Hamburger SV – Borussia Neunkirchen 2:0
Rot-Weiß Essen – VfL Osnabrück 2:0

Zwischenrunde:
Rot-Weiß Essen – Hamburger SV 6:1;
SV Waldhof – Concordia Hamburg 2:1;
Kickers Offenbach – Wormatia Worms 1:2
Alemannia Aachen – Hamborn 07 3:1

Vorschlußrunde:
Rot-Weiß Essen – SV Waldhof 3:2;
Alemannia Aachen – Wormatia Worms 3:1

Finale: 01. 05. 1953, Rot-Weiß Essen – Alemannia Aachen 2:1 (1:0)

Rot-Weiß Essen: Herkenrath, Göbel, Köchling, Jahnel, Wewers, Wientjes, Rahn, Islacker, Gottschalk, Abromeit, Termath
Trainer: Hohmann

Alemannia Aachen: Heinrichs, Metzen, Coenen, Pfeiffer, Jansen, Richter, Hartmann, Gawell, G. Schmidt, Derwall, J. Schmidt
Trainer: Lindemann

Tore: 1:0 Islacker (32.), 2:0 Rahn (52.), 2:1 Derwall (56.)

Schiedsrichter: Reinhardt (Stuttgart)

Zuschauer: 40 000 in Düsseldorf

1954: VfB Stuttgart

Zwischenrunde:
1. FC Kaiserslautern – Hamburger SV 2:3;
TuS Neuendorf – 1. FC Nürnberg 2:1;
1. FC Köln – Viktoria 89 Berlin 3:2
VfB Stuttgart – SC 09 Bergisch Gladbach 1:1 n. Verl. und 6:0

Vorschlußrunde:
Hamburger SV – 1. FC Köln 1:3 nach Verl.;
VfB Stuttgart – TuS Neuendorf 2:2 n. Verl. und 2:0

Finale: 17. 04. 1954, VfB Stuttgart – 1. FC Köln 1:0 (0:0) n. Verl.

VfB Stuttgart: Bögelein, Retter, Steimle, Krieger, Schlienz, Barufka, Hinterstocker, Baitinger, Bühler, Blessing, Waldner
Trainer: Wurzer

1. FC Köln: de Munck, Langen, Graf, Mebus, Hartmann, Dörner, Müller, Stollenwerk, Nordmann, Röhrig, Schäfer
Trainer: Winkler

Tor: 1:0 Waldner (94.)

Schiedsrichter: Dusch (Kaiserslautern)

Zuschauer: 60 000 in Ludwigshafen

1955: Karlsruher SC

1. Hauptrunde:
FC Schalke 04 – Jahn Regensburg 1:1 n. Verl. und 6:3;
TuRa Ludwigshafen – FC St. Pauli 0:1;
Kickers Offenbach – Hannover 96 6:3;
Eintracht Frankfurt – FK Pirmasens 1:0;
Bremerhaven 93 – Erkenschwick 5:1;
Düren 99 – 1. FC Kaiserslautern 2:5;
1. FC Köln – Horst-Emscher 2:1;
Union Krefeld – Eintracht Braunschweig 4:0;
Hamburger SV – Eintracht Trier 5:3 n. Verl.
Spandauer SV – VfB Lübeck 1:2
1. FC Nürnberg – TSV Hüls 2:0
Karlsruher SC – FSV Frankfurt 5:1
VfB Stuttgart – Arminia Hannover 4:2
Altonaer FC 93 – 1. FC Saarbrücken 3:2
Tennis Borussia – Schweinfurt 05 2:4
Phönix Ludwigshafen – Alemannia Aachen 0:0 n. Verl. und 0:4

2. Hauptrunde:
FC Schalke 04 – Schweinfurt 05 1:1 n. Verl. und 1:0;
Altonaer FC 93 – Eintracht Frankfurt 2:1;
Bremerhaven 93 – Hamburger SV 3:1;
Alemannia Aachen – Union Krefeld 4:2 n. Verl.;
VfB Stuttgart – VfB Lübeck 5:1
Karlsruher SC – 1. FC Nürnberg 1:0
1. FC Kaiserslautern – 1. FC Köln 7:0
Kickers Offenbach – FC St. Pauli 2:0

Zwischenrunde:
Altonaer FC 93 – Alemannia Aachen 2:0;
Kickers Offenbach – 1. FC Kaiserslautern 4:1;
VfB Stuttgart – Karlsruher SC 2:5
FC Schalke 04 – Bremerhaven 93 2:0

Vorschlußrunde:
FC Schalke 04 – Kickers Offenbach 2:1;
Altonaer FC 93 – Karlsruher SC 3:3 n. Verl. und 0:3

Finale: 21. 05. 1955, Karlsruher SC – FC Schalke 04 3:2 (1:1)

Karlsruher SC: R. Fischer, M. Fischer, Baureis, Roth, Geesmann, Dannenmaier, Traub, Sommerlatt, Kohn, Kunkel, Strittmatter Trainer: Patek	**FC Schalke 04:** Orzessek, Garten, Brocker, Eppenhoff, Zwickhofer, Harkener, Klodt, Laszig, Sadlowski, Piontek, Krämer Trainer: Frühwirth	**Tore:** 1:0 Kunkel (20.), 1:1 Sadlowski (43.), 1:2 Sadlowski (70.), 2:2 Sommerlatt (83.), 3:2 Traub (85.) **Schiedsrichter:** Treichel (Berlin) **Zuschauer:** 25 000 in Braunschweig

1956: Karlsruher SC

Ausscheidungsspiel:
Spandauer SV – FK Pirmasens 0:1

Vorschlußrunde:
Fortuna Düsseldorf – Hamburger SV 1:2;
FK Pirmasens – Karlsruher SC 1:5

Finale: 05. 08. 1956, Karlsruher SC – Hamburger SV 3:1 (1:1)

Karlsruher SC: R. Fischer, Hesse, Baureis, Ruppenstein, Geesmann, Siedl, Traub, Sommerlatt, Kohn, Beck, Termath Trainer: Janda	**Hamburger SV:** Schnoor, Schemel, Klepacz, Meinke, Posipal, Liese, Krug, Stürmer, U. Seeler, Schlegel, Reuter Trainer: Mahlmann	**Tore:** 0:1 U. Seeler (17.), 1:1 Termath (40.), 2:1 Termath (62.), 3:1 Kohn (86.) **Schiedsrichter:** Loser (Essen) **Zuschauer:** 25 000 in Karlsruhe

Pokal-Statistik 1957 bis 1959

Ausscheidungsspiel 1957 bis Finale 1959

1957: FC Bayern München

Ausscheidungsspiel:
Spandauer SV – FC Bayern München 1:4

Vorschlußrunde:
FC Bayern München – 1. FC Saarbrücken 3:1 n. Verl.; Fortuna Düsseldorf – Hamburger SV 1:0

Finale: 29. 12. 1957, FC Bayern München – Fortuna Düsseldorf 1:0 (0:0)

FC Bayern München: Fazekas, Knauer, Bauer, Mayer, Landerer, Manthey, Siedl, Sommerlatt, Velhorn, Jobst, Huber
Trainer: Hahn

Fortuna Düsseldorf: Görtz, Mauritz, Juskowiak, Bayer, Jäger, M. Gramminger, Steffen, Wolffram, K. Gramminger, Jansen, Neuschäfer
Trainer: Lindemann

Tor: 1:0 Jobst (78.)

Schiedsrichter: Dusch (Kaiserslautern)

Zuschauer: 42 000 in Augsburg

1958: VfB Stuttgart

Ausscheidungsspiel:
Tasmania Berlin – VfL Osnabrück 1:1 n. Verl. und 3:1

Vorschlußrunde:
Tasmania Berlin – Fortuna Düsseldorf 1:2; 1. FC Saarbrücken – VfB Stuttgart 1:4

Finale: 16. 11. 1958, VfB Stuttgart – Fortuna Düsseldorf 4:3 (3:3, 1:0) n. Verl.

VfB Stuttgart: Sawitzki, Eisele, Seibold, Hartl, Hoffmann, Schlienz, Waldner, Geiger, Weise, Blessing, Praxl
Trainer: Wurzer

Fortuna Düsseldorf: Klose, Vigna, Juskowiak, Mauritz, Jäger, K. Hoffmann, Steffen, Wolffram, Jansen, Derwall, Wöske
Trainer: Lindemann

Tore: 1:0 Praxl (38.), 1:1 Hoffmann (52.), 1:2 Wolffram (53.), 2:2 Geiger (66.), 3:2 Waldner (69.), 3:3 Wolffram (80.), 4:3 Weise (114.)
Schiedsrichter: Treichel (Berlin)
Zuschauer: 25 000 in Kassel

1959: ETB Schwarz-Weiß Essen

Ausscheidungsspiel:
Hertha BSC Berlin – Schwarz-Weiß Essen 3:6

Vorschlußrunde:
Borussia Neunkirchen – VfR Mannheim 2:1; Hamburger SV – Schwarz-Weiß Essen 1:2 n. Verl.

Finale: 27. 12. 1959, Schwarz-Weiß Essen – Borussia Neunkirchen 5:2 (1:0)

Schwarz-Weiß Essen: Merchel, Mozin, Pips, Steinmann, Kasperski, Ingenbold, Trimhold, Schieth, Rummel, Küppers, Klöckner
Trainer: Wendlandt

Borussia Neunkirchen: Jirasek, Frisch, Schreier, Leist, Lauck, Harig, Follmann, Meurer, Emser, Dörrenbächer, Ringel
Trainer: Oles

Tore: 1:0 Rummel (25.), 2:0 Rummel (50.), 3:0 Klöckner (66.), 4:0 Trimhold (70.), 5:0 Schieth (80.), 5:1 Emser (86.), 5:2 Dörrenbächer (89.)

Schiedsrichter: Schulenburg (Hamburg)

Zuschauer: 21 000 in Kassel

1960: VfL Borussia Mönchengladbach

Ausscheidungsspiel:
Hertha BSC Berlin – FK Pirmasens 0:1

Vorschlußrunde:
Borussia Mönchengladbach – Hamburger SV 2:0;
Karlsruher SC – FK Pirmasens 3:4; da Pirmasens einen nichtspielberechtigten Spieler mitwirken ließ, wurde das Spiel wiederholt, der Karlsruher SC gewann 2:0

Finale: 05. 10. 1960, Borussia Mönchengladbach – Karlsruher SC 3:2 (2:1)

Borussia Mönchengladbach: G. Jansen, Pfeiffer, de Lange, A. Jansen, Goebbels, Frontzeck, Brungs, Brülls, Kohn, Mühlhausen, Fendel
Trainer: Oles

Karlsruher SC: Jungmann, Dimmel, Witlatschil, Ruppenstein, Rihm, Szymaniak, Reitgassl, Herrmann, Schwarz, Späth, Nedoschil
Trainer: Frühwirth

Tore: 1:0 Mühlhausen (6.), 1:1 Herrmann (23.), 2:1 Kohn (26.), 2:2 Schwarz (59.), 3:2 Brülls (61.)
Schiedsrichter: Dusch (Kaiserslautern)
Zuschauer: 49 000 in Düsseldorf

So spielte Borussia Mönchengladbach im Europapokal der Pokalsieger Saison 60/61:

Qualifikation: Freilos

Viertelfinale: Borussia Mönchengladbach – Glasgow Rangers 0:3 Glasgow Rangers – Borussia Mönchengladbach 8:0

1961: SV Werder Bremen

Vorrunde:
Eintracht Frankfurt – 1. FC Köln 2:3 n. Verl.;
Tasmania Berlin – Altona 93 4:1;
1. FC Kaiserslautern – Heider SV 2:0;
Karlsruher SC – Wuppertaler SV 7:2;
VfV Hildesheim – VfB Stuttgart 1:2
1. FC Saarbrücken – Werder Bremen 0:1
Hamborn 07 – SV Waldhof 3:1
FK Pirmasens – VfL Bochum 3:2

Zwischenrunde:
VfB Stuttgart – Karlsruher SC 0:1;
1. FC Kaiserslautern – Tasmania Berlin 2:1 n. Verl.;
Werder Bremen – 1. FC Köln 3:2
Hamborn 07 – FK Pirmasens 3:2 n. Verl.

Vorschlußrunde:
Hamborn 07 – 1. FC Kaiserslautern 1:2;
Werder Bremen – Karlsruher SC 3:2 n. Verl.

Finale: 13. 09. 1961, Werder Bremen – 1. FC Kaiserslautern 2:0 (1:0)

Werder Bremen: Kokartis, Piontek, Nachtwey, Schimeczek, Schütz, Jagielski, Wilmowius, Schröder, Barth, Soya, Hänel
Trainer: Knöpfle

1. FC Kaiserslautern: Schnarr, Neumann, Miksa, Schneider, Liebrich, Pulter, Feldmüller, Bauer, Richter, Settelmayer, Kasperski
Trainer: Brocker

Tore: 1:0 Schröder (10.), 2:0 Jagielski (52.)
Schiedsrichter: Sparing (Kassel)
Zuschauer: 18 000 in Gelsenkirchen

So spielte Werder Bremen im Europapokal der Pokalsieger Saison 61/62:

1. Runde: Freilos

Achtelfinale: Werder Bremen – Aarhus GF 2:0 Aarhus GF – Werder Bremen 2:3

Viertelfinale: Werder Bremen – Atletico Madrid 1:1 Atletico Madrid – Werder Bremen 3:1

Pokal-Statistik 1962 bis 1963

Vorrunde 1962 bis Finale 1963

1962: 1. FC Nürnberg

Vorrunde:
VfV Hildesheim – Westfalia Herne 3:2;
Mainz 05 – 1. FC Köln 0:5;
1860 München – Hessen Kassel 6:1;
SV Saar 05 Saarbrücken – 1. FC Nürnberg 0:3;
Holstein Kiel – FC Schalke 04 3:4
Fortuna Düsseldorf – Spfr. Lebenstedt 2:1
1. FC Saarbrücken – Eintracht Braunschweig 4:1
Eintracht Frankfurt – Tasmania Berlin 1:0

Zwischenrunde:
1. FC Nürnberg – VfV Hildesheim 11:0;
FC Schalke 04 – 1860 München 4:2;
1. FC Saarbrücken – Fortuna Düsseldorf 2:2 n. Verl. und 1:2
1. FC Köln – Eintracht Frankfurt 1:2 n. Verl.

Vorschlußrunde:
1. FC Nürnberg – Eintracht Frankfurt 4:2;
Fortuna Düsseldorf – FC Schalke 04 3:2

Finale: 29. 08. 1962, 1. FC Nürnberg – Fortuna Düsseldorf 2:1 (1:1, 0:0) n. Verl.

1. FC Nürnberg: Wabra, Derbfuß, Hilpert, Flachenecker, Wenauer, Reisch, Dachlauer, Haseneder, Strehl, Wild, Albrecht
Trainer: Widmayer

Fortuna Düsseldorf: Görtz, Vigna, Zimmermann, Hoffmann, Krafft, Stratschitz, Steffen, Wolffram, Hoffer, Volberg, Meyer
Trainer: Derwall

Tore: 0:1 Wolffram (58.), 1:1 Haseneder (71.), 2:1 Wild (93.)

Schiedsrichter: Seekamp (Bremen)

Zuschauer: 41 000 in Hannover

So spielte der 1. FC Nürnberg im Europapokal der Pokalsieger Saison 62/63:

1. Runde:	Freilos	
Achtelfinale:	AS St. Etienne – 1. FC Nürnberg 0:0	1. FC Nürnberg – AS St. Etienne 3:0
Viertelfinale:	BK 1909 Odense – 1. FC Nürnberg 0:1	1. FC Nürnberg – BK 1909 Odense 6:0
Halbfinale:	1. FC Nürnberg – Atletico Madrid 2:1	Atletico Madrid – 1. FC Nürnberg 2:0

1963: Hamburger SV

Vorrunde:
Borussia Dortmund – Sportfr. Saarbrücken 4:2;
FC Bayern Hof – Hamburger SV 2:5;
Hessen Kassel – Wuppertaler SV 2:2 n. Verl. und 0:3;
Werder Bremen – VfB Lohberg 4:3;
TSV 1860 München – FC Schalke 04 3:2
1. FC Saarbrücken – VfL Wolfsburg 3:0
1. FC Nürnberg – Borussia Neunkirchen 1:2
Concordia Hamburg – Tasmania Berlin 1:3

Zwischenrunde:
Borussia Dortmund – TSV 1860 München 3:1;
Wuppertaler SV – Borussia Neunkirchen 1:0;
Hamburger SV – 1. FC Saarbrücken 1:0
Werder Bremen – Tasmania Berlin 1:0

Vorschlußrunde:
Borussia Dortmund – Werder Bremen 2:0;
Wuppertaler SV – Hamburger SV 0:1

Finale: 14. 08. 1963, Hamburger SV – Borussia Dortmund 3:0 (2:0)

Hamburger SV: Schnoor, Krug, Kurbjuhn, Giesemann, Stapelfeld, D. Seeler, Boyens, Wulf, U. Seeler, Kreuz, Dörfel
Trainer: Wilke

Borussia Dortmund: Wessel, Burgsmüller, Geisler, Kurrat, Sturm, Bracht, Wosab, Schmidt, Rylewicz, Cyliax
Trainer: Eppenhoff

Tore: 1:0 U. Seeler (30.), 2:0 U. Seeler (32.), 3:0 U. Seeler (85.)

Schiedsrichter: Kreitlein (Stuttgart)

Zuschauer: 70 000 in Hannover

So spielte der Hamburger SV im Europapokal der Pokalsieger Saison 63/64:

1. Runde:	Hamburger SV – Union Sportive Luxemburg 4:0	Union Sportive Luxemburg – Hamburger SV 2:3
Achtelfinale:	FC Barcelona – Hamburger SV 4:4	Hamburger SV – FC Barcelona 0:0 FC Barcelona – Hamburger SV 2:3 (in Lausanne)
Viertelfinale:	Hamburger SV – Olympique Lyon 1:1	Olympique Lyon – Hamburger SV 2:0

1964: TSV 1860 München

1. Hauptrunde:
Hamburger SV – SpVgg Fürth 1:1 n. Verl. und 1:2 n. Verl.;
VfL Wolfsburg – Eintracht Frankfurt 0:2;
Stuttgarter Kickers – Phönix Ludwigshafen 0:3;
1. FC Köln – 1. FC Nürnberg 3:2 n. Verl.;
Altonaer FC 93 – Borussia Mönchengladbach 2:1;
Preußen Münster – Karlsruher SC 1:3;
Eintracht Braunschweig – VfL Osnabrück 3:0;
1. FC Kaiserslautern – Wuppertaler SV 2:0;
Meidericher SV – Hertha BSC Berlin 1:2 n. Verl.
Wormatia Worms – Hessen Kassel 2:3
Werder Bremen – FC Schalke 04 0:2
Eintracht Trier – Hannover 96 1:1 n. Verl. und 0:4
Eintracht Gelsenkirchen – Duisburger SV 0:2
1. FC Saarbrücken – Tennis Borussia Berlin 6:1
TSV 1860 München – Borussia Dortmund 2:0
VfB Stuttgart – SSV Reutlingen 2:2 n. Verl. und 4:0

2. Hauptrunde:
Eintracht Frankfurt – Hessen Kassel 6:1;
Hertha BSC Berlin – SpVgg Fürth 4:3;
Altonaer FC 93 – Duisburger SV 2:1;
TSV 1860 München – 1. FC Kaiserslautern 4:2;
Phönix Ludwigshafen – FC Schalke 04 1:2
1. FC Köln – Hannover 96 3:0 n. Verl.
1. FC Saarbrücken – Eintracht Braunschweig 2:1 n. Verl.
Karlsruher SC – VfB Stuttgart 2:1

Zwischenrunde:
Eintracht Frankfurt – FC Schalke 04 2:1;
Altonaer FC 93 – Karlsruher SC 2:1;
Hertha BSC Berlin – 1. FC Köln 4:2
1. FC Saarbrücken – TSV 1860 München 1:3

Vorschlußrunde:
Eintracht Frankfurt – Hertha BSC Berlin 3:1;
Altonaer FC 93 – TSV 1860 München 1:4 n. Verl.

Finale: 13. 06. 1964, TSV 1860 München – Eintracht Frankfurt 2:0 (1:0)

TSV 1860 München: Radenkovic, Wagner, Steiner, Zeiser, Stemmer, Luttrop, Kraus, Kohlars, Brunnenmeier, Küppers, Heiss
Trainer: Merkel

Eintracht Frankfurt: Loy, Lutz, Höfer, Lindner, Landerer, Stinka, Kraus, Trimhold, Stein, Huberts, Schämer
Trainer: Horvath

Tore: 1:0 Kohlars (43.), 2:0 Brunnenmeier (63.)
Schiedsrichter: Malka (Herten)
Zuschauer: 45 000 in Stuttgart

So spielte der TSV 1860 München im Europapokal der Pokalsieger Saison 64/65:

1. Runde:	Union Sportive Luxemburg – TSV 1860 München 0:4	TSV 1860 München – Union Sportive Luxemburg 6:0
Achtelfinale:	FC Porto – TSV 1860 München 0:1	TSV 1860 München – FC Porto 1:1
Viertelfinale:	Legia Warschau – TSV 1860 München 0:4	TSV 1860 München – Legia Warschau 0:0
Halbfinale:	AC Turin – TSV 1860 München 2:0	TSV 1860 München – AC Turin 3:1 AC Turin – TSV 1860 München 0:2 (in Zürich)

Endspiel am 19. Mai 65 in London: West Ham United London – TSV 1860 München 2:0 (0:0)

1965: BV 09 Borussia Dortmund

1. Hauptrunde:
1. FC Nürnberg – 1. FC Köln 2:0;
1. FC Kaiserslautern – Karlsruher SC 3:0;
VfR Frankenthal – VfB Stuttgart 0:5;
Hertha BSC Berlin – Eintracht Braunschweig 1:5;
Preußen Münster – Borussia Dortmund 0:1;
Rot-Weiß Oberhausen – Ulmer TSG 1846 5:0
Westfalia Herne – Tennis Borussia 3:4 n. Verl.
Altona 93 – Hannover 96 0:5
VfL Wolfsburg – TSV 1860 München 3:4
VfL Osnabrück – Alemannia Aachen 1:3

Pokal-Statistik 1965 bis 1966

1. Hauptrunde 1965 bis 2. Hauptrunde 1966

FSV Mainz 05 – Werder Bremen 1:0;
SuS Northeim – Meidericher SV 0:1 n. Verl.;
Eintracht Frankfurt – Borussia Neunkirchen 2:1;
Hessen Kassel – Hamburger SV 0:2
Schwaben Augsburg – FC Schalke 04 5:7 n. Verl.
Kickers Offenbach – Wormatia Worms 2:4

2. Hauptrunde:
Eintracht Frankfurt – FC Schalke 04 1:2;
Wormatia Worms – VfB Stuttgart 0:2;
1. FC Kaiserslautern – Hannover 96 1:3;
Tennis Borussia Berlin – Borussia Dortmund 1:2;
FSV Mainz 05 – TSV 1860 München 2:2 n. Verl. und 2:1
1. FC Nürnberg – Hamburger SV 3:1
Meidericher SV – Eintracht Braunschweig 0:1
Rot-Weiß Oberhausen – Alemannia Aachen 0:1

Zwischenrunde:
Eintracht Braunschweig – Borussia Dortmund 0:2;
Alemannia Aachen – Hannover 96 2:1;
FC Schalke 04 – VfB Stuttgart 4:2
FSV Mainz 05 – 1. FC Nürnberg 0:3

Vorschlußrunde:
Borussia Dortmund – 1. FC Nürnberg 4:2;
Alemannia Aachen – FC Schalke 04 4:3 n. Verl.

Finale: 22. 05. 1965, Borussia Dortmund – Alemannia Aachen 2:0 (2:0)

Borussia Dortmund: Tilkowski, Cyliax, Redder, Kurrat, Paul, Straschitz, Wosab, Sturm, Schmidt, Konietzka, Emmerich
Trainer: Eppenhoff

Alemannia Aachen: Prokop, Krisp, Nievelstein, Hermandung, Helen, Breuer, Gronen, Nacken, Martinelli, Glenski, Krieger
Trainer: Pfau

Tore: 1:0 Schmidt (11.), 2:0 Emmerich (19.)
Schiedsrichter: Jakobi (Sandhausen)
Zuschauer: 48 000 in Hannover

So spielte Borussia Dortmund im Europapokal der Pokalsieger Saison 65/66:

1. Runde:	Floriana La Valetta – Borussia Dortmund 1:5	Borussia Dortmund – Floriana La Valetta 8:0
Achtelfinale:	Borussia Dortmund – ZSKA Sofia 3:0	ZSKA Sofia – Borussia Dortmund 4:2
Viertelfinale:	Atletico Madrid – Borussia Dortmund 1:1	Borussia Dortmund – Atletico Madrid 1:0
Halbfinale:	West Ham United – Borussia Dortmund 1:2	Borussia Dortmund – West Ham United 3:1

Endspiel am 5. Mai 1966 in Glasgow: Borussia Dortmund – FC Liverpool 2:1 n. Verl. (1:1, 0:0)

1966: FC Bayern München

Qualifikation:
FC Bayern München – Borussia Dortmund 2:0;
Borussia Mönchengladbach – SC Opel Rüsselsheim 5:1

1. Hauptrunde:
Werder Bremen – TSV 1860 München 4:0;
1. FC Köln – Tasmania Berlin 1:1 n. Verl. und 2:0;
Meidericher SV – VfB Stuttgart 2:0;
Südwest Ludwigshafen – 1. FC Kaiserslautern 0:1;
FC Schalke 04 – Tennis Borussia Berlin 3:1 n. Verl.;
Schwaben Augsburg – 1. FC Nürnberg 0:1;
FC St. Pauli Hamburg – 1. FC Saarbrücken 4:2;
Freiburger FC – Alemannia Aachen 4:3;
FC Bayern München – Eintracht Braunschweig 1:0
Hannover 96 – Hamburger SV 2:4
Borussia Mönchengladbach – Borussia Neunkirchen 0:1 n. Verl.
Eintracht Frankfurt – SV Alsenborn 2:1
Karlsruher SC – Preußen Münster 3:0
Fortuna Düsseldorf – Kickers Offenbach 1:2
Holstein Kiel – Arminia Bielefeld 3:1
TuS Haste – Concordia Hamburg 1:2

2. Hauptrunde:
Hamburger SV – Borussia Neunkirchen 4:0;
1. FC Nürnberg – Eintracht Frankfurt 2:1;
1. FC Kaiserslautern – Holstein Kiel 3:0;
FC St. Pauli Hamburg – Kickers Offenbach 3:1;
Meidericher SV – FC Schalke 04 6:0
Freiburger FC – Karlsruher SC 1:3
Werder Bremen – Concordia Hamburg 2:0
FC Bayern München – 1. FC Köln 2:0

Pokal-Statistik 1966 bis 1967

Zwischenrunde 1966 bis 2. Hauptrunde 1967

Zwischenrunde:
Meidericher SV – Karlsruher SC 1:0;
1. FC Kaiserslautern – Werder Bremen 3:1;
Hamburger SV – FC Bayern München 1:2
FC St. Pauli Hamburg – 1. FC Nürnberg 0:1

Vorschlußrunde:
1. FC Nürnberg – FC Bayern München 1:2 n. Verl.;
Meidericher SV – 1. FC Kaiserslautern 4:3

Finale: 04. 06. 1966, FC Bayern München – Meidericher SV 4:2 (1:1)

FC Bayern München: Maier, Nowak, Olk, Rigotti, Beckenbauer, Kuperschmidt, Nafziger, Müller, Ohlhauser, Koulmann, Brenninger.
Trainer: Cajkovski

Meidericher SV: Manglitz, Heidemann, Sabath, Lotz, Müller, Bella, Rühl, Krämer, Mielke, van Haaren, Gecks.
Trainer: Eppenhoff

Tore: 0:1 Mielke (28.), 1:1 Ohlhauser (31.), 2:1 Brenninger (56.), 2:2 Heidemann (72.), 3:2 Brenninger (77.), 4:2 Beckenbauer (82.)

Schiedsrichter: Schulenburg (Hamburg)

Zuschauer: 60 000 in Frankfurt/Main

So spielte der FC Bayern München im Europapokal der Pokalsieger Saison 66/67:

1. Runde:	Tatran Presov – FC Bayern München 1:1	FC Bayern München – Tatran Presov 3:2
Achtelfinale:	Shamrock Rovers – FC Bayern München 1:1	FC Bayern München – Shamrock Rovers 3:2
Viertelfinale:	Rapid Wien – FC Bayern München 1:0	FC Bayern München – Rapid Wien 2:0 n. Verl.
Halbfinale	FC Bayern München – Standard Lüttich 2:0	Standard Lüttich – FC Bayern München 1:3

Endspiel am 31. Mai 1967 in Nürnberg: FC Bayern München – Glasgow Rangers 1:0 n. Verl.

So spielte der Titelverteidiger Bor. Dortmund im Europapokal der Pokalsieger Saison 66/67:

1. Runde:	Freilos	
Achtelfinale:	Glasgow Rangers – Borussia Dortmund 2:1	Borussia Dortmund – Glasgow Rangers 0:0

1967: FC Bayern München

Qualifikation:
Altonaer FC 93 – 1. FC Nürnberg 2:1;
Hessen Kassel – Eintracht Frankfurt 6:2

1. Hauptrunde:
Borussia Dortmund – 1. FC Köln 2:2 n. Verl. und 0:1;
FC Schalke 04 – Borussia Mönchengladbach 4:2;
Alemannia Aachen – FK Pirmasens 1:1 n. Verl. und 1:0;
Hessen Kassel – Werder Bremen 2:2 n. Verl. und 1:2 n. Verl.;
Altonaer FC 93 – Hamburger SV 0:6;
VfB Lübeck – Kickers Offenbach 0:1 n. Verl.;
1. FC Saarbrücken – VfB Stuttgart 2:4;
Hannover 96 (A) – Bor. Neunkirchen 2:2 n. Verl. und 1:2;
Eintracht Braunschweig – MSV Duisburg 2:3 n. Verl.
Duisburger FV 08 – ETB Schwarz-Weiß Essen 0:2
SVW 07 Mannheim – Fortuna Düsseldorf 1:3
Hertha BSC Berlin – FC Bayern München 2:3 n. Verl.
Rot-Weiss Essen – Karlsruher SC 1:2
Arminia Hannover – TSV 1860 München 1:4
SpVg Erkenschwick – Stuttgarter Kickers 1:0
1. FC Kaiserslautern – Hannover 96 2:1

2. Hauptrunde:
FC Köln – Hamburger SV 0:0 n. Verl. und 0:2;
Borussia Neunkirchen – Werder Bremen 1:1 n. Verl. und 2:1;
1. FC Kaisersl. – Kickers Offenbach 0:0 n. Verl. und 0:1 n. Verl.;
SpVg Erkenschwick – FC Bayern München 1:3;
Alemannia Aachen – Karlsruher SC 4:2
VfB Stuttgart – FC Schalke 04 0:1
Schwarz-Weiß Essen – Fortuna Düsseldorf 1:1 n. Verl. und 0:1
TSV 1860 München – MSV Duisburg 1:0

Pokal-Statistik 1967 bis 1968

Zwischenrunde 1967 bis 2. Hauptrunde 1968

Zwischenrunde:
TSV 1860 München – Fortuna Düsseldorf 2:0;
Alemannia Aachen – Borussia Neunkirchen 3:1;
Kickers Offenbach – Hamburger SV 0:0 n. Verl. und 0:2
FC Schalke 04 – FC Bayern München 2:3

Vorschlußrunde:
Hamburger SV – Alemannia Aachen 3:1;
FC Bayern München – TSV 1860 München 3:1

Finale: 10. 06. 1967, FC Bayern München – Hamburger SV 4:0 (1:0)

FC Bayern München: Maier, Kupferschmidt, Schwarzenbeck, Roth, Beckenbauer, Olk, Nafziger, Ohlhauser, Müller, Koulmann, Brenninger

Trainer: Cajkovski

Hamburger SV: Schnoor, Strauß, Kurbjuhn, Sandmann, Horst, W. Schulz, B. Dörfel, Pohlschmidt, Seeler, H. Schulz, G. Dörfel

Trainer: Schneider

Tore: 1:0 Müller (23.), 2:0 Ohlhauser (72.), 3:0 Müller (76.), 4:0 Brenninger (85., Foulelfmeter)
Schiedsrichter: Niemeyer (Bad Godesberg)
Zuschauer: 68 000 in Stuttgart

So spielte der FC Bayern München im Europapokal der Pokalsieger Saison 67/68:

1. Runde:	Bayern München – Panathinaikos Athen 5:0	Panathinaikos Athen – Bayern München 1:2
Achtelfinale:	Bayern München – Vitoria Setubal 6:2	Vitoria Setubal – Bayern München 1:1
Viertelfinale:	FC Valencia – Bayern München 1:1	Bayern München – FC Valencia 1:0
Halbfinale:	AC Mailand – Bayern München 2:0	Bayern München – AC Mailand 0:0

Da der FC Bayern München als Europacup-Titelverteidiger bereits qualifiziert war, konnte auch DFB-Pokal-Finalist Hamburger SV in der Saison 67/68 am Europapokal teilnehmen:

1. Runde:	Hamburger SV – Freja Randers 5:3	Freja Randers – Hamburger SV 0:2
Achtelfinale:	Wista Krakau – Hamburger SV 0:1	Hamburger SV – Wista Krakau 4:0
Viertelfinale:	Hamburger SV – Olympique Lyon 2:0	Olympique Lyon – Hamburger SV 2:0 Hamburger SV – Olympique Lyon 2:0 (in Hamburg)
Halbfinale:	Hamburger SV – Cardiff City 1:1	Cardiff City – Hamburger SV 2:3

Endspiel am 23. Mai 1968 in Rotterdam: AC Mailand – Hamburger SV 2:0 (2:0)

1968: 1. FC Köln

1. Hauptrunde:
Borussia Neunkirchen – Eintracht Braunschweig 2:3;
SV Röchling Völklingen – Werder Bremen 4:2;
VfL Bochum – Karlsruher SC 3:2;
FC Homburg 08 – 1. FC Köln 1:4;
Bayern Hof – Borussia Mönchengladbach 0:1;
MSV Duisburg – Hannover 96 4:1;
VfB Lübeck – 1860 München 0:1;
VfB Oldenburg – Borussia Dortmund 2:3;
Bayer Leverkusen – 1. FC Nürnberg 0:2
Hertha BSC Berlin – Hamburger SV 1:0 n. Verl.
Preußen Münster – Alemannia Aachen 2:1
Arminia Bielefeld – FC Schalke 04 0:1
VfB Stuttgart – 1. FC Kaiserslautern 1:0
Schweinfurt 05 – Eintracht Frankfurt 1:2 n. Verl.
Jahn Regensburg – Bayern München 1:4 n. Verl.
SSV Reutlingen – Itzehoer SV 7:1

2. Hauptrunde:
Bayern München – MSV Duisburg 3:1;
SSV Reutlingen – Borussia Dortmund 1:3;
1. FC Nürnberg – Preußen Münster 4:0;
1860 München – Borussia Mönchengladbach 2:4;
VfL Bochum – VfB Stuttgart 2:1
FC Schalke 04 – Eintracht Braunschweig 2:3
Hertha BSC Berlin – Röchling Völklingen 2:1
1. FC Köln – Eintracht Frankfurt 1:1 n. Verl. und 1:0

Zwischenrunde 1968 bis Finale 1969

Zwischenrunde:
Bayern München – 1. FC Nürnberg 2:1;
Eintracht Braunschweig – 1. FC Köln 1:1 n. Verl. und 1:2;
Borussia Dortmund – Hertha BSC Berlin 2:1
VfL Bochum – Borussia Mönchengladbach 2:0

Vorschlußrunde:
1. FC Köln – Borussia Dortmund 3:0;
VfL Bochum – Bayern München 2:1

Finale: 09. 06. 1968, 1. FC Köln – VfL Bochum 4:1 (2:1)

1. FC Köln: Soskic, Pott, Hemmersbach, Flohe, Weber, Thielen, Rühl, Simmet, Löhr, Overath, Hornig
Trainer: Multhaup

VfL Bochum: Christopeit, Wiesemes, Versen, Schiller, Blome, Jablonski, Böttcher, Eversberg, Höher, Jansen (71. Moritz), Balte
Trainer: Eppenhoff

Tore: 1:0 Hornig (22.), 1:1 Böttcher (37.), 2:1 Rühl (38.), 3:1 Rühl (57.), 4:1 Löhr (70.)
Schiedsrichter: Riegg (Augsburg)
Zuschauer: 60 000 in Ludwigshafen

So spielte der 1. FC Köln im Europapokal der Pokalsieger Saison 68/69:

1. Runde:	Girondins Bordeaux – 1. FC Köln 2:1	1. FC Köln – Girondins Bordeaux 3:0
Achtelfinale:	ADO Den Haag – 1. FC Köln 0:1	1. FC Köln – ADO Den Haag 3:0
Viertelfinale:	1. FC Köln – Freja Randers 2:1	Freja Randers – 1. FC Köln 0:3
Halbfinale:	1. FC Köln – FC Barcelona 2:2	FC Barcelona – 1. FC Köln 4:1

1969: FC Bayern München

1. Hauptrunde:
Wormatia Worms – Preußen Münster 2:3;
Borussia Mönchengladbach – Hertha BSC Berlin 5:2;
SV Alsenborn – MSV Duisburg 2:1;
Rot-Weiß Oberhausen – FC Schalke 04 2:3 n. Verl.;
Jahn Regensburg – Alemannia Aachen 0:1;
Arminia Hannover – Schweinfurt 05 4:0;
Eintracht Braunschweig – 1860 München 1:0;
Eintracht Frankfurt – Borussia Dortmund 6:2;
TSV Langenhorn Hamburg – Sperber Hamburg 1:2
Rot-Weiß Essen – Werder Bremen 1:2
Eintracht Trier – 1. FC Nürnberg 1:3
VfL Wolfsburg – Hamburger SV 1:2
Freiburger FC – 1. FC Kaiserslautern 0:1
VfB Stuttgart – 1. FC Köln 1:0
Bayern München – Kickers Offenbach 0:0 n. Verl. und 1:0
Wacker 04 Berlin – Hannover 96 1:4

2. Hauptrunde:
Hamburger SV – Borussia Mönchengladbach 2:0 n. Verl.;
Bayern München – Arminia Hannover 1:0;
1. FC Kaiserslautern – Eintracht Frankfurt 1:0;
Hannover 96 – VfB Stuttgart 2:2 n. Verl. und 1:0;
Alemannia Aachen – Preußen Münster 2:0
FC Schalke 04 – SV Alsenborn 3:1
Werder Bremen – Eintracht Braunschweig 5:0
Sperber Hamburg – 1. FC Nürnberg 0:0 n. Verl. und 0:7

Zwischenrunde:
Hamburger SV – Bayern München 0:2;
1. FC Kaiserslautern – Werder Bremen 3:0;
FC Schalke 04 – Alemannia Aachen 2:0
1. FC Nürnberg – Hannover 96 1:0

Vorschlußrunde:
Bayern München – 1. FC Nürnberg 2:0;
1. FC Kaiserslautern – FC Schalke 04 1:1 n. Verl. und 1:3

Finale: 14. 06. 1969, FC Bayern München – FC Schalke 04 2:1 (2:1)

FC Bayern München: Maier, Olk, Pumm, Schwarzenbeck, Beckenbauer, Schmidt, Roth, Ohlhauser, Müller, Starek, Brenninger
Trainer: Zebec

FC Schalke 04: Nigbur, Becher (60. Galbierz), Rausch, Neuser, Fichtel, van Haaren (76. Slomiany), Libuda, Erlhoff, Pohlschmidt, Senger, Wittkamp
Trainer: Gutendorf

Tore: 1:0 Müller (12.), 1:1 Pohlschmidt (20.), 2:1 Müller (35.)

Schiedsrichter: Fritz (Oggersheim)

Zuschauer: 64 000 in Frankfurt

Pokalsieger FC Bayern München wurde 1969 auch Deutscher Meister, deshalb spielte Finalist FC Schalke 04 im Europapokal der Pokalsieger Saison 69/70:

1. Runde:	Shamrock Rovers – FC Schalke 04 2:1	FC Schalke 04 – Shamrock Rovers 3:0
Achtelfinale:	IFK Norrköping – FC Schalke 04 0:0	FC Schalke 04 – IFK Norrköping 1:0
Viertelfinale:	Dinamo Zagreb – FC Schalke 04 1:3	FC Schalke 04 – Dinamo Zagreb 1:0
Halbfinale:	FC Schalke 04 – Manchester City 1:0	Manchester City – FC Schalke 04 5:1

1970: Kickers Offenbach

1. Hauptrunde:
Eintracht Gelsenkirchen – Borussia Mönchengladbach 1:3;
Kickers Offenbach – TSV 1860 München 4:1;
Jahn Regensburg – Eintracht Braunschweig 1:0;
Rot-Weiß Essen – 1. FC Köln 3:3 n. Verl. und 1:5;
SC Göttingen 05 – MSV Duisburg 0:1 n. Verl.;
VfL Osnabrück – Eintracht Frankfurt 1:2 n. Verl.;
FK Pirmasens – Hertha BSC Berlin 1:2;
Tennis Borussia Berlin – SV Werder Bremen 0:2;
1. FC Nürnberg – VfB Stuttgart 1:0
Hannover 96 – Rot-Weiß Oberhausen 3:2
FC 08 Villingen – Hamburger SV 1:3
SG Wattenscheid 09 – FC Bayern München 1:6
Wuppertaler SV – 1. FC Kaiserslautern 1:0
SV Alsenborn – FC Schalke 04 1:5
ETB Schwarz-Weiß Essen – Borussia Dortmund 1:2
Arminia Hannover – Alemannia Aachen 0:3

2. Hauptrunde:
FC Bayern München – Jahn Regensburg 4:0;
Eintracht Frankfurt – Hamburger SV 2:0;
1. FC Köln – MSV Duisburg 6:1;
Alemannia Aachen – Werder Bremen 1:1 n. Verl. und 1:1 n. Verl., Los für Aachen;
Hannover 96 – Borussia Mönchengladbach 1:3
Wuppertaler SV – 1. FC Nürnberg 0:3
FC Schalke 04 – Hertha BSC Berlin 0:0 n. Verl. und 0:4
Kickers Offenbach – Borussia Dortmund 2:1 n. Verl.

Zwischenrunde:
Borussia Mönchengladbach – 1. FC Köln 2:3 n. Verl.;
Eintracht Frankfurt – Kickers Offenbach 0:3;
1. FC Nürnberg – Bayern München 2:1
Alemannia Aachen – Hertha BSC Berlin 1:0

Vorschlußrunde:
Alemannia Aachen – 1. FC Köln 0:4;
Kickers Offenbach – 1. FC Nürnberg 4:2 n. Verl.

Finale: 29. 08. 1970, Kickers Offenbach – 1. FC Köln 2:1 (1:0)

Kickers Offenbach: Volz, Weilbächer, H. Kremers, Weida, Reich, E. Schmitt, Gecks, H. Schmidt, Bechtold (60. Nerlinger), Schäfer, Winkler
Trainer: Schmidt

1. FC Köln: Manglitz, Thielen (31. Rupp), Hemmersbach, Simmet, Biskup, Weber, Kapellmann, Flohe, Parits, Overath, Löhr
Trainer: Merkle

Tore: 1:0 Winkler (27.), 2:0 Gecks (64.), 2:1 Löhr (73.)

Schiedsrichter: Schulenburg (Hamburg)

Zuschauer: 50 000 in Hannover

So spielte Kickers Offenbach im Europapokal der Pokalsieger Saison 70/71:

1. Runde:	Kickers Offenbach – FC Brügge 2:1	FC Brügge – Kickers Offenbach 2:0

Pokal-Statistik 1971 bis 1972

1. Hauptrunde 1971 bis 1. Hauptrunde 1972

1971: FC Bayern München

1. Hauptrunde:
Hessen Kassel – Bayern München 2:2 n. Verl. und 0:3;
Wattenscheid 09 – Hertha BSC Berlin 1:2;
SV Alsenborn – Bor. Mönchengladbach 1:1 n. Verl. und 1:3;
Borussia Neunkirchen – 1. FC Kaiserslautern 0:1;
Hannover 96 – Hamburger SV 2:3 n. Verl.;
FC St. Pauli Hamburg – Eintracht Frankfurt 2:3 n. Verl.;
Wuppertaler SV – Arminia Bielefeld 5:0
Fortuna Düsseldorf – Werder Bremen 3:1 n. Verl.;
Holstein Kiel – VfB Stuttgart 2:1;
TSV Westerland – Borussia Dortmund in Leck 0:4
VfR Heilbronn – Kickers Offenbach 2:0
SSV Reutlingen – 1. FC Köln 2:5
Tasmania Berlin – Eintracht Braunschweig 1:0
Rot-Weiß Oberhausen – Rot-Weiß Essen 4:3
VfL Wolfsburg – FC Schalke 04 2:2 n. Verl. und 1:1 n. Verl., Schalke 3:1-Sieger im Elfmeterschießen
FC Homburg – MSV Duisburg 1:1 n. Verl. und 0:4

2. Hauptrunde:
1. FC Kaiserslautern – Bayern München 1:1 n. Verl. und 0:5;
Hamburger SV – Borussia Dortmund 3:1 n. Verl.;
MSV Duisburg – Tasmania Berlin 2:0;
Hertha BSC Berlin – Borussia Mönchengladbach 1:3;
Eintracht Frankfurt – 1. FC Köln 1:4
Fortuna Düsseldorf – Wuppertaler SV 4:0
Holstein Kiel – Rot-Weiß Oberhausen 2:5 n. Verl.
FC Schalke 04 – VfR Heilbronn 4:0

Zwischenrunde:
Bayern München – MSV Duisburg 4:0;
Fortuna Düsseldorf – Borussia Mönchengladbach 3:1;
1. FC Köln – Hamburger SV 2:0
FC Schalke 04 – Rot-Weiß Oberhausen 1:0

Vorschlußrunde:
Fortuna Düsseldorf – Bayern München 0:1;
FC Schalke 04 – 1. FC Köln 2:3

Finale: 19. 06. 1971, FC Bayern München – 1. FC Köln 2:1 (1:1, 0:1) n. Verl.

FC Bayern München: Maier, Koppenhöfer, Breitner, Roth (68. Schneider), Beckenbauer, Schwarzenbeck, Zobel, Mrosko, Müller, Hoeneß (87. Hansen), Brenninger
Trainer: Lattek

1. FC Köln: Soskic, Thielen (99. Cullmann), Biskup, Weber, Hemmersbach, Flohe, Overath, Simmet (79. Kapellmann), Parits, Rupp, Löhr
Trainer: Ocwirk

Tore: 0:1 Rupp (13.), 1:1 Beckenbauer (53.), 2:1 Schneider (102.)

Schiedsrichter: Biwersi (Bliesransbach)

Zuschauer: 71 000 in Stuttgart

So spielte Bayern München im Europapokal der Pokalsieger Saison 71/72:

1. Runde:	Skoda Pilsen – Bayern München 0:1	Bayern München – Skoda Pilsen 6:1
Achtelfinale:	FC Liverpool – Bayern München 0:0	Bayern München – FC Liverpool 3:1
Viertelfinale:	Steaua Bukarest – Bayern München 1:1	Bayern München – Steaua Bukarest 0:0
Halbfinale:	Bayern München – Glasgow Rangers 1:1	Glasgow Rangers – Bayern München 2:0

1972: FC Schalke 04

Nach dem Muster der Europapokale wurden 1972 bis auf das Finale in allen Runden Hin- und Rückspiele ausgetragen.

1. Hauptrunde:
FC St. Pauli Hamburg – Rot-Weiß Oberhausen 1:1 und 1:2;
Alsenborn – Fortuna Düsseldorf 0:0 und 0:3;
FC Schalke 04 – Hertha BSC Berlin 3:1 und 0:3 (2. Spiel für Hertha verloren gewertet wegen Einsatz eines gesperrten Spielers);
Bayer Leverkusen – Borussia Mönchengladbach 0:3 und 2:4
Tasmania Berlin – VfL Bochum 2:2 und 0:2
VfR Heilbronn – VfB Stuttgart 1:1 und 0:4
Kickers Offenbach – Borussia Dortmund 1:1 und 3:0

Pokal-Statistik 1972 bis 1973

1. Hauptrunde 1972 bis 2. Hauptrunde 1973

Holstein Kiel – Hannover 96 5:4 und 1:7;
Essener FV 1912 – 1. FC Köln 1:9 und 0:5;
Fortuna Köln – Bayern München 2:1 und 0:6;
SpVg Bad Pyrmont – Werder Bremen 1:4 und 0:6;
Schweinfurt 05 – Eintracht Frankfurt 1:0 und 1:6
Freiburger FC – Hamburger SV 1:2 und 2:2
Wuppertaler SV – 1. FC Kaiserslautern 2:1 und 2:3 n. Verl., Elfmeterschießen 5:3 für Kaiserslautern
Arminia Bielefeld – MSV Duisburg 1:1 und 1:3
Borussia Neunkirchen – Eintracht Braunschweig 2:4 und 0:0

2. Hauptrunde:
Borussia Mönchengladbach – Eintracht Frankfurt 4:2 und 2:3;
Werder Bremen – Hamburger SV 4:2 und 0:1;
VfB Stuttgart – 1. FC Kaiserslautern 4:3 und 1:3;
Kickers Offenbach – 1. FC Köln 3:1 und 0:4;
Hannover 96 – VfL Bochum 0:0 und 4:2
Fortuna Düsseldorf – Schalke 04 1:1 und 1:2
MSV Duisburg – Rot-Weiß Oberhausen 2:2 und 0:1
Eintracht Braunschweig – Bayern München 0:0 und 1:3 n. Verl.

Zwischenrunde:
Bayern München – 1. FC Köln 3:0 und 1:5;
Rot-Weiß Oberhausen – 1. FC Kaiserslautern 3:1 und 0:5 n. Verl.;
Borussia Mönchengladbach – Schalke 04 2:2 und 0:1
Hannover 96 – Werder Bremen 0:2 und 1:2

Vorschlußrunde:
1. FC Kaiserslautern – Werder Bremen 2:1 und 2:1;
1. FC Köln – Schalke 04 4:1 und 2:5 n. Verl. Elfmeterschießen 6:5 für Schalke

Finale: 01. 07. 1972, FC Schalke 04 – 1. FC Kaiserslautern 5:0 (2:0)

FC Schalke 04: Nigbur, Huhse, Fichtel, Rüßmann, H. Kremers, Lütkebohmert, Scheer, von Haaren, Libuda, Fischer, E. Kremers
Trainer: Horvath

1. FC Kaiserslautern: Elting, Reinders, Diehl, Schwager, Fuchs, Friedrich, Bitz, Hosic (55. Vogt), Pirrung, Seel, Ackermann
Trainer: Weise

Tore: 1:0 H. Kremers (13.), 2:0 Scheer (32.), 3:0 Lütkebohmert (57.), 4:0 Fischer (66.), 5:0 H. Kremers (82.)
Schiedsrichter: Aldinger (Waiblingen)
Zuschauer: 61 000 in Hannover

So spielte der FC Schalke 04 im Europapokal der Pokalsieger Saison 72/73:

1. Runde:	FC Schalke 04 – Slavia Sofia 2:1	Slavia Sofia – FC Schalke 04 1:3
Achtelfinale:	Cork Hibernian – FC Schalke 04 0:0	FC Schalke 04 – Cork Hibernian 3:0
Viertelfinale:	FC Schalke 04 – Sparta Prag 2:1	Sparta Prag – FC Schalke 04 3:0

1973: VfL Borussia Mönchengladbach

Nach dem Muster der Europapokale wurden 1973 bis auf das Finale in allen Runden Hin- und Rückspiele ausgetragen.

1. Hauptrunde:
Hannover 96 – Eintracht Frankfurt 1:0 und 2:4;
OSV Hannover – Hertha BSC Berlin 0:6 und 0:3,
Stuttgarter Kickers – Eintracht Braunschweig 1:1 und 1:5;
Rot-Weiß Essen – Hamburger SV 5:3 und 0:5 n. Verl.;
Wormatia Worms – VfL Bochum 4:4 und 1:3;
Preußen Münster – MSV Duisburg 2:1 und 0:3;
Freiburger FC – Borussia Mönchengladbach 3:1 und 1:7;
Fortuna Köln – 1. FC Köln 2:1 und 0:4 n. Verl.;
VfL Wolfsburg – VfB Stuttgart 2:2 und 2:3
FK Pirmasens – Rot-Weiß Oberhausen 4:1 und 0:4
Wacker 04 Berlin – Werder Bremen 1:5 und 0:4
FC St. Pauli – Kickers Offenbach 3:1 und 0:3
Südwest Ludwigshafen – FC Schalke 04 1:3 und 1:3
Barmbek-Uhlenhorst – Bayern München 1:4 und 0:7
SpVgg Bayreuth – 1. FC Kaiserslautern 4:2 und 0:4
Wuppertaler SV – Fortuna Düsseldorf 3:0 und 0:2

2. Hauptrunde:
Eintracht Braunschweig – Eintracht Frankfurt 1:0 und 2:2;
MSV Duisburg – Hertha BSC 1:2 und 2:4;
Hamburger SV – 1. FC Köln 2:2 und 1:4;
VfL Bochum – Werder Bremen 4:4 und 1:2;
Wuppertaler SV – Kickers Offenbach 3:2 und 0:3
Schalke 04 – Borussia Mönchengladbach 0:2 und 1:1
RW Oberhausen – Bayern München 1:2 und 1:3
VfB Stuttgart – 1. FC Kaiserslautern 2:1 und 0:2 n. Verl.

Zwischenrunde:
Eintracht Braunschweig – 1. FC Köln 0:5 und 2:3;
Werder Bremen – Hertha BSC 2:0 und 2:2,
Kickers Offenbach – Bayern München 2:2 und 4:2
Borussia Mönchengladbach – 1. FC Kaiserslautern 2:1 und 3:1

Vorschlußrunde:
Werder Bremen – Borussia Mönchengladbach 1:3 und 2:4;
1. FC Köln – Kickers Offenbach 5:0 und 1:1

Finale: 23. 06. 1973, Borussia Mönchengladbach – 1. FC Köln 2:1 (1:1, 1:1) n. Verl.

Borussia Mönchengladbach: Kleff, Michallik, Vogts, Sieloff, Bonhof, Danner, Wimmer, Kulik (91. Netzer), Jensen, Rupp (117. Stielike), Heynckes
Trainer: Weisweiler

1. FC Köln: Welz, Hein, Neumann, Weber, Cullmann, Simmet, Glowacz (71. Gebauer), Flohe, Kapellmann, Overath (71. Konopka), Löhr
Trainer: Schlott

Tore: 1:0 Wimmer (24.), 1:1 Neumann (40.), 2:1 Netzer (94.)
Schiedsrichter: Tschenscher (Mannheim)
Zuschauer: 69 600 in Düsseldorf

So spielte Borussia Mönchengladbach im Europapokal der Pokalsieger Saison 73/74:

1. Runde:	IB Vestmannaeyar – Borussia Mönchengladbach 0:7	Borussia Mönchengladbach – IB Vestmannaeyar 9:1
Achtelfinale:	Borussia Mönchengladbach – Glasgow Rangers 3:0	Glasgow Rangers – Borussia Mönchengladbach 3:2
Viertelfinale:	Glentoran Belfast – Borussia Mönchengladbach 0:2	Borussia Mönchengladbach – Glentoran Belfast 5:0
Halbfinale:	AC Mailand – Borussia Mönchengladbach 2:0	Borussia Mönchengladbach – AC Mailand 1:0

1974: Eintracht Frankfurt

1. Hauptrunde:
TuS Neuendorf – Wuppertaler SV 0:2;
FC Bayern München – MSV Duisburg 3:1;
1. FC Köln – Eintracht Braunschweig 2:0;
1. FC Nürnberg – FSV Mainz 05 4:1;
Fortuna Köln – VfB Stuttgart 3:2 n. Verl.;
Hertha BSC Berlin – Fortuna Düsseldorf 2:2 n. Verl. und 1:1, Elfmeterschießen 4:1 für Hertha BSC;
Borussia Dortmund – Hannover 96 1:4;
Hessen Kassel – Barmbek Uhlenhorst 2:1;
FC Schalke 04 – SG Wattenscheid 09 1:2
Arminia Bielefeld – Alemannia Aachen 2:1
Tennis Borussia Berlin – Eintracht Frankfurt 1:8
VfB Oldenburg – Borussia Mönchengladbach 0:6
1. FC Kaiserslautern – Rot-Weiß Essen 5:3 n. Verl.
Hamburger SV – SV Darmstadt 98 3:1
Kickers Offenbach – VfR Heilbronn 2:2 n. Verl. und 3:2 n. Verl.
VfL Bochum – Werder Bremen 2:2 n. Verl. und 1:2

2. Hauptrunde:
1. FC Köln – Wuppertaler SV 1:0;
Arminia Bielefeld – 1. FC Kaiserslautern 1:1 n. Verl. und 0:3;
Kickers Offenbach – 1. FC Nürnberg 3:2;
Borussia Mönchengladbach – Hamburger SV 2:2 n. Verl. und 1:1 n. Verl., Elfmeterschießen 3:1 für Hamburg;
Werder Bremen – Bayern München 1:2;
Hessen Kassel – Eintracht Frankfurt 2:3
Fortuna Köln – Hannover 96 0:0 n. Verl. und 0:2
Wattenscheid 09 – Hertha BSC 1:0

Zwischenrunde:
Bayern München – Hannover 96 3:2;
Eintracht Frankfurt – 1. FC Köln 4:3 n. Verl.;
Wattenscheid 09 – Hamburger SV 0:1 n. Verl.
K. Offenbach – 1. FC Kaiserslautern 2:2 n. Verl. und 3:2 n. Verl.

Vorschlußrunde:
Hamburger SV – Kickers Offenbach 1:0;
Eintracht Frankfurt – Bayern München 3:2

Finale: 17. 08. 1974, Eintracht Frankfurt – Hamburger SV 3:1 (1:1, 1:0) n. Verl.

Eintracht Frankfurt: Dr. Kunter, Reichel (106. Müller), Trinklein, Körbel, Kalb, Nickel, Grabowski, Weidle (74. Kraus), Beverungen, Hölzenbein, Rohrbach
Trainer: Weise

Hamburger SV: Kargus, Kaltz, Nogly, Winkler, Ripp, Björnmose, Zaczyk, Krobbach (68. Eigl), Sperlich, Bertl (68. Reimann), Volkert
Trainer: Klötzer

Tore: 1:0 Trinklein (40.), 1:1 Björnmose (75.), 2:1 Hölzenbein (95.), 3:1 Kraus (115.)
Schiedsrichter: Weyland (Oberhausen)
Zuschauer: 52 800 in Düsseldorf

So spielte Eintracht Frankfurt im Europapokal der Pokalsieger Saison 74/75:

1. Runde: Eintracht Frankfurt – AS Monaco 3:0 | AS Monaco – Eintracht Frankfurt 2:2

Achtelfinale: Eintracht Frankfurt – Dynamo Kiew 2:3 | Dynamo Kiew – Eintracht Frankfurt 2:1

1975: Eintracht Frankfurt

1. Hauptrunde:
Eintracht Braunschweig – Hertha BSC Berlin 4:1 n. Verl.;
Schweinfurt 05 – 1. FC Kaiserslautern 3:4;
Arminia Bielefeld – Eintracht Frankfurt 1:3;
SV Darmstadt 98 – Wuppertaler SV 2:1;
TV Gültstein – Borussia Mönchengladbach 0:5;
Fortuna Düsseldorf – ASV Neumarkt 6:0;
Herforder SC – VfL Bochum 0:3;
Union Solingen – Kickers Offenbach 2:1;
VfL Osnabrück – Borussia Neunkirchen 0:2;
Karlsruher SC – Bayern Hof 0:1;
FC Augsburg – 1. FC Saarbrücken 2:1;
Wacker 04 Berlin – FSV Mainz 05 0:1 n. Verl.;
1860 München – Wormatia Worms 3:2 n. Verl.;
Bremerhaven 93 – VfL Wolfsburg 1:2;
FV 09 Weinheim – Bayer Uerdingen 2:4 n. Verl.;
FC St. Pauli Hamburg – SC Bad Neuenahr 3:0;
Viktoria Köln – Stuttgarter Kickers 4:0;
SpVgg Ludwigsburg – 1. FC Mülh.-Styrum 2:2 n.Verl. und 1:3;
VfB Eppingen – Röchling Völklingen 2:1;
Hamborn 07 – Fortuna Köln 1:3;
Rot-Weiß Oberhausen – TuS Langerwehe 4:2 n. Verl.;
FV Lörrach – ASV Gummi-Mayer Landau 1:2;
FC Rodalben – TSV Taunusstein-Bleidenstadt 0:1 n. Verl.
Holstein Kiel – Rot-Weiß Frankfurt 6:1;
FV Baden-Oos – Arminia Hannover 1:3;
TSV Klein-Linden – Rot-Weiß Lüdenscheid 1:2;
Eintracht Kreuznach II – Bayer Leverkusen 1:3;
VfB Stuttgart (A) – FC 08 Villingen 8:4 n. Verl.;
TSV Ersen – VfB Dillingen 0:1 n. Verl.;
SC Jülich 1910 – SV Göppingen 2:1;
ASC Dudweiler – FC Emmendingen 2:1;
VfB Lübeck – Bayern München (A) 3:1;
Eintracht Kreuznach I – Westfalia Herne 2:0;
Bayern München – VfB Stuttgart 3:2
SpVgg Bayreuth – FC Schalke 04 1:2
Preußen Münster – Hamburger SV 0:4
Werder Bremen – BSC Grünhöfe 11:1
Blumenthaler SV – MSV Duisburg 1:3
OSV Hannover – Rot-Weiß Essen 2:5
VfB Oldenburg – 1. FC Köln 2:6
Rheydter SpV – Tennis Borussia Berlin 1:2
Göttingen 05 – Hannover 96 3:2
Schwarz-Weiß Essen – Wattenscheid 09 3:0
Alemannia Aachen – SpVgg Erkenschwick 1:0
Borussia Dortmund – VfR Heilbronn 3:0
VfR Mannheim – SC Sperber Hamburg 8:0
FK Pirmasens – VfR Neumünster 7:1
FC Homburg/Saar – TuS Schwachhausen 3:0
TSV Weißenburg – SpVgg Fürth 0:5
1. FC Nürnberg – Wacker München 2:2 n. Verl. und 5:2
SV Chio Waldhof – Heider SV 4:0
Barmbek-Uhlenhorst – Sportfr. Siegen 1:2
Olympia Wilhelmshaven – Eintracht Trier 4:1
VfB Homberg – DJK Gütersloh 1:3
SV Leiwen – 1. FC Pforzheim 2:2 n. Verl. und 0:0 n. Verl.
Elfmeterschießen 5:3 für Pforzheim
FV Eppelborn – Sportfr. Eisbachtal 4:2
Rapide Wedding – TuS Mayen 3:0
SV Sandhausen – FC Wunstorf 3:1
SB Heidenheim – Hertha Zehlendorf 2:2 n. Verl. und 0:5
TuS Ahlen – VfB Theley 1:2
Eintracht Nordhorn – Westend 01 Berlin 5:1
TSG Usingen – FSV Teutonia Obernau 3:2
Victoria Hamburg – FC Altona 93 1:2 n. Verl.
Spandauer SV – Hamburger SV (A) 2:0

2. Hauptrunde:
Borussia Mönchengladbach – 1. FC Köln 3:5;
Rot-Weiß Essen – DJK Gütersloh 6:2;
Bayern Hof – VfL Bochum 2:2 n. Verl. und 0:5;
Fortuna Düsseldorf – FV Eppelborn 4:1;
Schalke 04 – Hertha Zehlendorf 6:0;
Rot-Weiß Lüdenscheid – Eintracht Braunschweig 3:5;
Union Solingen – Eintracht Frankfurt 1:2 n. Verl.;
FC St. Pauli Hamburg – FSV Mainz 05 8:3;
Fortuna Köln – Olympia Wilhelmshaven 7:2;
Schwarz-Weiß Essen – Darmstadt 98 2:0;
Chio Waldhof – SV Sandhausen 0:1;
ASV Gummi-Mayer Landau – FC Augsburg 0:1;
Eintracht Bad Kreuznach – 1860 München 2:4;
Viktoria Köln – TSG Usingen 6:1 n. Verl.;
Bayer Leverkusen – Eintracht Nordhorn 2:0;
VfB Dillingen – SC Jülich 1910 2:2 n. Verl. und 0:4;
VfB Stuttgart (A) – 1. FC Pforzheim 2:0;
MSV Duisburg – 1. FC Nürnberg 3:0
Bayern München – Rot-Weiß Oberhausen 2:0
VfL Wolfsburg – Werder Bremen 1:4
1. FC Kaiserslautern – Spandauer SV 7:1
TB Berlin – Rapide Wedding 4:0
VfB Eppingen – Hamburger SV 2:1
Alemannia Aachen – Borussia Neunkirchen 2:1
SpVgg Fürth – Borussia Dortmund 1:1 n. Verl. und 0:1
1. FC Mülheim-Styrum – VfR Mannheim 2:0
FK Pirmasens – VfB Lübeck 6:0
Holstein Kiel – Bayer Uerdingen 0:1
TSV Taunusstein-Bleidenstadt – FC Homburg/Saar 0:0 n. Verl.
und 0:0 n. Verl. Elfmeterschießen 2:0 für Bleidenstadt
Sportfreunde Siegen – Göttingen 05 1:0
VfB Theley – FC Altona 93 2:4 n. Verl.
Arminia Hannover – ASC Dudweiler 5:0

Pokal-Statistik 1975 bis 1976

3. Hauptrunde 1975 bis 1. Hauptrunde 1976

3. Hauptrunde:
Fortuna Düsseldorf – 1. FC Kaiserslautern 3:2
Fortuna Köln – Schalke 04 2:0;
Werder Bremen – FC Augsburg 2:2 n. Verl. und 2:1;
1. FC Mülheim-Styrum – Eintracht Frankfurt 0:3;
Schwarz-Weiß Essen – Rot-Weiß Essen 1:2;
FK Pirmasens – 1860 München 4:2;
SV Sandhausen – VfB Eppingen 1:2;
SC Jülich 1910 – TSV Taunusstein-Bleidenstadt 4:1;
Bayern München – MSV Duisburg 2:3;
Bayer Uerdingen – VfL Bochum 0:2
1. FC Köln – St. Pauli Hamburg 4:1
TB Berlin – Alemannia Aachen 1:0
Eintracht Braunschweig – Viktoria Köln 1:2
Borussia Dortmund – Sportfreunde Siegen 2:1
VfB Stuttgart (A) – Bayer Leverkusen 2:0
Altona 93 – Arminia Hannover 2:0

4. Hauptrunde:
Eintracht Frankfurt – VfL Bochum 1:0;
Rot-Weiß Essen – FK Pirmasens 6:0;
VfB Stuttgart (A) – TB Berlin 2:1;
Fortuna Köln – SC Jülich 1910 0:0 n. Verl. und 1:0;
Fortuna Düsseldorf – 1. FC Köln 5:2
MSV Duisburg – Altona 93 7:0
VfB Eppingen – Werder Bremen 0:2
Viktoria Köln – Borussia Dortmund 0:0 n. Verl. und 0:3

Zwischenrunde:
Werder Bremen – MSV Duisburg 0:2;
Eintracht Frankfurt – Fortuna Köln 4:2;
Rot-Weiß Essen – Fortuna Düsseldorf 1:0
VfB Stuttgart (A) – Borussia Dortmund 0:4

Vorschlußrunde:
MSV Duisburg – Borussia Dortmund 2:1 n. Verl.;
Eintracht Frankfurt – Rot-Weiß Essen 3:1 n. Verl.

Finale: 21. 06. 1975, Eintracht Frankfurt – MSV Duisburg 1:0 (0:0)

Eintracht Frankfurt: Wienhold, Reichel, Körbel, Trinklein, Neuberger, Weidle, Beverungen, Nickel, Hölzenbein, Grabowski, Lorenz
Trainer: Weise

MSV Duisburg: Linders, H.-W. Schneider, Worm, Pirsig, Dietz, Bella, Bruckmann (77. Bregmann), Lehmann (69. Krause), Bücker, Seliger, Thies
Trainer: Kremers

Tor: 1:0 Körbel (57.)

Schiedsrichter: Horstmann (Groß-Escherde)

Zuschauer: 43 000 in Hannover

So spielte Eintracht Frankfurt im Europapokal der Pokalsieger Saison 75/76:

1. Runde:	Eintracht Frankfurt – FC Coleraine 5:1	FC Coleraine – Eintracht Frankfurt 2:6
Achtelfinale:	Atletico Madrid – Eintracht Frankfurt 1:2	Eintracht Frankfurt – Atletico Madrid 1:0
Viertelfinale:	Sturm Graz – Eintracht Frankfurt 0:2	Eintracht Frankfurt – Sturm Graz 1:0
Halbfinale:	Eintracht Frankfurt – West Ham United 2:1	West Ham United – Eintracht Frankfurt 3:1

1976: Hamburger SV

1. Hauptrunde:
Werder Bremen – Borussia Mönchengladbach 0:3;
Karlsruher SC – SpVgg Bayreuth 4:2;
FC Augsburg – Fortuna Düsseldorf 0:1;
Schwarz-Weiß Essen – Bayer Uerdingen 2:1 n. Verl.;
VfB Oldenburg – FC Schalke 04 0:6;
Hamburger SV – 1. FC Köln (Amat.) 4:0;
Eintracht Frankfurt – Viktoria Köln 6:0;
1. FC Kaiserslautern – VfR Mannheim 2:0;
SpVgg Freudenstadt – Eintracht Braunschweig 0:7;
FC St. Pauli – FK Pirmasens 1:1 n. Verl. und 2:5
Bayern München – 1. FC Saarbrücken 3:1
1. FC Nürnberg – Rot-Weiß Essen 2:1
SpVgg Erkenschwick – VfL Bochum 2:3
Gummi-Mayer Landau – Hannover 96 1:7
Borussia Neunkirchen – Kickers Offenbach 2:0
1. FC Köln – Olympia Wilhelmshaven 2:0
FV 09 Weinheim – Hertha BSC Berlin 1:7
MTV Fürth/Bayern – MSV Duisburg 2:10
1860 München – Göttingen 05 2:1
Tennis Borussia Berlin – Schweinfurt 05 2:0

Pokal-Statistik 1976

1. Hauptrunde bis Vorschlußrunde 1976

FSV Frankfurt – SpVgg Fürth 1:1 n. Verl., 0:1;
Wuppertaler SV – Schwarz-Weiß Essen (A) 3:0;
VfR Oli Bürstadt – Bayern Hof 1:2;
SpVgg Andernach – DJK Gütersloh 0:2;
SV Chio Waldhof – SV Cuxhaven 2:1;
Wattenscheid 09 – SC Condor Hamburg 4:0;
Stuttgarter Kickers – Holstein Kiel 1:1 n. Verl., 2:1;
Arminia Bielefeld – SV St. Georg Hamburg 4:0;
TSG Thannhausen – Bayer Leverkusen 0:6;
FSV Mainz 05 – TSV Osterholz-Tenever 7:2;
1. FC Mülheim – SpVgg 06/07 Sterkrade 4:2;
Hessen Kassel – Alemannia Aachen 1:0;
VfL Trier – TSV Kücknitz 3:6 n. Verl.;
FK Clausen – Wormatia Worms 0:2;
Hassia Bingen – Frisia Husum 7:0;
Spfr. Salzgitter – SV Weiskirchen 0:1;
SC Freiburg – Victoria Hamburg 2:1;
SGO Bremen – 1. FC Herzogenaurach 5:1;
Spfr. Schwäbisch-Hall – TuS Mayen 5:1;
Union Salzgitter – TSV Abbehausen 5:0;
VfB Stuttgart (A) – SV Barmbek-Uhlenhorst 1:3;
Bünder SV 08/09 – VfR Pforzheim 2:2 n. Verl., 2:1;
FC 08 Homburg – Un. Solingen 4:0
Rapide Wedding – VfB Stuttgart 2:9
SV Darmstadt 98 – VfB Eppingen 4:1
Fortuna Köln – ASV Bergedorf 85 6:1
SpVgg 07 Ludwigsburg – Borussia Dortmund 0:6
SC Jülich 1910 – Wacker 04 Berlin 3:0
Röchling Völklingen – Wacker München 5:1
Westf. Herne – Freiburger FC 3:1
Spandauer SV – Rot-Weiß Oberhausen 2:1
Preußen Münster – Siemensstadt Berlin 7:1
VfL Osnabrück – VfL Wolfsburg 3:2
SV Hasborn – VfL Neuwied 3:1
SV Auersmacher – VfB Gaggenau 6:0
SpVgg Lindau – Itzehoer SV 3:0
ASV Idar-Oberstein – SG Frankfurt-Höchst 3:2
Offenburger FV – FSV Cappel 2:0
Sportfr. Siegen – ATS Kulmbach 4:2
TuS Xanten – TS Woltmershausen 0:2
Eintracht Höhr-Grenzhausen – SV Spielberg 4:3
VfR Heilbronn – Rot-Weiß Lüdenscheid 3:2 n. Verl.
SC Herford – SC Friedrichsthal 3:1
Hertha Zehlendorf – Blumenthaler SV 0:1 n. Verl.

2. Hauptrunde:
MSV Duisburg – Karlsruher SC 4:0;
FC Schalke 04 -Borussia Dortmund 2:1;
Hertha BSC Berlin – VfB Stuttgart 4:2;
Borussia Mönchengladbach – SV Hasborn 3:0;
Bünder SV 08/09 – Bayern München 0:3;
Offenburger FV – Eintracht Frankfurt 1:5;
Blumenthaler SV – 1. FC Kaiserslautern 1:5;
1. FC Nürnberg – Fortuna Köln 1:0 n. Verl.;
FSV Mainz 05 – Röchling Völklingen 1:2;
1. FC Mülheim – Bayern Hof 1:3 n. Verl.;
Schwarz-Weiß Essen – SGO Bremen 3:0;
Spfr. Schwäbisch Hall – Stuttgarter Kickers 0:5;
Sportfr. Siegen – Tennis Borussia Berlin 1:2;
SpVgg Fürth – TS Woltmershausen 7:1;
Westf. Herne – ASV Idar-Oberstein 4:0;
SC Jülich 1910 – SpVgg Lindau 5:1;
Bayer Leverkusen – VfL Bochum 0:2
Hannover 96 – FC 08 Homburg 1:2
1. FC Köln – SC Freiburg 8:2
Hamburger SV – Un. Salzgitter 4:0
Wormatia Worms – Eintracht Braunschweig 0:3
Hessen Kassel – Fortuna Düsseldorf 2:3
Preußen Münster – Wuppertaler SV 1:0
SV Chio Waldhof – 1860 München 4:1
FK Pirmasens – Spandauer SV 7:1
Arminia Bielefeld – Eintracht Höhr-Grenzhausen 5:1
SV Darmstadt 98 – VfR Heilbronn 4:0
TSV Kücknitz – DJK Gütersloh 0:1
VfL Osnabrück – Borussia Neunkirchen 3:2
Wattenscheid 09 – SC Herford 4:0
SV Weiskirchen – SV Auersmacher 4:1
SV Barmbek-Uhlenhorst – Hassia Bingen 2:3 n. Verl.

3. Hauptrunde:
MSV Duisburg – Borussia Mönchengladbach 0:1;
Fortuna Düsseldorf – VfL Bochum 4:4 n. Verl., 3:1 n. Verl.;
Bayern München – Tennis Borussia Berlin 3:0;
Eintracht Frankfurt – VfL Osnabrück 3:0;
Hamburger SV – SC Jülich 1910 4:0;
Preußen Münster – Schwarz-Weiß Essen 2:2 n. Verl., 2:3;
FC 08 Homburg – SV Chio Waldhof 1:0;
SV Weiskirchen – FK Pirmasens 0:1;
FC Schalke 04 – Eintracht Braunschweig 1:2
1. FC Köln – SpVgg Fürth 3:1
Stuttgarter Kickers – Hertha BSC Berlin 1:3
Westf. Herne – 1. FC Kaiserslautern 1:3
Arminia Bielefeld – DJK Gütersloh 3:2
SV Darmstadt 98 – 1. FC Nürnberg 3:1 n. Verl.
Wattenscheid 09 – Bayern Hof 2:3
Röchling Völklingen – Hassia Bingen 4:1

4. Hauptrunde:
Bayern Hof – Hamburger SV 0:2;
FC 08 Homburg – SV Darmstadt 98 3:0;
Fortuna Düsseldorf – Borussia Mönchengladbach 3:2;
FK Pirmasens – Bayern München 0:2;
Schwarz-Weiß Essen – 1. FC Köln 1:1 n. Verl., 0:1 n. Verl.
1. FC Kaiserslautern – Eintracht Braunschweig 2:0
Hertha BSC Berlin – Eintracht Frankfurt 1:0 n. Verl.
Röchling Völklingen – Arminia Bielefeld 1:0

Zwischenrunde:
1. FC Köln – Bayern München 2:5;
Hertha BSC Berlin – Röchling Völklingen 1:1 n. Verl., 2:1;
FC 08 Homburg – Hamburger SV 1:2
1. FC Kaiserslautern – Fortuna Düsseldorf 3:0

Vorschlußrunde:
Hamburger SV – Bayern München 2:2 n. Verl., 1:0;
1. FC Kaiserslautern – Hertha BSC Berlin 4:2

Pokal-Statistik 1976 bis 1977

Finale: 26. 06.1976, Hamburger SV – 1. FC Kaiserslautern 2:0 (2:0)

Hamburger SV: Kargus, Kaltz, Nogly, Blankenburg, Hidien, Memering, Zaczyk (62. Sperlich), Eigl, Reimann, Björnmose, Volkert
Trainer: Klötzer

1. FC Kaiserslautern: Hellström, Kroth, E. Diehl, Melzer, Frosch, Meier, Scheer, Riedl, Pirrung (62. Wilhelmi), Stickel (66. Schwarz), Sandberg
Trainer: Ribbeck

Tore: 1:0 Nogly (22.), 2:0 Björnmose (37.)

Schiedsrichter: Eschweiler (Euskirchen)

Zuschauer: 61 000 in Frankfurt

So spielte der Hamburger SV im Europapokal der Pokalsieger Saison 76/77:

1. Runde:	Hamburger SV – IB Keflavik 3:0	IB Keflavik – Hamburger SV 1:1 (in Reykjavík)
Achtelfinale:	Hamburger SV – Heart of Midlothian 4:2	Heart of Midlothian – Hamburger SV 1:4
Viertelfinale:	MTK / VM Budapest – Hamburger SV 1:1	Hamburger SV – MTK / VM Budapest 4:1
Halbfinale:	Atletico Madrid – Hamburger SV 3:1	Hamburger SV – Atletico Madrid 3:0

Endspiel am 11. Mai 1977 in Amsterdam: Hamburger SV – RSC Anderlecht 2:0 (0:0)

1977: 1. FC Köln

1. Hauptrunde:
Borussia Mönchengladbach – Eintracht Braunschweig 0:2;
Hamburger SV – Schwarz-Weiß Essen 4:1;
SV Wiesbaden – FC Schalke 04 1:3;
Werder Bremen – Südwest Ludwigshafen 4:0;
Preußen 07 Hameln – 1. FC Saarbrücken 0:5;
Borussia Dortmund – Concordia Haaren 10:0;
Saar 05 Saarbrücken – Eintracht Frankfurt 1:6;
SV Meppen – Rot-Weiß Essen 2:3 n. Verl.;
Hannover 96 (A) – Bayern München 0:10;
Kickers Offenbach – SpVgg Bayreuth 4:4 n. Verl. und 1:4;
VfB Stuttgart – SpVgg Fürth 3:0;
Bayer Uerdingen – VfB Weidenau 6:0;
VfL Pinneberg – FC Augsburg 0:4;
1. FC Köln (Amat.) – Röchling Völklingen 1:2;
Wattenscheid 09 – Tura Harksheide 5:1;
Arminia Bielefeld – 1. FC Passau 6:2 n. Verl.;
Werder Bremen (Amat.) – 1. FC Nürnberg 0:3;
Jahn Regensburg – VfR Heilbronn 3:1;
Wacker 04 Berlin – FC 08 Villingen 1:0;
Union Solingen – Pegulan Frankenthal 1:1 n. Verl. und 1:0;
Wormatia Worms – Göttingen 05 2:1;
SSV Dillenburg – Bayern München (Amat.) 1:3;
Hertha BSC Berlin (A) – DJK Gütersloh 0:2;
VfB Theley – BFC Preußen Berlin 2:0;
SV Neckargerach – SSV Ulm 1846 3:1;
Phönix Lübeck – Eintracht Kreuznach 0:2;
Lüner SV – SG Ellingen-Bonefeld 0:1 n. Verl.;
Hertha Zehlendorf – TuS Mayen 1:0;
TuS Feuchtwangen – SV Weiskirchen 4:3 n. Verl.;
TV Unterboihingen – Sg Dielheim 8:2;
VfR Achern – BV Bad Lippspringe 2:0;
Bremerhaven 93 – VfR Neuß 3:0;
Hannover 96 – MSV Duisburg 0:1
Fortuna Düsseldorf – Eintracht Trier 3:1
1. FC Kaiserslautern – VfR Mannheim 1:0
Karlsruher SC – 1. FC Bocholt 2:0
Hertha BSC Berlin – TuS Langerwehe 7:3
SpVgg Steinhagen – VfL Bochum 0:3
Tennis Borussia Berlin – Sparta Bremerhaven 5:0
Itzehoer SV – 1. FC Köln 0:7
Fortuna Köln – Westfalia Herne 4:1
1860 München – Wuppertaler SV 1:0
FK Pirmasens – Preußen Münster 5:1
Bayern Hof – VfB Oldenburg 3:2
SV Chio Waldhof – Bremer SV 6:0
FC Konstanz – Alemannia Aachen 0:2
FC Homburg/Saar – SpVgg Erkenschwick 2:1
Bayer Leverkusen – IF Tönning 4:0
SC Freiburg – Stuttgarter Kickers 1:6
VfL Osnabrück – Union 06 Berlin 12:1
Urania Hamburg – FC St. Pauli 1:6
SVA Gütersloh – Darmstadt 98 2:3 n. Verl.
FV Faurndau – FC Hanau 93 1:4
Schweinfurt 05 – Hassia Bingen 2:3
FC Niederembt – Spandauer SV 1:3
VfR Pforzheim – Olympia Bocholt 2:3
SpVgg Andernach – FSV Mainz 05 1:1 n. Verl. und 0:3
Spfr. Salzgitter – Hülser SC 1920 2:1
SVO Germaringen – VfR Laboe 9:0
Victoria Hamburg – FC Ensdorf 1:0
1. FC Mülheim-Styrum – SG Egelsbach 0:3
Eisbachtaler Spfr. – TSG Leihgestern 1:1 n. Verl. und 2:0
TSV Güntersleben – SSV Reutlingen 1:2 n. Verl.
FSV Frankfurt – SpVgg Freudenstadt 5:0

Pokal-Statistik 1977

2. Hauptrunde bis Finale 1977

2. Hauptrunde:
Bayern München – Hamburger SV 5:1;
1. FC Saarbrücken – Rot-Weiß Essen 0:3;
Stuttgarter Kickers – 1. FC Kaiserslautern 1:1 n. Verl. und 1:3;
Alemannia Aachen – Borussia Dortmund 0:0 n. Verl. und 0:2;
FC Homburg/Saar – Karlsruher SC 0:2 (annulliert) und 1:0;
Schalke 04 – SG Ellingen 6:1;
Tennis Borussia Berlin – Ol. Bocholt 4:4 n. Verl. und 1:1 n. Verl., Elfmeterschießen 3:1 für Tennis;
Bremerhaven 93 – VfL Bochum 1:3;
VfB Stuttgart – Union Solingen 2:0;
FSV Frankfurt – Eintracht Kreuznach 2:1 n. Verl.;
Arminia Bielefeld – SVO Germaringen 6:0;
Victoria Hamburg – Chio Waldhof 2:5;
SpVgg Bayreuth – SSV Reutlingen 2:1;
Spfr. Salzgitter – Bayern München (A) 1:2;
Eisbachtaler Spfr. – Hassia Bingen 0:4;
Bayer Uerdingen – Mainz 05 3:0;
Fortuna Düsseldorf – 1. FC Köln 2:4 n. Verl.
Hertha BSC – Bayern Hof 3:1
Werder Bremen – Wattenscheid 09 4:1
Röchling Völklingen – Eintracht Braunschweig 2:1
Eintracht Frankfurt – Hertha Zehlendorf 10:2
VfB Theley – MSV Duisburg 0:4;
Jahn Regensburg – Fortuna Köln 1:2 n. Verl.,
Wormatia Worms – FC Augsburg 1:2
Bayer Leverkusen – FC St. Pauli 3:1 n. Verl.
Wacker 04 Berlin – 1. FC Nürnberg 0:5
SG Egelsbach – VfL Osnabrück 0:2
Hanau 93 – 1860 München 1:6
SV Neckargerach – FK Pirmasens 2:3
Spandauer SV – Darmstadt 98 2:3
TuS Feuchtwangen – DJK Gütersloh 2:3 n. Verl.
VfR Achern – TV Unterboihingen 1:2

3. Hauptrunde:
Rot-Weiß Essen – VfL Bochum 5:1;
Bayer Uerdingen – 1. FC Kaiserslautern 3:1;
Darmstadt 98 – Hertha BSC 0:1 n. Verl.;
Schalke 04 – FSV Frankfurt 1:0;
Bayern München – TV Unterboihingen 10:1;
FK Pirmasens – Arminia Bielefeld 3:4;
DJK Güterloh – FC Homburg/Saar 0:6;
SpVgg Bayreuth – Hassia Bingen 2:1;
1. FC Köln – Tennis Borussia Berlin 5:1
Werder Bremen – Bayer Leverkusen 3:0
Röchling Völklingen – Eintracht Frankfurt 2:3
VfL Osnabrück – Borussia Dortmund 3:1 n. Verl.
FC Augsburg – 1860 München 2:1
1. FC Nürnberg – Chio Waldhof 3:2
Bayern München (A) – VfB Stuttgart 2:1
MSV Duisburg – Fortuna Köln 4:0

4. Hauptrunde:
MSV Duisburg – Hertha BSC 1:2;
1. FC Köln – FC Homburg/Saar 7:2;
Bayer Uerdingen – Werder Bremen 2:0;
1. FC Nürnberg – VfL Osnabrück 1:0;
Schalke 04 – Eintracht Frankfurt 2:2 n. Verl. und 3:4
Rot-Weiß Essen – Arminia Bielefeld 2:0
Bayern München – Bayern München (A) 5:3
SpVgg Bayreuth – FC Augsburg 2:0

Zwischenrunde:
Hertha BSC – Bayern München 4:2 n. Verl.;
Bayer Uerdingen – Eintracht Frankfurt 6:3 n. Verl.;
1. FC Köln – 1. FC Nürnberg 4:2
SpVgg Bayreuth – Rot-Weiß Essen 1:2

Vorschlußrunde:
Bayer Uerdingen – Hertha BSC 0:1;
1. FC Köln – RW Essen 4:0

Finale: 28. 05. 1977, 1. FC Köln – Hertha BSC Berlin 1:1 (1:1, 1:0) n. Verl.

1. FC Köln: Schumacher, Konopka, Strack, Gerber, Zimmermann, Simmet, Overath (91. Neumann), Flohe, van Gool, Müller, Löhr (81. Larsen)
Trainer: Weisweiler

Hertha BSC Berlin: Nigbur, Sziedat, Kliemann, Brück, Weiner, Hermandung (69. Gersdorff), Sidka, Beer, Grau (112. Förster), Granitza, Horr
Trainer: Kessler

Tore: 1:0 Müller (44.), 1:1 Horr (64.)

Schiedsrichter: Frickel (München)

Zuschauer: 57 000 in Hannover

Finale: 30. 05. 1977 (Wiederholung), 1. FC Köln – Hertha BSC Berlin 1:0 (0:0)

1. FC Köln: Schumacher, Konopka, Strack, Gerber, Zimmermann, Neumann (77. Cullmann), Simmet, Flohe, van Gool, Müller, Löhr
Trainer: Weisweiler

Hertha BSC Berlin: Nigbur, Sziedat, Kliemann, Brück, Weiner, Hermandung (80. Kristensen), Beer, Sidka (70. Gersdorff), Grau, Granitza, Horr
Trainer: Kessler

Tor: 1:0 Müller (70.)

Schiedsrichter: Ohmsen (Hamburg)

Zuschauer: 35 000 in Hannover

So spielte der 1. FC Köln im Europapokal der Pokalsieger Saison 77/78:

1. Runde: 1. FC Köln – FC Porto 2:2 FC Porto – 1. FC Köln 1:0

So spielte der Titelverteidiger Hamburger SV im Europapokal der Pokalsieger Saison 77/78:

1. Runde: Hamburger SV – Reipas Lahti 8:1 Reipas Lahti – Hamburger SV 2:5

Achtelfinale: Hamburger SV – RSC Anderlecht 1:2 RSC Anderlecht – Hamburger SV 1:1

1978: 1. FC Köln

1. Hauptrunde:
1. FC Saarbrücken – Bayern München 1:2;
Kickers Offenbach – 1. FC Köln 0:4;
TSV Ofterdingen – Hamburger SV 0:5;
VfB Stuttgart – TuS Eintracht Bremen 10:0;
FC Konstanz – Eintracht Frankfurt 1:6;
Blumenthaler SV – Werder Bremen 1:5;
1. FC Viersen – Borussia Mönchengladbach 0:8,
TuS Sulzbach-Rosenberg – MSV Duisburg 1:11;
TSV Ottobrunn – Borussia Dortmund 0:9;
Wuppertaler SV – SC Herford 2:2 n. Verl. und 0:3;
KSV Baunatal – Alemannia Aachen 2:3;
Union Solingen – Schwarz-Weiß Essen 2:2 n. Verl. und 0:2;
SB Heidenheim – FK Pirmasens 1:2;
Wattenscheid 09 – TSV Bleidenstadt 1:2 n. Verl.;
FV Würzburg 04 – Jahn Regensburg 1:0;
FC Normannia Gmünd – Fortuna Köln 2:0,
Arminia Hannover – FC Augsburg (A) 0:1;
Hassia Bingen – Kickers Stuttgart 0:1;
Concordia Hamburg – Bayern Hof 2:0;
Westfalia Herne – BC Efferen 1920 6:1;
Olympia Kirrlach – Bayer Uerdingen 0:6;
BV 04 Düsseldorf – VfL Bad Schwartau 3:0;
VfV Hildesheim – TV Unterboihingen 4:1 n. Verl.;
VfL Wolfsburg – FSV Bad Orb 3:1;
Saar 05 Saarbrücken – Wacker 04 Berlin 1:1 n. Verl. und 0:0 n. Verl., Elfmeterschießen 5:4 für Wacker 04;
FC Augsburg – SpVgg Fürth 1:0;
Hannover 96 – Tennis Borussia Berlin 0:2
FSV Mainz 05 – Hertha 03 Zehlendorf 7:1;
SC Gladenbach – SSV Elpe 2:1;
Viktoria 89 Berlin – BSV Schwenningen 2:3 n. Verl.;
Bonner SC – Spfr. Eisbachtal 5:1;
FC Rastatt – TuS Struck 2:1;
Warendorfer SU – FSV Hemmersdorf 3:1;
1860 München – Arminia Bielefeld 4:2
Göttingen 05 – FC Schalke 04 0:2
Eintracht Braunschweig – Eintracht Nordhorn 10:1
RSV Rehburg – Hertha BSC Berlin 1:6
FC St. Wendel – Fortuna Düsseldorf 1:6
SG Ellingen-Bonefeld – FC St. Pauli 1:6
FSV Ludwigshafen – 1. FC Kaiserslautern 0:3
VfB Oldenburg – VfL Bochum 0:2
Rot-Weiß Essen – Oli Bürstadt 3:2
OSC Bremerhaven – Preußen Münster 3:2
Karlsruher SC – 1. FC Nürnberg 2:1
FC Villingen 08 – SpVgg Bayreuth 0:1
Chio Waldhof – Lüssumer TV 12:0
Bayer Leverkusen – FSV Salmrohr 5:0
TSV Rendsburg – VfL Osnabrück 0:2
Eintracht Trier – Blau-Weiß Wulfen 3:0
Südwest Nürnberg – Darmstadt 98 1:3
BV 08 Lüttringhausen – Freiburger FC 1:2
OSV Hannover – FSV Frankfurt 2:5
SpVgg Bad Homburg – FC Homburg/Saar 1:2
Hummelsbütteler SV – TuS Schloß Neuhaus 0:2
Schleswig 06 – Röchling Völklingen 0:1
Itzehoer SV – Borussia Brand 2:1
Tura Harksheide – SV Ottweiler 1:1 n. Verl. und 1:2
Horner TV – Alemannia Eggenstein 0:8 (Das Spiel wurde nach Urteil des DFB-Bundesgerichtes nach Einspruch Eggensteins gegen die Wertung der ersten Begegnung, die 2:1 für den Horner TV endete, neu angesetzt.)
Viktoria Köln – Eintracht Kreuznach 0:2
Eintracht Glas-Chemie Wirges – DSC Wanne-Eickel 2:3
FC Tailfingen – SpVgg Neckargemünd 3:2
SV Sandhausen – Traber FC Berlin 3:1
Lichterfelder SU – Alemannia Plaidt 2:2 n. Verl. und 1:3
TuS Langerwehe – VfB Coburg 3:0

2. Hauptrunde:
Fortuna Düsseldorf – Borussia Dortmund 3:1;
FC St. Pauli – VfL Bochum 0:3;
Eintracht Braunschweig – Kickers Stuttgart 3:1;
1. FC Kaiserslautern – Wacker 04 Berlin 4:1;
TuS Schloß Neuhaus – Eintracht Frankfurt 2:2 n. Verl. und 0:4;
FSV Mainz 05 – Hamburger SV 1:4;
Karlsruher SC – FK Pirmasens 4:3 n. Verl.;
MSV Duisburg – VfB Stuttgart 3:0
Chio Waldhof – Hertha BSC Berlin 1:3
Bayern München – Eintracht Trier 3:1
BV 04 Düsseldorf – Borussia Mönchengladbach 1:4
1. FC Köln – Eintracht Kreuznach 3:1
Röchling Völklingen – Werder Bremen 0:4
Bayer Uerdingen – FSV Frankfurt 0:3

Pokal-Statistik 1978

2. Hauptrunde bis Finale 1978

Tennis Borussia Berlin – Westfalia Herne 1:3;
FC Homburg/Saar – SC Herford 3:0;
FC Tailfingen – Rot-Weiß Essen 1:2;
Schwarz-Weiß Essen – Concordia Hamburg 2:0;
TuS Langerwehe – FV Würzburg 04 1:0 n. Verl.;
Itzehoer SV – SpVgg Bayreuth 1:6;
SC Gladenbach – SV Sandhausen 1:5;
Alemannia Plaidt – Bonner SC 1:2;
Schalke 04 – TSV Bleidenstadt 8:1;
VfL Osnabrück – Darmstadt 98 2:1
OSC Bremerhaven – FC Augsburg 0:1
Bayer Leverkusen – FC Rastatt 3:1
Warendorfer SU – Freiburger FC 1:4
VfV Hildesheim – Alemannia Aachen 3:0
Normannia Gmünd – FC Augsburg (A) 1:2
DSC Wanne-Eickel – VfL Wolfsburg 3:1
BSV Schwenningen – SV Ottweiler 4:0
München 1860 – Alemannia Eggenstein 7:1

3. Hauptrunde:
MSV Duisburg – 1. FC Kaiserslautern 2:1;
FC Homburg/Saar – Bayern München 3:1;
Fortuna Düsseldorf – Rot-Weiß Essen 4:1;
FSV Frankfurt – 1. FC Köln 0:3;
SV Sandhausen – Eintracht Braunschweig 0:4;
Hamburger SV – VfV Hildesheim 6:0;
Bayer Leverkusen – Westfalia Herne 1:5;
TuS Langerwehe – VfL Osnabrück 2:0;
FC Schalke 04 – Eintracht Frankfurt 1:0
1860 München – FC Augsburg 3:0
Freiburger FC – VfL Bochum 2:6
FC Augsburg (A) – Hertha BSC Berlin 0:4
DSC Wanne-Eickel – Werder Bremen 0:2
Borussia Mönchengladbach – Bonner SC 3:0
Karlsruher SC – SpVgg Bayreuth 2:0
Schwarz-Weiß Essen – BSV Schwenningen 2:1 n. Verl.

4. Hauptrunde:
FC Schalke 04 – Hamburger SV 4:2;
1. FC Köln – Karlsruher SC 4:0;
Borussia Mönchengladbach – VfL Bochum 3:0;
FC Homburg/Saar – Hertha BSC Berlin 1:1 n. Verl. und 1:4 n. Verl.;
Werder Bremen – 1860 München 2:1
TuS Langerwehe – MSV Duisburg 1:3
Fortuna Düsseldorf – Eintracht Braunschweig 3:1
Schwarz-Weiß Essen – Westfalia Herne 0:0 n. Verl. und 1:0

Zwischenrunde:
1. FC Köln – Schwarz-Weiß Essen 9:0;
Werder Bremen – Borussia Mönchengladbach 2:1;
MSV Duisburg – Hertha BSC Berlin 1:0
FC Schalke 04 – Fortuna Düsseldorf 1:1 n. Verl. und 0:1

Vorschlußrunde:
1. FC Köln – Werder Bremen 1:0;
Fortuna Düsseldorf – MSV Duisburg 4:1

Finale: 15. 04. 1978, 1. FC Köln – Fortuna Düsseldorf 2:0 (0:0)

1. FC Köln: Schumacher, Gerber, Konopka, Strack, Zimmermann, Cullmann, Flohe, Neumann, van Gool, Müller, Okudera
Trainer: Weisweiler

Fortuna Düsseldorf: Daniel, Zewe, Brei, Zimmermann, Baltes, Köhnen, Weikl, Allofs, Lund (78. Bommer), Hickersberger, Seel
Trainer: Weise

Tore: 1:0 Cullmann (71.), 2:0 van Gool (90.)

Schiedsrichter: Redelfs (Hannover)

Zuschauer: 70 000 in Gelsenkirchen

Pokalsieger 1. FC Köln wurde 1978 auch Deutscher Meister,
deshalb spielte Finalist Fortuna Düsseldorf im Europapokal der Pokalsieger Saison 78/79:

1. Runde:	Universitatea Craiova – Fortuna Düsseldorf 3:4	Fortuna Düsseldorf – Universitatea Craiova 1:1
Achtelfinale:	Fortuna Düsseldorf – FC Aberdeen 3:0	FC Aberdeen – Fortuna Düsseldorf 2:0
Viertelfinale:	Fortuna Düsseldorf – Servette Genf 0:0	Servette Genf – Fortuna Düsseldorf 1:1
Halbfinale:	Fortuna Düsseldorf – Banik Ostrau 3:1	Banik Ostrau – Fortuna Düsseldorf 2:1

Endspiel am 16. Mai 1979 in Basel: FC Barcelona – Fortuna Düsseldorf 4:3 (2:2, 2:2) n. Verl.

1979: Fortuna Düsseldorf

1. Hauptrunde:
Arminia Bielefeld – Hamburger SV 2:1 n. Verl.;
Fortuna Düsseldorf – Kickers Stuttgart 7:2;
Borussia Mönchengladbach – Wuppertaler SV 4:2;
Rot-Weiß Lüdenscheid – 1. FC Köln 1:4;
Eintracht Braunschweig – ETB Schwarz-Weiß Essen 2:0;
SV Darmstadt 98 – DJK Abenberg 4:1;
1. FC Kaiserslautern – BFC Preußen Berlin 7:0;
SpVgg Bad Pyrmont – Eintracht Frankfurt 1:2;
1. FC Nürnberg – ASV Neumarkt 4:0;
Tennis Borussia Berlin – Union Solingen 2:0 n. Verl.;
SC Freiburg – Rot-Weiß Essen 3:1;
Eintracht Trier – SG Fuchsmühl 3:1;
SC Pfullendorf – FC Homburg/Saar 0:3;
SSV Dillenburg – FSV Frankfurt 2:4;
SC Jülich 1910 – Kickers Offenbach 1:10;
Karlsruher SC – Eintracht Kreuznach 3:1;
SuS Nord-Harrislee – Borussia Neunkirchen 0:6;
Viktoria Sindlingen – Bayer Leverkusen 0:3;
Union Böckingen – Bayer Uerdingen 2:8;
FC St. Pauli – Bayern Hof 3:0 n. Verl.;
SV Haidlfing – SpVgg Bayreuth 0:5;
TuS Iserlohn – VfL Osnabrück 0:2;
ASV Burglengenfeld – Viktoria Köln 1:4;
FC Tailfingen – SV Sandhausen 4:3;
SV Memmelsdorf – 1. FC Bocholt 1:8;
Rot-Weiß Oberhausen – ETSV Landshut 5:1 n. Verl.;
SG Ellingen-Bonefeld – VfB Lübeck 3:1;
SC Herford – Kickers Würzburg 2:1;
FC Gütersloh – Eintracht Nordhorn 4:1;
SV Bliesen – FV Melsungen 2:3;
MTV Gifhorn – FK Pirmasens 0:3;
VfR Heilbronn – TuS Langerwehe 1:0;
MSV Duisburg – Wattenscheid 09 4:3
FV Würzburg 04 – Hertha BSC Berlin 0:2 n. Verl.
1860 München – FC Schalke 04 0:5
Bayern München – SSV Glött 5:0
VfB Stuttgart – Spandauer SV 12:0
Werder Bremen – SV Holzwickede 5:0
VfL Bochum – Bünder SV 08/09 4:0
Borussia Dortmund – BSV Schwenningen 14:1
1. FC Saarbrücken – SpVgg Fürth 1:0 n. Verl.
Fortuna Köln – FC Hanau 93 2:0
Freiburger FC – SpVgg Neckarelz 6:1
DSC Wanne-Eickel – VfR Mannheim 2:1
Preußen Münster – SV Leiwen 6:0
SVW Mannheim 07 – SV Börnsen 5:0
VfB Schrecksbach – Arminia Hannover 3:5
FC Augsburg – Offenburger FV 4:2
Holstein Kiel – Saar 05 Saarbrücken 5:0
Wormatia Worms – VfB Remscheid 4:2
Alemannia Aachen – FC Eislingen 4:1
KSV Baunatal – SV Union Essen-Frintrop 5:0
TuS Hessisch-Oldendorf – Westfalia Herne 0:4
OSC Bremerhaven – Hannover 96 0:3
ESV Ingolstadt – Viktoria Klein-Gladbach 4:0
Südwest Ludwigshafen – Concordia Hamburg 2:0
SVO Germaringen – VfR Oli Bürstadt 1:7
SG Bad Soden-Salmünster-VfL Neustadt/W. 1:3
Göttingen 05 – FC Epe 2:0
OSV Hannover – TSV Helmstedt 5:1
1. FC Kirchheim – Eintracht Wirges 1:2
Werder Bremen (A) – TuS Neuendorf 1:1 n. Verl. und 2:5
Victoria Hamburg – SSV Ulm1846 0:6
SV Blumenthal – Fortuna Düsseldorf (A) 1:2 n. Verl.

2. Hauptrunde:
MSV Duisburg – Arminia Bielefeld 3:1;
Werder Bremen – Eintracht Frankfurt 2:3;
Bayern München – VfL Osnabrück 4:5;
Eintracht Trier – 1. FC Kaiserslautern 0:1;
FC Augsburg – 1. FC Nürnberg 1:3;
Wormatia Worms – Hertha BSC 1:1 n. Verl. und 0:2;
Eintracht Braunschweig – SG Ellingen-Bonefeld 1:0;
1. FC Saarbrücken – Bayer Uerdingen 2:3;
Tennis Borussia Berlin – VfR Bürstadt 3:3 n. Verl. und 0:0 n. Verl., Elfmeterschießen 4:3 für Tennis;
SSV Ulm 1846 – FSV Frankfurt 4:2;
SC Herford – Holstein Kiel 0:3;
KSV Baunatal – Göttingen 05 3:0;
SC Freiburg – FC Tailfingen 2:0;
SpVgg Bayreuth – FV Melsungen 6:0;
FC Gütersloh – Karlsruher SC 1:1 n. Verl. und 0:3;
FC St. Pauli – TuS Neuendorf 1:2;
FC Schalke 04 – VfB Stuttgart 3:2
VfL Bochum – DSC Wanne-Eickel 4:2 n. Verl.
Borussia Mönchengladbach – Arminia Hannover 6:1
SV Darmstadt 98 – Preußen Münster 2:1
Borussia Neunkirchen – Borussia Dortmund 0:0 n. Verl. und 0:2
Westfalia Herne – 1. FC Köln 2:3
Fortuna Düsseldorf – VfR Heilbronn 3:0
Hannover 96 – Alemannia Aachen 1:3
Südwest Ludwigshafen – Viktoria Köln 4:2
Kickers Offenbach – ESV Ingolstadt 3:0
SVW Mannheim 07 – VfL Neustadt/Weinstr. 7:0
FC Homburg/Saar – FK Pirmasens 4:2
OSV Hannover – Bayer Leverkusen 0:3
Eintracht Wirges – Fortuna Köln 1:7
Rot-Weiß Oberhausen – Fortuna Düsseldorf (A) 3:2
Freiburger FC – 1. FC Bocholt 2:2 n. Verl. und 2:3 n. Verl.

3. Hauptrunde:
1. FC Köln – Eintracht Braunschweig 3:2 n. Verl.;
Tennis Borussia Berlin – 1. FC Nürnberg 0:2;
FC Homburg/Saar – VfL Bochum 0:0 n. Verl. und 0:1;
Borussia Dortmund – Kickers Offenbach 6:1;
Bayer Uerdingen – FC Schalke 04 2:1;
Südwest Ludwigshafen – 1. FC Kaiserslautern 2:1;
VfL Osnabrück – Fortuna Köln 2:1;
RW Oberhausen – SC Freiburg 1:1 n. Verl. und 0:0 n. Verl., Elfmeterschießen 3:2 für Oberhausen;
Hertha BSC Berlin – Borussia Mönchengladbach 2:0
Fortuna Düsseldorf – Alemannia Aachen 2:1
MSV Duisburg – SVW Mannheim 07 2:1
Eintracht Frankfurt – KSV Baunatal 4:1
SV Darmstadt 98 – SSV Ulm 1846 1:5
Holstein Kiel – Karlsruher SC 5:2
Bayer Leverkusen – SpVgg Bayreuth 1:0
TuS Neuendorf – 1. FC Bocholt 3:1 n. Verl.

Achtelfinale:
MSV Duisburg – Fortuna Düsseldorf 0:1;
Borussia Dortmund – Eintracht Frankfurt 1:3;
1. FC Nürnberg – Holstein Kiel 7:1;
Rot-Weiß Oberhausen – VfL Osnabrück 1:0;
Hertha BSC Berlin – 1. FC Köln 2:0 n. Verl.
Südwest Ludwigshafen – SSV Ulm 46 1:1 n. Verl. und 1:0
Bayer Uerdingen – VfL Bochum 4:2
TuS Neuendorf – Bayer Leverkusen 1:4

Viertelfinale:
1. FC Nürnberg – Südwest Ludwigshafen 4:0;
Fortuna Düsseldorf – Bayer Leverkusen 2:1;
Hertha BSC Berlin – Bayer Uerdingen 6:1
Eintracht Frankfurt – Rot-Weiß Oberhausen 2:1

Halbfinale:
Fortuna Düsseldorf – 1. FC Nürnberg 4:1 n. Verl.;
Hertha BSC Berlin – Eintracht Frankfurt 2:1

Finale: 23. 06. 1979, Fortuna Düsseldorf – Hertha BSC Berlin 1:0 (0:0) n. Verl.

Fortuna Düsseldorf: Daniel, Zewe, Weikl, Fanz, Baltes, Bommer, Schmitz, Köhnen, Th. Allofs (72. Dusend), K. Allofs, Seel.
Trainer: Tippenhauer

Hertha BSC: Nigbur, Kliemann, Sziedat, Rasmussen, Weiner, Brück, Sidka, Nüssing, Milewski (72. Agerbeck), Beer, Krämer (91. Remark).
Trainer: Klötzer

Tor: 1:0 Seel (116.)

Schiedsrichter: Linn (Altendiez)

Zuschauer: 56 000 in Hannover

So spielte Fortuna Düsseldorf im Europapokal der Pokalsieger Saison 79/80:

Qualifikation: Freilos

1. Runde: Glasgow Rangers – Fortuna Düsseldorf 2:1 Fortuna Düsseldorf – Glasgow Rangers 0:0

1980: Fortuna Düsseldorf

1. Hauptrunde:
1. FC Kaiserslautern – MSV Duisburg 2:0;
Eintracht Braunschweig – Preußen Münster 1:0;
Hamburger SV – FC 08 Villingen 6:0;
Borussia Mönchengladbach – FV Biberach 2:1;
1. FC Köln – FSV Mainz 05 5:1;
1860 München – FC St. Pauli Hamburg 5:0;
FV Weingarten – VfL Bochum 2:7;
VfL Wolfsburg – VfB Stuttgart 0:3;
FC Östringen – Bayern München 1:10;
Freiburger FC – 1. FC Saarbrücken 2:1;
Wuppertaler SV – Wormatia Worms 1:4;
Viktoria Köln – Tennis Borussia Berlin 1:0;
VfL Osnabrück – Rot-Weiß Lüdenscheid 3:2 n. Verl.;
Eintracht Trier – Wuppertaler SV (A) 4:2;
Arminia Bielefeld – Preußen Berlin 1:0;
1. FC Nürnberg – Eintracht Braunschweig (A) 3:0;
VfB 1900 Gießen – FC Homburg/Saar 2:4;
SV Geinsheim – DSC Wanne-Eickel 2:4;
SV Heng – Fortuna Köln 0:4;
TuS Chlodwig Zülpich – ESV Ingolstadt 2:6;
TuS Xanten – Arminia Hannover 2:1;
Hanau 93 – Wacker 04 Berlin 2:2 n. Verl. und 1:4;
TSV Ampfing – SV Bramfeld 1:2 n. Verl.;
TSV Battenberg – SV Auersmacher 5:4 n. Verl.;
BV Lüttringhausen – SpVgg Erkenschwick 3:2;
SV Göppingen – TuS Neuendorf 3:1;
Reinickendorfer Füchse – VfB Lübeck 4:2;
TuS Langerwehe – SV Hamborn 4:2;
Alemannia Aachen – Werder Bremen 0:1
SB Heidenheim – Hertha BSC Berlin 0:4
Eintracht Frankfurt – BSK Neugablonz 6:1
Borussia Dortmund – Bremer SV 7:0
Borussia Neunkirchen – Fortuna Düsseldorf 0:4
TSV Buxtehude – Bayer Uerdingen 0:6
MTV Gifhorn – Bayer 04 Leverkusen 1:4
Sportfreunde Eisbachtal – FC Schalke 04 0:1
Karlsruher SC – SC Freiburg 5:1
Kickers Offenbach – Hannover 96 3:1
Holstein Kiel – OSV Hannover 3:2
Wattenscheid 09 – MTV Ingolstadt 2:1
SpVgg Fürth – BSV Weißenthurm 3:1
SpVgg Bayreuth – Preußen 07 Hameln 5:0
Rot-Weiß Essen – 1. FC Köln (A) 2:1
FC Vilshofen – FV 04 Würzburg 2:3 n. Verl.
Stuttgarter Kickers – TSV Ofterdingen 3:0
Union Solingen – VfR Aalen 3:1
Westfalia Weitmar – SV Darmstadt 98 1:2
FSV Frankfurt – Viktoria Aschaffenburg 2:0
SVW Mannheim 07 – TBV Lemgo 5:1
FC Augsburg – FC Wipfeld 7:0
FT Geestemünde – SV Zeitlarn 4:1
TuS Schloß Neuhaus – 1. FC Nürnberg (A) 3:2 n. Verl.
VfB Gaggenau – SpVgg Au 2:2 n. Verl. und 0:5
SG Ohetal – KSV Baunatal 0:2
SpVgg Elversberg – Heider SV 5:2 n. Verl.
1. FC Kaiserslautern (A) – SV Meppen 3:1

Pokal-Statistik 1980

1. Hauptrunde bis Finale 1980

FC Altona 93 – Viktoria Sindlingen 1:0;
Union Neumünster – Sportfreunde/DJK Freiburg 0:2;
VfB Oldenburg – SC Verl 1:2;
VfL Frohnlach – SV Alemannia Haibach 8:4 n. Verl.;
Westfalia Herne – SG Hagen-Vorhalle 4:0
Bonner SC – Salamander Türkheim 4:0
1. FC Bocholt – SV Speicher 8:0
1. FC Pforzheim – Phönix Düdelsheim 10:2

2. Hauptrunde:
Werder Bremen – Hertha BSC Berlin 0:2;
1. FC Nürnberg – Bayer 04 Leverkusen 5:2;
FSV Frankfurt – Borussia Dortmund 1:3 n. Verl.;
Viktoria Köln – Bayern München 1:3;
Freiburger FC – Eintracht Frankfurt 1:4;
VfL Bochum – SpVgg Fürth 2:1;
Bayer Uerdingen – Reinickendorfer Füchse 5:0;
Fortuna Düsseldorf – Wacker 04 Berlin 2:0;
DSC Wanne-Eickel – Kickers Offenbach 3:5;
Union Solingen – ESV Ingolstadt 3:0;
SpVgg Bayreuth – SpVgg Au 6:0;
TuS Xanten – Arminia Bielefeld 1:8;
Stuttgarter Kickers – VfL Frohnlach 9:0;
TuS Schloß Neuhaus – Fortuna Köln 1:2 n. Verl.;
SC Verl – SpVgg Elversberg 3:1;
1. FC Kaiserslautern (A) – Bonner SC 2:3 n. Verl.;
Borussia Mönchengladbach – Rot-Weiß Essen 4:0
VfB Stuttgart – Wattenscheid 09 10:2
Eintracht Braunschweig – Holstein Kiel 3:1
Darmstadt 98 – 1. FC Kaiserslautern 4:0
Wormatia Worms – Hamburger SV 0:3
1860 München – 1. FC Pforzheim 6:1;
FC Schalke 04 – KSV Baunatal 3:0
1. FC Köln – FC Altona 93 10:0
FC Homburg/Saar – FV 04 Würzburg 5:0
FC Augsburg – Karlsruher SC 1:1 n. Verl. und 0:3
SVW Mannheim – Sportfreunde/DJK Freiburg 7:2
1. FC Bocholt – VfL Osnabrück 1:1 n. Verl. und 2:3
Eintracht Trier – TuS Langerwehe 0:2
TSV Battenberg – SV Bramfeld 2:0 n. Verl.
SV Göppingen – FT Geestemünde 3:1
Westfalia Herne – BV Lüttringhausen 1:4

3. Hauptrunde:
Eintracht Braunschweig – VfB Stuttgart 2:3 n. Verl.;
Eintracht Frankfurt – SVW Mannheim 07 2:0;
SpVgg Bayreuth – Bayern München 1:0;
Bayer Uerdingen – Union Solingen 2:0;
SV Göppingen – Fortuna Düsseldorf 1:4;
1860 München – BV 08 Lüttringhausen 3:0,
1. FC Nürnberg – FC Homburg/Saar 1:2;
SC Verl – Stuttgarter Kickers 1:7;
VfL Bochum – 1. FC Köln 3:3 n. Verl. und 1:2
Borussia Dortmund – Arminia Bielefeld 3:1 n. Verl.
Karlsruher SC – Borussia Mönchengladbach 1:0 n. Verl.
Kickers Offenbach – Hamburger SV 2:0
Hertha BSC – TuS Langerwehe 0:0 n. Verl. und 1:2
FC Schalke 04 – Bonner SC 3:1
Darmstadt 98 – Fortuna Köln 7:2
VfL Osnabrück – TSV Battenberg 4:0

Achtelfinale:
Karlsruher SC – Fortuna Düsseldorf 3:5;
Borussia Dortmund – Bayer Uerdingen 2:1;
Stuttgarter Kickers – Kickers Offenbach 2:5;
FC Schalke 04 – VfL Osnabrück 2:0;
VfB Stuttgart – Eintracht Frankfurt 3:2
FC Homburg/Saar – 1860 München 1:0
SpVgg Bayreuth – TuS Langerwehe 5:2 n. Verl.
1. FC Köln – SV Darmstadt 98 3:1

Viertelfinale:
Borussia Dortmund – VfB Stuttgart 3:1;
FC Schalke 04 – SpVgg Bayreuth 3:1;
FC Homburg/Saar – 1. FC Köln 1:4
Kickers Offenbach – Fortuna Düsseldorf 2:5 n. Verl.

Halbfinale:
FC Schalke 04 – 1. FC Köln 0:2;
Fortuna Düsseldorf – Borussia Dortmund 3:1

Finale: 04. 06. 1980; Fortuna Düsseldorf – 1. FC Köln 2:1 (0:1)

Fortuna Düsseldorf: Daniel, Zewe, Weikl, Köhnen, Baltes, Wenzel (89. Bansemer), Wirtz, Bommer, Th. Allofs, K. Allofs, Seel
Trainer: Rehhagel

1. FC Köln: Schumacher, Strack, Konopka, Zimmermann, Prestin, Schuster, Cullmann, Kroth (66. Okudera), Littbarski (71. Willmer), Müller, Woodcock
Trainer: Heddergott

Tore: 0:1 Cullmann (26.), 1:1 Wenzel (60.), 2:1 Thomas Allofs (65.)

Schiedsrichter: Aldinger (Waiblingen)

Zuschauer: 56 000 in Gelsenkirchen

So spielte Fortuna Düsseldorf im Europapokal der Pokalsieger Saison 80/81:

Qualifikation:	Freilos	
1. Runde:	Fortuna Düsseldorf – Austria Salzburg 5:0	Austria Salzburg – Fortuna Düsseldorf 0:3
Achtelfinale:	Thor Waterschei – Fortuna Düsseldorf 0:0	Fortuna Düsseldorf – Thor Waterschei 1:0
Viertelfinale:	Fortuna Düsseldorf – Benfica Lissabon 2:2	Benfica Lissabon – Fortuna Düsseldorf 1:0

1981: Eintracht Frankfurt

1. Hauptrunde:
Bayern München – Arminia Bielefeld 2:0;
Hannover 96 – Borussia Hannover 8:1;
Concordia Hamburg – Hammer SpVgg 2:2 n. Verl. und 2:3;
FV Lauda – VfB Oldenburg 1:2 n. Verl.;
Schalke 04 – Bayer Uerdingen 2:5;
VfB Stuttgart – Fortuna Köln 4:0;
VfB Gaggenau – Eintracht Frankfurt 0:3;
Bramfelder SV – Bayer Leverkusen 2:8;
Eintracht Trier – Fortuna Düsseldorf 0:1;
Werder Bremen – Viktoria Köln 6:3 n. Verl.;
Rot-Weiß Essen – VfR Neuß 7:2;
FSV Frankfurt – Röchling Völklingen 3:1;
Eintracht Braunschweig – SC Fürstenfeldbruck 4:1;
FC Homburg 08 – SG Limburgerhof 3:0;
VfL Klafeld-Geisweid – Rot-Weiß Frankfurt 1:2;
Bünder SV – Südwest Ludwigshafen 2:0;
SpVgg Ansbach – FSV Pfaffenhofen 1:0;
SG 05 Pirmasens – TSV 1860 München 0:8;
TSV Plön – 1. FC Saarbrücken 0:3;
Moselfeuer Lehmen – Kickers Offenbach 1:15;
Buchonia Flieden – ESV Ingolstadt 1:4;
VfR Heilbronn – 1. FC Kaiserslautern 0:3;
DSC Wanne-Eickel – SpVgg Frechen 1:3;
SV Waldhof Mannheim – FSV Harburg 8:0;
1. FC Viersen – Karlsruher SC 2:2 n. Verl. und 1:2;
Schwarz-Weiß Essen – FC Neureut 6:0;
Rot-Weiß Oberhausen – Offenburger FV 1:0;
Freiburger FC – VfB Bottrop 3:1;
Blumenthaler SV – SC Pfullendorf 0:2;
SV Siegburg 04 – BFC Preußen Berlin 2:1;
Kickers Stuttgart – Rot-Weiß Lüdenscheid 2:0;
VfR Oli Bürstadt – SSV Dillenburg 4:1 n. Verl.;
VfB Stuttgart (A) – Borussia Dortmund 2:5 n. Verl.
MSV Duisburg – Wacker 04 Berlin 9:0
Darmstadt 98 – FSV Hemmersdorf 10:0
RSV Würges – FC Ottering 2:0
Hamburger SV – Wormatia Worms 11:1
Borussia Mönchengladbach – OSV Hannover 7:3
SpVgg Emsdetten – 1. FC Köln 0:6
VfL Bochum – SV Wilhelmshaven 4:1
Hertha BSC Berlin – Holstein Kiel 3:1
Alemannia Aachen – VfB Eppingen 3:0
Blau-Weiß Niederembt – Preußen Münster 1:4 n. Verl.
SC Herford – Eintracht Nordhorn 3:0,
SC Freiburg – Bremer SV 4:2
TuS Neuendorf – SG Egelsbach 3:4 n. Verl.
Rot-Weiß Niebüll – Eintracht Braunschweig (A) 3:2
TuS Langerwehe – SV Stuttgart-Rot 5:0
TSV Gersthofen – OSC Bremerhaven 0:1
Borussia Neunkirchen – SpVgg Bayreuth 1:1 n. Verl. und 1:2
Arminia Hannover – SpVgg Erkenschwick 2:1
Sportfreunde Eisbachtal – Wattenscheid 09 1:3
VfB Bielefeld – VfB Friedrichshafen 1:3
TSV Pliezhausen – SSV Ulm 46 0:3
Kickers Würzburg – TSV Hirschaid 2:1 n. Verl.
FC Augsburg – Wuppertaler SV 2:0
SpVgg Fürth – 1. FC Nürnberg 1:1 n. Verl. und 0:3
ASV Burglengenfeld – VfB Wissen 2:3
TSV Röttenbach – Hessen Kassel 2:4
ASC Dudweiler – FV 04 Würzburg 0:1
Atlas Delmenhorst – Blau-Weiß Wesselburen 6:2
VfL Osnabrück – Tennis Borussia Berlin 2:0 n. Verl.
FSV Mainz 05 – MTV Ingolstadt 3:2
TuS Celle – Union Solingen 0:0 n. Verl. und 0:5

2. Hauptrunde:
Bayer Uerdingen – Wattenscheid 09 4:1;
Eintracht Braunschweig – Preußen Münster 3:1;
VfL Bochum – Rot-Weiß Essen 5:1;
Rot-Weiß Niebüll – Schwarz-Weiß Essen 0:4;
Kickers Würzburg – Fortuna Düsseldorf 0:2;
FC Homburg 08 – VfB Oldenburg 0:1;
SSV Ulm 46 – SC Herford 1:0;
Bünder SV – SpVgg Frechen 3:1;
1. FC Köln – SC Freiburg 1:1 n. Verl. und 1:3;
Karlsruher SC – Alemannia Aachen 1:1 n. Verl. und 0:1;
Kickers Stuttgart – SpVgg Ansbach 13:0;
FC Augsburg – FSV Mainz 05 2:0;
SC Pfullendorf – SV Siegburg 04 0:1;
ESV Ingolstadt – 1. FC Nürnberg 1:3;
FSV Frankfurt – MSV Duisburg 2:0;
SG Egelsbach – 1. FC Kaiserslautern 1:3;
Hannover 96 – Werder Bremen 5:5 n. Verl. und 0:1
Hertha BSC Berlin – FV 04 Würzburg 4:1
Kickers Offenbach – Bayer Leverkusen 5:2
SpVgg Bayreuth – VfB Stuttgart 1:3
TuS Langerwehe – Borussia Mönchengladbach 1:7
Darmstadt 98 – VfR Oli Bürstadt 4:1 n. Verl.
OSC Bremerhaven – RSV Würges 0:2
Borussia Dortmund – TSV 1860 München 3:1
Bayern München – SV Waldhof Mannheim 4:2
Eintracht Frankfurt – VfB Friedrichshafen 6:0
Union Solingen – Rot-Weiß Frankfurt 1:2
VfB Wissen – VfL Osnabrück 1:7
Hessen Kassel – Hammer SV 4:0
1. FC Saarbrücken – Freiburger FC 2:2 n. Verl. und 1:3
Arminia Hannover – Hamburger SV 3:7
Atlas Delmenhorst – Rot-Weiß Oberhausen 1:0

3. Hauptrunde:
1. FC Kaiserslautern – Bayern München 2:1;
Fortuna Düsseldorf – Borussia Dortmund 3:0;
Schwarz-Weiß Essen – Bayer Uerdingen 1:2;
Hamburger SV – Rot-Weiß Frankfurt 11:0;
Eintracht Braunschweig – Kickers Stuttgart 3:2;
Alemannia Aachen – Freiburger FC 5:2;
SV Siegburg 04 – VfB Oldenburg 1:2 n. Verl.;
Kickers Offenbach – Atlas Delmenhorst 1:1 n. Verl. und 1:2;
VfB Stuttgart – 1. FC Nürnberg 2:0
Eintracht Frankfurt – SSV Ulm 46 3:0
Bünder SV – Borussia Mönchengladbach 1:7
SC Freiburg – Hessen Kassel 2:1 n. Verl.
Hertha BSC Berlin – Darmstadt 98 4:1
FC Augsburg – Werder Bremen 1:3
RSV Würges – VfL Osnabrück 0:1
FSV Frankfurt – VfL Bochum 1:2

Achtelfinale 1981 bis 1. Hauptrunde 1982

Achtelfinale:
Hamburger SV – VfL Bochum 4:1;
VfL Osnabrück – VfB Stuttgart 1:3;
Borussia Mönchengladbach – Atlas Delmenhorst 6:1;
Hertha BSC Berlin – Bayer Uerdingen 5:1;
Fortuna Düsseldorf – Werder Bremen 2:0
VfB Oldenburg – Eintracht Frankfurt 4:5
1. FC Kaiserslautern – Alemannia Aachen 3:0
Eintracht Braunschweig – SC Freiburg 1:0

Viertelfinale:
Eintracht Braunschweig – Hamburger SV 4:3 n. Verl.;
1. FC Kaiserslautern – Borussia Mönchengladbach 3:1;
Hertha BSC Berlin – Fortuna Düsseldorf 2:1
Eintracht Frankfurt – VfB Stuttgart 2:1

Halbfinale:
Eintracht Frankfurt – Hertha BSC Berlin 1:0;
1. FC Kaiserslautern – Eintracht Braunschweig 3:2

Finale: 02. 05. 1981, Eintracht Frankfurt – 1. FC Kaiserslautern 3:1 (2:0)

Eintracht Frankfurt: Pahl, Sziedat, Pezzey, Körbel, Neuberger, Lorant, Borchers, Nachtweih, Nickel, Hölzenbein, Bum Kun Cha
Trainer: Buchmann

1. FC Kaiserslautern: Hellström; Wolf, Dusek, Melzer, Briegel, Neues, Geye, Funkel, Wendt, Bongartz, Hofeditz
Trainer: Feldkamp

Tore: 1:0 Neuberger (38.), 2:0 Borchers (40.), 3:0 Bum Kun Cha (64.), 3:1 Geye (90.)
Schiedsrichter: Joos (Stuttgart)
Zuschauer: 71 000 in Stuttgart

So spielte Eintracht Frankfurt im Europapokal der Pokalsieger Saison 81/82:

1. Runde:	Eintracht Frankfurt – PAOK Saloniki 2:0	PAOK Saloniki – Eintracht Frankfurt 2:0 n. Verl. Elfmeterschießen 5:4 für Frankfurt
Achtelfinale:	ASK Rostow – Eintracht Frankfurt 1:0	Eintracht Frankfurt – ASK Rostow 2:0
Viertelfinale:	Tottenham Hotspur – Eintracht Frankfurt 2:0	Eintracht Frankfurt – Tottenham Hotspur 2:1

1982: FC Bayern München

1. Hauptrunde:
Hertha BSC Berlin – Bayer Leverkusen (A) 5:1;
VfL Osnabrück – VfB Bottrop 5:0;
SV Sandhausen – Arminia Bielefeld 3:6;
TSV Nördlingen – VfB Oldenburg 0:3;
Preußen Berlin – Schwarz-Weiß Essen 2:0;
Werder Bremen – 1. FC Kaiserslautern 1:0;
Karlsruher SC – Union Solingen 3:0;
VfL Bochum – 1. FC Paderborn 3:2;
SSV Dillenburg – Borussia Mönchengladbach 2:7;
FC Eislingen – Darmstadt 98 0:3;
Wuppertaler SV – Eintracht Braunschweig 1:0;
SpVgg Bayreuth – Bayer Uerdingen 3:1;
TuS Lörrach-Stetten – Wormatia Worms 1:2;
Rot-Weiß Essen – OSV Hannover 2:0;
SV Rasensport Osnabrück – Fortuna Köln 1:2;
ASC Dudweiler – FSV Salmrohr 0:0 n. Verl. und 1:3;
FV 09 Weinheim – SpVgg Ludwigsburg 2:1 n. Verl.;
FC Homburg – 1. FC Kaiserslautern (A) 1:4;
TSV Rendsburg – Viktoria Köln 1:1 n. Verl. und 0:3;
FC St. Pauli Hamburg – 1. FC Bocholt 1:2 n. Verl.;
Borussia Neunkirchen – Preußen Münster 1:0;
Holstein Kiel – Hermannia Kassel 3:2 n. Verl.;
TSV Röttenbach – SpVgg Elversberg 1:3;
München 1860 – SpVgg Fürth 2:0;
VfB Eppingen – Hannover 96 (A) 3:1;
SpVgg Erkenschwick – Bayer Leverkusen 0:3;
TuS Xanten – Göttingen 05 0:1;
FC Gohfeld – FVgg 06 Kastel 2:1;
VfB Stuttgart – FC Rastatt 5:0
Bayern München – SC Jülich 1910 8:0
SpVgg Landshut – Hassia Bingen 2:3
SV Leiwen – SC Herford 3:2 n. Verl.
MSV Duisburg – 1. FC Köln 2:1
Kickers Stuttgart – Hamburger SV 1:5
FC Grone 1910 – Borussia Dortmund 0:4
Eintracht Frankfurt – BSC Brunsbüttel 6:1
Fortuna Düsseldorf – SSV Überherrn 10:1
1. FC Haßfurt – 1. FC Nürnberg 0:2
Hannover 96 – Kickers Offenbach 5:1
Bayern Hof – SV Waldhof Mannheim 0:2
Freiburger FC – TS Woltmershausen 4:0
FC Tailfingen – SV Ruchheim 3:1
SV Neckargerach – Kickers Würzburg 4:2
1. FC Saarbrücken – Alemannia Aachen 0:0 n. Verl. und 1:2
SC Urania Hamburg – VfL Hamm 6:4 n. Verl.
Eintracht Trier – FSV Frankfurt II 2:1
SSV Ulm 46 – 1. FC Nürnberg (A) 1:1 n. Verl. und 3:1
Union Salzgitter – FC Augsburg 2:0
TuS Oberwinter – FC Rhade 2:0
Offenburger FV – Reinickendorfer Füchse 3:0
SV Siegburg 04 – FK Pirmasens 0:1
TSV Marktl – SC Freiburg 0:4
Tennis Borussia Berlin – Post SV Regensburg 4:3
SG Wattenscheid 09 – TuS Iserlohn 2:0 n. Verl.
Viktoria Griesheim – Hamburger SV (A) 8:2
Rot-Weiß Oberhausen – Tuspo Ziegenhain 5:3

Pokal-Statistik 1982

1. Hauptrunde bis Finale 1982

FSV Frankfurt – Witten 07 2:0;
Rot-Weiß Lüdenscheid – VfL Wolfsburg 1:2;
VfB Stuttgart (A) – VfL Klafeld 4:0;
Arminia Hannover – TSV Kappeln 6:1;
TuS Celle – ESV Ingolstadt 4:2
1. FC Köln (A) – OSC Bremerhaven 3:2 n. Verl.
Hessen Kassel – Schalke 04 4:1
SC Geislingen – VfR Oli Bürstadt 1:1 n. Verl. und 0:4

2. Hauptrunde:
Bayern München – SV Neckargerach 5:1;
Alemannia Aachen – SC Freiburg 2:1;
Fortuna Düsseldorf – Eintracht Frankfurt 3:1;
Darmstadt 98 – Hassia Bingen 4:1;
Hamburger SV – Eintracht Trier 2:1;
Karlsruher SC – Wuppertaler SV 3:0;
VfL Bochum – FC Tailfingen 3:1;
Wattenscheid 09 – Hannover 96 2:2 n. Verl. und 0:6;
Freiburger FC – TuS Celle 5:1;
Hertha BSC Berlin – Viktoria Griesheim 6:2;
Göttingen 05 – Rot-Weiß Oberhausen 1:0 n. Verl.;
FSV Frankfurt – FC Gohfeld 2:0;
1. FC Kaiserslautern (A) – Urania Hamburg 1:3;
Viktoria Köln – VfR Oli Bürstadt 1:1 n. Verl.,und 0:1 n. Verl.;
Tennis Borussia Berlin – VfB Oldenburg 1:2;
Holstein Kiel – Union Salzgitter 3:2;
MSV Duisburg – FK Pirmasens 3:0
Rot-Weiß Essen – SV Leiwen 4:1
Arminia Bielefeld – 1. FC Nürnberg 0:1
FSV Salmrohr – Werder Bremen 0:3
Borussia Mönchengladbach – Arminia Hannover 3:1
VfB Stuttgart – TuS Oberwinter 10:1
SpVgg Elversberg – Borussia Dortmund 1:4
Hessen Kassel – Fortuna Köln 1:0 n. Verl.
München 1860 – SV Waldhof Mannheim 0:1 n. Verl.
FV 09 Weinheim – VfL Osnabrück 1:3
Borussia Neunkirchen – Wormatia Worms 1:2
VfB Eppingen – Preußen Berlin 2:0
SSV Ulm 46 – VfL Wolfsburg 2:1
1. FC Köln (A) – Bayer Leverkusen 3:3 n. Verl. und 0:5
VfB Stuttgart (A) – SpVgg Bayreuth 1:2
1. FC Bocholt – FV Offenburg 2:1

3. Hauptrunde:
Alemannia Aachen – Hamburger SV 0:3;
Hertha BSC Berlin – SSV Ulm 46 1:2;
VfB Stuttgart – Borussia Mönchengladbach 0:2;
Darmstadt 98 – Werder Bremen 1:3;
SV Waldhof Mannheim – VfB Eppingen 3:1;
Urania Hamburg – Göttingen 05 1:3;
Rot-Weiß Essen – Bayer Leverkusen 4:1;
Wormatia Worms – FSV Frankfurt 0:2;
Hannover 96 – VfL Osnabrück 2:0
MSV Duisburg – Karlsruher SC 1:2 n. Verl.
Bayern München – Borussia Dortmund 4:0
Hessen Kassel – VfL Bochum 1:2
Freiburger FC – Holstein Kiel 2:0
1. FC Bocholt – VfR Oli Bürstadt 3:1
1. FC Nürnberg – Fortuna Düsseldorf 2:0
SpVgg Bayreuth – VfB Oldenburg 2:0 n. Verl.

Achtelfinale:
Hannover 96 – 1. FC Nürnberg 1:3;
Werder Bremen – SpVgg Bayreuth 2:0;
SV Waldhof Mannheim – VfL Bochum 1:1 n. Verl. und 1:3;
Freiburger FC – Bayern München 0:3;
Rot-Weiß Essen – Borussia Mönchengladbach 0:4
SSV Ulm 46 – FSV Frankfurt 1:0
1. FC Bocholt – SC Göttingen 05 3:3 n. Verl. und 2:3
Hamburger SV – Karlsruher SC 6:1

Viertelfinale :
SC Göttingen 05 – Hamburger SV 2:4;
Werder Bremen – Bayern München 1:2 n. Verl.;
1. FC Nürnberg – Borussia Mönchengladbach 3:1
VfL Bochum – SSV Ulm 46 3:1 n. Verl.

Halbfinale:
1. FC Nürnberg – Hamburger SV 2:0;
VfL Bochum – Bayern München 1:2

Finale: 01. 05. 1982, Bayern München – 1. FC Nürnberg 4:2 (0:2)

FC Bayern München: Müller, Weiner, Beierlorzer (25. Niedermayer), Augenthaler, Horsmann, Kraus, Dürnberger, Breitner, Dremmler, D. Hoeneß, Rummenigge
Trainer: Csernai

1. FC Nürnberg: Kargus, Weyerich, Brunner (74. Brendel), Reinhardt, Eder, Stocker, Hintermaier, Schlegel (78. Lieberwirth), Heidenreich, Heck, Dressel
Trainer: Klug

Tore: 0:1 Hintermaier (31.), 0:2 Dressel (44.), 1:2 Rummenigge (54.), 2:2 Kraus (65.), 3:2 Breitner (72., Foulelfmeter), 4:2 D. Hoeneß (89.)
Schiedsrichter: Hennig (Duisburg)
Zuschauer: 61 000 in Frankfurt

So spielte der FC Bayern München im Europapokal der Pokalsieger Saison 82/83:

1. Runde:	Torpedo Moskau – Bayern München 1:1	Bayern München – Torpedo Moskau 0:0
Achtelfinale:	Tottenham Hotspur – Bayern München 1:1	Bayern München – Tottenham Hotspur 4:1
Viertelfinale:	Bayern München – FC Aberdeen 0:0	FC Aberdeen – Bayern München 3:2

1983: 1. FC Köln

1. Hauptrunde:
Kickers Offenbach – Fortuna Düsseldorf 1:3 n. Verl.;
Hannover 96 (A) – Bayer Leverkusen 2:3 n. Verl.;
VfL Bochum – Karlsruher SC 3:1;
SV Waldhof Mannheim – Eintracht Frankfurt 2:0;
Schalke 04 – Hessen Kassel 1:0;
VfL Osnabrück – VfB Stuttgart 0:2;
Germania Walsrode – 1. FC Nürnberg 0:3;
FV Offenburg – Werder Bremen 1:4;
Bayern Hof – Arminia Bielefeld 0:5;
FC Ensdorf – Union Solingen 1:3;
Wormatia Worms – Alemannia Aachen 3:1 n. Verl.;
Arminia Hannover – Eintracht Trier 0:2 n. Verl.;
Freiburger FC – Rot-Weiß Lüdenscheid 1:1 n. Verl. und 1:2;
Hannover 96 – SV Darmstadt 98 0:4;
SVO Germaringen – Hammer SpVgg 1:2;
SV Sandhausen – Rot-Weiß Oberhausen 1:3;
Wattenscheid 09 – Eintracht Braunschweig 0:3
Fortuna Köln – SC Freiburg 2:0
FSV Frankfurt – 1. FC Kaiserslautern 3:2
1. FC Köln – Bayer Uerdingen 3:1
Rot-Weiß Essen – Borussia Dortmund 1:3
VfB Wissen – Borussia Mönchengladbach 0:4
Hertha Zehlendorf – Hertha BSC 2:4 n. Verl.
Bergedorf 85 – Bayern München 1:5 n. Verl.
SpVgg Bayreuth – SpVgg Fürth 3:1
SSV Ulm 46 – TuS Schloß Neuhaus 3:1
VfB Stuttgart (A) – Kickers Stuttgart 1:5
Bayern München (A) – Werder Bremen (A) 5:3 n. Verl.
MSV Duisburg – Hamburger SV 1:1 n. Verl. und 0:5
Bayer Uerdingen (A) – KSV Baunatal 0:3
1. FC Köln (A) – FSV Mainz 05 1:3
Heider SV – München 1860 1:1 n. Verl. und 1:2

2. Hauptrunde:
Rot-Weiß Lüdenscheid – SV Darmstadt 98 1:3;
Fortuna Düsseldorf – VfB Stuttgart 0:2;
Arminia Bielefeld – 1. FC Nürnberg 2:0;
Union Solingen – Borussia Mönchengladbach 0:2;
SpVgg Bayreuth – Hertha BSC Berlin 0:1;
SV Waldhof Mannheim – FSV Frankfurt 2:0;
Wormatia Worms – KSV Baunatal 2:0;
Hammer SpVgg – VfL Bochum 1:1 n. Verl. und 1:6;
1. FC Köln – Bayer Leverkusen 3:1
Hamburger SV – Werder Bremen 3:2
Eintracht Braunschweig – Bayern München 2:0
FSV Mainz 05 – Schalke 04 3:6 n. Verl.
Rot-Weiß Oberhausen – Borussia Dortmund 0:1
Eintracht Trier – Kickers Stuttgart 1:2
München 1860 – Bayern München (A) 1:0
SSV Ulm 46 – Fortuna Köln 0:0 n. Verl. und 0:3

Achtelfinale:
Eintracht Braunschweig – Fortuna Köln 1:2;
Borussia Mönchengladbach – SV Waldhof Mannheim 1:0;
Wormatia Worms – VfB Stuttgart 0:4;
1. FC Köln – Stuttgarter Kickers 5:1;
Borussia Dortmund – SV Darmstadt 98 4:2
Hertha BSC Berlin – Hamburger SV 2:1
München 1860 – VfL Bochum 1:3
Schalke 04 – Arminia Bielefeld 2:2 n. Verl. und 1:0

Viertelfinale:
Borussia Mönchengladbach – Fortuna Köln 2:2 n. Verl. und 1:2;
1. FC Köln – Schalke 04 5:0;
VfB Stuttgart – Hertha BSC Berlin 2:0
Borussia Dortmund – VfL Bochum 3:1 n. Verl.

Halbfinale:
1. FC Köln – VfB Stuttgart 3:2 n. Verl.;
Fortuna Köln – Borussia Dortmund 5:0

Finale: 11. 06. 1983, 1. FC Köln – Fortuna Köln 1:0 (0:0)

1. FC Köln: Schumacher, Strack, Prestin, Steiner, Zimmermann, Konopka (81. Willmer), Neumann, Engels, Littbarski, Fischer, Allofs (90. Hartmann)
Trainer: Michels

Fortuna Köln: Helmschrot, Kuntze, Hinterberger, Finkler, Baier, Werres (71. Hanschitz), Gede, Linssen, Grabosch, Schatzschneider, Lemke
Trainer: Luppen

Tor: Littbarski (68.)

Schiedsrichter: Engel (Reimsbach)

Zuschauer: 61 000 in Köln

So spielte der 1. FC Köln im Europapokal der Pokalsieger Saison 83/84:

1. Runde:	Wacker Innsbruck – 1. FC Köln 1:0	1. FC Köln – Wacker Innsbruck 7:1
Achtelfinale:	Ujpest Budapest – 1. FC Köln 3:1	1. FC Köln – Ujpest Budapest 4:2

1. Hauptrunde bis Finale 1984

1984: FC Bayern München

1. Hauptrunde:
Mainz 05 – VfB Stuttgart 0:1;
Alemannia Aachen – VfL Bochum 1:0;
SV Heidingsfeld – SV Göppingen 5:1;
SV Waldhof Mannheim – Bayer Leverkusen 3:1;
Fortuna Köln – Borussia Mönchengladbach 2:3;
Werder Bremen – Darmstadt 98 5:0;
VfR Forst – 1. FC Köln 1:6;
SC Pfullendorf – Eintracht Braunschweig 0:7;
SC Charlottenburg – Wattenscheid 09 2:1;
Werder Bremen (A) – Kickers Stuttgart 1:3;
FC Homburg 08 – Hertha BSC Berlin 0:6;
1. FC Köln (A) – FC Gohfeld 2:1;
ASV Burglengenfeld – KSV Baunatal 2:1 n. Verl.;
SG Ellingen-Bonefeld – Holstein Kiel 2:3;
Hummelsbüttler SV – Kickers Offenbach 1:6;
Göttingen 05 – Eintracht Frankfurt 4:2;
VfL Osnabrück – 1. FC Nürnberg 3:1
Schalke 04 – Fortuna Düsseldorf 3:0
Hamburger SV – Borussia Dortmund 4:1
Hessen Kassel – Bayern München 0:3
MSV Duisburg – 1. FC Kaiserslautern 1:2 n. Verl.
SV Sandhausen – Bayer Uerdingen 0:0 n. Verl. und 0:2
Rot-Weiß Essen – Hannover 96 3:4
SC Freiburg – Union Solingen 3:2
Rot-Weiß Lüdenscheid – SSV Ulm 46 3:2
SC Herford – Karlsruher SC 0:3
SpVgg Fürth – TuS Lingen 2:1 n. Verl.
Arminia Hannover – SpVgg Neu-Isenburg 1:2
FC Augsburg – SpVgg Bayreuth 2:1 n. Verl.
FSV Frankfurt – Arminia Bielefeld 1:3
TuS Schloß Neuhaus – BV 08 Lüttringhausen 2:0;
Hassia Bingen – 1. FC Bocholt 4:4 n. Verl. und 2:3

2. Hauptrunde:
FC Augsburg – Bayern München 0:6;
Alemannia Aachen – SV Waldhof Mannheim 1:0;
SV Heidingsfeld – Hannover 96 1:3;
1. FC Köln – Kickers Offenbach 6:2;
Karlsruher SC – 1. FC Kaiserslautern 5:4 n. Verl.;
Holstein Kiel – Bayer Uerdingen 1:2;
TuS Schloß Neuhaus – Hertha BSC Berlin 0:2;
SpVgg Neu-Isenburg – Göttingen 05 0:1;
Eintracht Braunschweig – VfL Osnabrück 2:1
SC Charlottenburg – Schalke 04 0:3
Borussia Mönchengladbach – Arminia Bielefeld 3:0
SC Freiburg – Hamburger SV 1:4
ASV Burglengenfeld – Werder Bremen 0:3
1. FC Bocholt – Kickers Stuttgart 3:1
SpVgg Fürth – Rot-Weiß Lüdenscheid 1:0
1. FC Köln (A) – VfB Stuttgart 1:8

Achtelfinale:
SpVgg Fürth – Borussia Mönchengladbach 0:6;
Schalke 04 – Karlsruher SC 2:1;
1. FC Bocholt – Eintracht Braunschweig 3:1 n. Verl.;
VfB Stuttgart – Hamburger SV 1:1 n. Verl. und 4:3 n. Verl.;
Hannover 96 – 1. FC Köln 3:2
Göttingen 05 – Hertha BSC Berlin 0:1
Alemannia Aachen – Werder Bremen 0:1 n. Verl.
Bayer Uerdingen – Bayern München 0:0 n. Verl. und 0:1

Viertelfinale:
Hannover 96 – Borussia Mönchengladbach 0:1;
Werder Bremen – VfB Stuttgart 1:0;
1. FC Bocholt – Bayern München 1:2
Hertha BSC Berlin – Schalke 04 3:3 n. Verl., und 0:2

Halbfinale:
Borussia Mönchengladbach – Werder Bremen 5:4 n. Verl.;
Schalke 04 – Bayern München 6:6 n. Verl. und 2:3

Finale: 31. 05. 1984, Bayern München – Borussia Mönchengladbach 1:1 (1:1, 0:1) n. Verl., 7:6 im Elfmeterschießen

FC Bayern München: Pfaff, Augenthaler, Martin, Grobe, Dürnberger (58. Hoeneß), Nachtweih, Dremmler, Kraus (46. Mathy), Lerby, K.-H. Rummenigge, M. Rummenigge
Trainer: Lattek

Borussia Mönchengladbach: Sude, Bruns, Borowka, Hannes, Herlovsen, Matthäus, Rahn (68. Criens), Schäfer (72. Ringels), Frontzeck, Mill, Lienen
Trainer: Heynckes

Tore: 0:1 Mill (33.), 1:1 Dremmler (82.)
Elfmeterschießen: Matthäus über das Tor, 1:0 Lerby, 1:1 Herlovsen, 2:1 Nachtweih, 2:2 Borowka, 3:2 Grobe, 3:3 Bruns, Sude hält gegen Augenthaler, 3:4 Hannes, 4:4 K.-H. Rummenigge, 4:5 Criens, 5:5 Dremmler, 5:6 Frontzeck, 6:6 Martin, Ringels an den Pfosten, 7:6 M. Rummenigge
Schiedsrichter: Roth (Salzgitter)
Zuschauer: 61 000 in Frankfurt

So spielte der FC Bayern München im Europapokal der Pokalsieger Saison 84/85:

1. Runde:	Bayern München – Moss FK 4:1	Moss FK – Bayern München 1:2
Achtelfinale:	Bayern München – Trakia Plovdiv 4:1	Trakia Plovdiv – Bayern München 2:0
Viertelfinale:	Bayern München – AS Rom 2:0	AS Rom – Bayern München 1:2
Halbfinale:	Bayern München – FC Everton 0:0	FC Everton – Bayern München 3:1

1985: Bayer 05 Uerdingen

1. Hauptrunde:
FV 08 Duisburg – SV Waldhof Mannheim 1:4;
VfL Osnabrück – TSV Friesen Hänigsen 2:5 n. Verl.;
Altona 93 – Eintracht Trier 2:1;
1. FC Paderborn – Hannover 96 1:4;
Borussia Mönchengladbach – Blau-Weiß 90 Berlin 4:1;
Rot-Weiß Essen – 1. FC Saarbrücken 1:2;
Eintracht Braunschweig – Eintracht Frankfurt 1:3;
1. FC Nürnberg (A) – SV Südwest Ludwigshafen 1:0;
VfL Kellinghusen – Union Solingen 1:4;
Darmstadt 98 – SC Freiburg 3:0;
SC Geislingen – Hamburger SV 2:0;
VfB Oldenburg – Bayer 05 Uerdingen 1:6;
SC Herford – Kickers Offenbach 2:3;
Fortuna Köln – MSV Duisburg 2:2 n. Verl. und 2:2 n. Verl. Elfmeterschießen 5:3 für Köln;
SC Charlottenburg – Karlsruher SC 1:3 n. Verl.;
OSC Bremerhaven – Werder Bremen 0:4;
VfB Stuttgart – Rot-Weiß Oberhausen 5:4
TSV Havelse – VfL Bochum 2:2 n. Verl. und 0:4
Bayer Leverkusen – 1. FC Kaiserslautern 5:0
1. FC Köln – Kickers Stuttgart 8:0
TSV Ofterdingen – VfL Bochum (A) 0:1
FC Olympia Bocholt – Schalke 04 1:3
SpVgg Bayreuth – SV Mettlach 7:0
Hertha BSC Berlin – Hessen Kassel 1:0
ASC Dudweiler – Borussia Dortmund 1:5
Arminia Bielefeld – 1. FC Nürnberg 1:3 n. Verl.
SC Jülich 1910 – FC Rastatt 04 2:1
BV 08 Lüttringhausen – Bayern München 0:1
SV Schwetzingen – Alemannia Aachen 1:2
Eintracht Haiger – CSC 03 Kassel 2:1 n. Verl.
Bayern München (A) – SG Wattenscheid 09 3:5
Fortuna Düsseldorf – SSV Ulm 46 2:0

2. Hauptrunde:
Borussia Dortmund – Schalke 04 1:1 n. Verl. und 2:3;
VfL Bochum (A) – VfB Stuttgart 1:2;
TSV Friesen Hänigsen – Bayern München 0:8;
SC Geislingen – Kickers Offenbach 4:2;
Eintracht Haiger – Karlsruher SC 1:0 n. Verl.;
SG Wattenscheid 09 – SV Waldhof Mannheim 0:4;
1. FC Saarbrücken – 1. FC Nürnberg 4:1;
Alemannia Aachen – VfL Bochum 3:0;
Bayer 05 Uerdingen – Fortuna Düsseldorf 2:1
SpVgg Bayreuth – Union Solingen 1:2
1. FC Nürnberg (A) – SC Jülich 1910 0:3
Altona 93 – Bayer Leverkusen 0:3
Hertha BSC Berlin – Fortuna Köln 4:3 n. Verl.
Werder Bremen – Darmstadt 98 5:0
Borussia Mönchengladbach – Eintracht Frankfurt 4:2 n. Verl.
Hannover 96 – 1. FC Köln 2:1

Achtelfinale:
Bayern München – SV Waldhof Mannheim 1:0;
SC Geislingen – Bayer 05 Uerdingen 0:2;
Hannover 96 – Schalke 04 1:0;
VfB Stuttgart – 1. FC Saarbrücken 0:0 n. Verl. und 2:2 n. Verl. Elfmeterschießen 3:0 für 1. FC Saarbrücken;
SC Jülich 1910 – Werder Bremen 2:4
Eintracht Haiger – Union Solingen 0:8
Alemannia Aachen – Borussia Mönchengladbach 0:2
Hertha BSC Berlin – Bayer Leverkusen 0:4

Viertelfinale:
Union Solingen – Borussia Mönchengladbach 1:2;
Bayer 05 Uerdingen – Werder Bremen 2:1;
Bayer Leverkusen – Bayern München 1:3
1. FC Saarbrücken – Hannover 96 1:0

Halbfinale:
1. FC Saarbrücken – Bayer 05 Uerdingen 0:1;
Bayern München – Borussia Mönchengladbach 1:0 n. Verl.

Finale 1985 bis Viertelfinale 1986

Finale: 26. 05. 1985, Bayer 05 Uerdingen – Bayern München 2:1 (1:1)

Bayer 05 Uerdingen: Vollack, Herget, Wöhrlin, Brinkmann, van de Loo, Feilzer (60. Loontiens), W. Funkel, F. Funkel, Buttgereit, Schäfer, Gudmundsson (82. Thomas)
Trainer: Feldkamp

FC Bayern München: Aumann, Augenthaler, Dremmler, Eder, Matthäus, Lerby, Pflügler, Willmer (71. M. Rummenigge), Wohlfarth (51. Beierlorzer), D. Hoeneß, Kögl
Trainer: Lattek

Tore: 0:1 D. Hoeneß (8.), 1:1 Feilzer (9.); 2:1 Schäfer (66.)

Schiedsrichter: Föckler (Weisenheim)

Zuschauer: 70 398 in Berlin

So spielte Bayer Uerdingen im Europapokal der Pokalsieger Saison 85/86:

1. Runde:	FC Zurrieq – Bayer Uerdingen 0:3 (in Valetta)	Bayer Uerdingen – FC Zurrieq 9:0
Achtelfinale:	Bayer Uerdingen – Galatasaray Istanbul 2:0	Galatasaray Istanbul – Bayer Uerdingen 1:1
Viertelfinale:	Dynamo Dresden – Bayer Uerdingen 2:0	Bayer Uerdingen – Dynamo Dresden 7:3
Halbfinale:	Atletico Madrid – Bayer Uerdingen 1:0	Bayer Uerdingen – Atletico Madrid 2:3

1986: FC Bayern München

1. Hauptrunde:
1. FC Kaiserslautern – Eintracht Frankfurt 3:1;
VfB Stuttgart – Eintracht Braunschweig 6:3;
Hertha BSC Berlin – Bayer Leverkusen 2:5;
Kickers Offenbach – Bayern München 1:3;
SpVgg Ansbach – SV Waldhof Mannheim 0:3;
VfR Bürstadt – Bayer Uerdingen 1:3;
Sportfreunde Eisbachtal – Schalke 04 1:2;
SC Göttingen 05 – 1. FC Saarbrücken 1:6;
Blau-Weiß 90 Berlin – Fortuna Köln 3:0;
Eintracht Trier – Karlsruher SC 3:0;
Wuppertaler SV – Hessen Kassel 2:3;
Bremer SV – MSV Duisburg 1:3;
FC Wangen – SV Darmstadt 98 2:1;
SpVgg Plattling – Itzehoer SV 2:0;
TuS Paderborn-Neuhaus – 1. FC Köln (A) 5:3;
FC Erbach – SC Birkenfeld 2:1;
VfL Bochum – Hamburger SV 3:2
Hannover 96 – SC Freiburg 3:1
SG Wattenscheid 09 – Borussia Mönchengladbach 2:5
SV Weil – Werder Bremen 0:7
München 1860 – 1. FC Köln 2:4
FC Altona 93 – Fortuna Düsseldorf 2:3 n. Verl.
SC Neukirchen – Borussia Dortmund 2:9
FV Ebingen – 1. FC Nürnberg 2:7
Alemannia Aachen – Tennis Borussia Berlin 1:0
1. FC Achterberg – VfL Osnabrück 0:2
Borussia Neunkirchen – Rot-Weiß Oberhausen 3:2
SV Sandhausen – Union Solingen 1:0
FC St. Pauli Hamburg – Arminia Bielefeld 2:0 n. Verl.
VfR Langelsheim – DSC Wanne-Eickel 2:5
VfL Erp – SSV Ulm 46 1:2
Kickers Stuttgart – FC Homburg 3:3 n. Verl. und 1:4

2. Hauptrunde:
1. FC Nürnberg – VfB Stuttgart 0:1;
1. FC Kaiserslautern – 1. FC Köln 4:1 n. Verl.;
1. FC Saarbrücken – Bayern München 1:3;
SpVgg Plattling – Bayer Leverkusen 0:2;
DSC Wanne-Eickel – Werder Bremen 0:4;
FC Erbach – Blau-Weiß 90 Berlin 0:1;
SSV Ulm 46 – FC St. Pauli Hamburg 5:2;
Fortuna Düsseldorf – VfL Bochum 1:1 n. Verl. und 2:2 n. Verl. Elfmeterschießen 3:1 für VfL Bochum;
Schalke 04 – Borussia Mönchengladbach 3:1
Hannover 96 – Hessen Kassel 2:1
SV Waldhof Mannheim – VfL Osnabrück 4:1
TuS Paderborn-Neuhaus – Borussia Dortmund 2:4
Alemannia Aachen – MSV Duisburg 4:3 n. Verl.
Borussia Neunkirchen – FC Homburg 1:3
SV Sandhausen – FC Wangen 4:1
Eintracht Trier – Bayer Uerdingen 0:0 n. Verl. und 0:3

Achtelfinale:
SV Waldhof Mannheim – Hannover 96 5:1;
VfL Bochum – Bayern München 1:1 n. Verl. und 0:2;
Alemannia Aachen – Schalke 04 1:2 n. Verl.;
Eintracht Trier – Bayer Leverkusen 1:3 n. Verl.;
VfB Stuttgart – Werder Bremen 2:0
FC Homburg – Borussia Dortmund 1:3 n. Verl.
SSV Ulm 46 – 1. FC Kaiserslautern 3:4 n. Verl.
SV Sandhausen – Blau-Weiß 90 Berlin 3:2

Viertelfinale:
Bayer Leverkusen – SV Waldhof Mannheim 0:1;
VfB Stuttgart – Schalke 04 6:2;
SV Sandhausen – Borussia Dortmund 1:3
1. FC Kaiserslautern – Bayern München 0:3

Halbfinale:
SV Waldhof Mannheim – Bayern München 0:2; VfB Stuttgart – Borussia Dortmund 4:1

Finale: 03. 05. 1986, FC Bayern München – VfB Stuttgart 5:2 (2:0)

FC Bayern München: Pfaff, Augenthaler, Eder, Pflügler, Nachtweih, Matthäus, Lerby, Mathy, Wohlfarth (84. Hartmann), D. Hoeneß, M. Rummenigge (84. Willmer)
Trainer: Lattek

VfB Stuttgart: Jäger, Zietsch, Schäfer, K.-H. Förster, Nushöhr (46. Spies), Müller, Buchwald, Allgöwer (46. Hartmann), Sigurvinsson, Klinsmann, Pasic
Trainer: Entenmann

Tore: 1:0 Wohlfarth (34.), 2:0 Wohlfarth (40.), 3:0 M. Rummenigge (65.), 4:0 M. Rummenigge (72.), 4:1 Buchwald (75.), 5:1 Wohlfarth (77.), 5:2 Klinsmann (85.)
Schiedsrichter: Pauly (Rheydt)
Zuschauer: 76 000 in Berlin

Pokalsieger FC Bayern München wurde 1986 auch Deutscher Meister, deshalb spielte Finalist VfB Stuttgart im Europapokal der Pokalsieger Saison 86/87:

1. Runde: VfB Stuttgart – Spartak Trnava 1:0; Spartak Trnava – VfB Stuttgart 0:0

Achtelfinale: Torpedo Moskau – VfB Stuttgart 2:0; VfB Stuttgart – Torpedo Moskau 3:5

1987: Hamburger SV

1. Hauptrunde:
SC Charlottenburg – Darmstadt 98 0:3;
Werder Bremen – Alemannia Aachen 0:0 n. Verl. und 0:0 n. Verl., Elfmeterschießen 7:6 für Aachen;
Hamburger SV – Union Solingen 3:0;
Tennis Borussia Berlin – Kickers Stuttgart 0:5;
Eintracht Frankfurt – Eintracht Braunschweig 3:1
DSC Wanne-Eickel – Blau-Weiß 90 Berlin 2:4;
Viktoria Köln – SC Freiburg 2:5;
1. FC Amberg – Borussia Mönchengladbach 0:7;
FSV Mainz 05 – Schalke 04 1:0;
Bayer Uerdingen – VfB Stuttgart 6:4 n. Verl.;
SV Meppen – MSV Duisburg 1:2;
Rot-Weiß Oberhausen – Borussia Dortmund 1:3;
Bremer SV – Hessen Kassel 1:1 n. Verl. und 1:1 n. Verl., Elfmeterschießen 5:4 für Bremen;
Viktoria Aschaffenburg – SV Waldhof Mannheim 1:2;
VfL Bochum – FC St. Pauli 1:2;
BVL 08 Remscheid – 1. FC Kaiserslautern 3:0;
TSG Giengen – Hannover 96 1:3
VfL Wolfsburg – Karlsruher SC 2:2 n. Verl. und 1:4
FSV Frankfurt – 1. FC Nürnberg 2:8
Rot-Weiß Lüdenscheid – 1. FC Saarbrücken 2:4 n. Verl.
Blau-Weiß Friedrichstadt – Hassia Bingen 1:0
Hertha BSC Berlin – Bayern München 1:2
SV Sandhausen – Fortuna Köln 0:1
Viktoria Goch – FC Homburg 0:3
VfR Aalen – Fortuna Düsseldorf 0:2
TSV Stelingen – Arminia Bielefeld 1:5
SKV Mörfelden – Borussia Neunkirchen 1:3
SpVgg Bayreuth – Wattenscheid 09 0:3 n. Verl.
FC Emmendingen – 1. FC Köln 0:4
VfL Hamm – FC Gütersloh 1:1 n. Verl. und 2:2 n. Verl., Elfmeterschießen 5:4 für Gütersloh
Bayer Leverkusen – VfL Osnabrück 6:0
München 1860 – FC Augsburg 1:5 n. Verl.

2. Hauptrunde:
FC Augsburg – Hamburger SV 1:2;
MSV Duisburg – Wattenscheid 09 1:1 n. Verl. und 1:2;
Alemannia Aachen – 1. FC Saarbrücken – 4:0;
FC Homburg – Bayern München 1:3;
Fortuna Düsseldorf – Bayer Leverkusen 2:1 n. Verl.;
Bremer SV – FC St. Pauli 0:3;
Borussia Neunkirchen – Kickers Stuttgart 2:3;
Borussia Mönchengladbach – Borussia Dortmund 6:1;
Arminia Bielefeld – Karlsruher SC 0:2
Fortuna Köln – SC Freiburg 1:1 n. Verl. und 2:1
Bayer Uerdingen – 1. FC Nürnberg 3:2
FC Gütersloh – Blau-Weiß 90 Berlin 0:5
1. FC Köln – SV Waldhof Mannheim 3:1
Blau-Weiß Friedrichstadt – Darmstadt 98 1:2
FSV Mainz 05 – Eintracht Frankfurt 0:1 n. Verl
BVL 09 Remscheid – Hannover 96 3:3 n. Verl. und 1:2

Achtelfinale:
Fortuna Düsseldorf – Bayern München 3:0;
Kickers Stuttgart – Hannover 96 2:0;
Blau-Weiß 90 Berlin – Karlsruher SC 1:2;
Alemannia Aachen – Borussia Mönchengladbach 0:2 n. Verl.;
Wattenscheid 09 – Eintracht Frankfurt 1:3
Hamburger SV – FC St. Pauli 6:0
Fortuna Köln – Darmstadt 98 0:2 n. Verl.
Bayer Uerdingen – 1. FC Köln 3:1

Viertelfinale:
Darmstadt 98 – Hamburger SV 0:1;
Borussia Mönchengladbach – Bayer Uerdingen 9:2;
Fortuna Düsseldorf – Karlsruher SC 1:0
Kickers Stuttgart – Eintracht Frankfurt 3:1

Halbfinale:
Hamburger SV – Borussia Mönchengladbach 1:0;
Kickers Stuttgart – Fortuna Düsseldorf 3:0

Finale: 20. 06. 1987, Hamburger SV – Stuttgarter Kickers 3:1 (1:1)

Hamburger SV: Stein, Jacobs, Kaltz, Beiersdorfer, Homp, Lux, von Heesen, Jusufi (68. Schmöller), Kroth, Kastl, Okonski

Trainer: Happel

Stuttgarter Kickers: Jäger, Förster, Schlotterbeck, Finke (66. Stadtler), Baffoe, Hein, Kmiecik, Elser, Schindler, Kurtenbach, Vollmer (83. Olaidotter)

Trainer: Renner

Tore: 0:1 Kurtenbach (13.), 1:1 Beiersdorfer (15.), 2:1 Kaltz (88.), 3:1 Schlotterbeck (90., Eigentor)

Schiedsrichter: Gabor (Berlin)

Zuschauer: 76 000 in Berlin

So spielte der Hamburger SV im Europapokal der Pokalsieger Saison 87/88:

1. Runde: Avenir Beggen – Hamburger SV 0:5; Hamburger SV – Avenir Beggen 3:0

Achtelfinale: Hamburger SV – Ajax Amsterdam 0:1; Ajax Amsterdam – Hamburger SV 2:0

1988: Eintracht Frankfurt

1. Hauptrunde:
Südwest Ludwigshafen – Fortuna Köln 1:6;
1. FC Pforzheim – 1. FC Saarbrücken 3:2;
Preußen Münster – Rot-Weiß Oberhausen 1:1 n. Verl. und 2:0;
1. FC Kaiserslautern – SV Waldhof Mannheim 3:1 n. Verl.;
Borussia Mönchengladbach – Bayer Leverkusen 2:1 n. Verl.;
Rot-Weiß Essen – Bayern München 1:3;
SV Heidingsfeld – Bayer Uerdingen 1:2;
TuS Paderborn-Neuhaus – Kickers Stuttgart 0:5;
TSV Vestenbergsgreuth – SV Darmstadt 98 0:4;
Viktoria Aschaffenburg – Wattenscheid 09 4:0;
FSV Salmrohr – VfL Osnabrück 2:0;
VfB Dillingen – TSG Giengen 0:1;
Eintracht Braunschweig – 1. FC Nürnberg 2:3;
KSV Baunatal – SSV Ulm 46 1:1 n. Verl. und 1:2;
Viktoria Köln – Hertha BSC Berlin 1:3;
Eintracht Frankfurt – Schalke 04 3:2;
FC St. Pauli – Blau-Weiß 90 Berlin 0:3 n. Verl.
TSV Verden – Werder Bremen 0:4
VfB Oldenburg – VfL Bochum 0:0 n. Verl. und 1:4
Hamburger SV – FC Homburg 3:0
1. FC Köln – VfB Stuttgart 3:0
VfR Aachen-Forst – Karlsruher SC 0:5
Arminia Bielefeld – SC Freiburg 1:4 n. Verl.
RSV Würges – Fortuna Düsseldorf 0:3
SV St. Ingbert – Union Solingen 0:2
VfR Aalen – Alemannia Aachen 1:2
VfL Hamm – Hessen Kassel 2:7
Werder Bremen (A) – MTV Ingolstadt 5:1
Concordia Hamburg – SpVgg Erkenschwick 3:0
Offenburger FV – Borussia Dortmund 3:3 n. Verl. und 0:5
VfB Lübeck – Schwarz-Weiß Essen 1:2
VfL Wolfsburg – Hannover 96 3:0;

2. Hauptrunde:
1. FC Kaiserslautern – Blau-Weiß 90 Berlin 4:3;
Preußen Münster – Alemannia Aachen 2:2 n. Verl. und 1:0;
1. FC Pforzheim – Concordia Hamburg 2:0;
Eintracht Frankfurt – SSV Ulm 46 3:0;
Fortuna Köln – SC Freiburg 1:0;
FSV Salmrohr – Borussia Dortmund 0:1;
Karlsruher SC – 1. FC Nürnberg 1:1 n. Verl. und 1:2;
VfL Wolfsburg – Werder Bremen – 4:5 n. Verl.;
Werder Bremen (A) – Hamburger SV 1:3;
TSV Giengen – VfL Bochum 1:2 n. Verl.
Viktoria Aschaffenburg – 1. FC Köln 1:0
Hessen Kassel – Kickers Stuttgart 3:1
Union Solingen – Fortuna Düsseldorf 1:2
Schwarz-Weiß Essen – Darmstadt 98 1:0
Borussia Mönchengladbach – Bayern München 2:2 n. Verl. und 2:3 n. Verl.
Hertha BSC – Bayer Uerdingen 1:2

Achtelfinale:
Fortuna Düsseldorf – Eintracht Frankfurt 0:1;
Bayer Uerdingen – Borussia Dortmund 3:3 n. Verl. und 2:1;
Hessen Kassel – Viktoria Aschaffenburg 0:1;
Bayern München – 1. FC Nürnberg 3:1;
Preußen Münster – Fortuna Köln 2:3
1. FC Pforzheim – Werder Bremen 1:1 n. Verl. und 1:3
1. FC Kaiserslautern – Hamburger SV 1:2
Schwarz-Weiß Essen – VfL Bochum 0:1

Viertelfinale:
Hamburger SV – Bayern München 2:1;
Eintracht Frankfurt – Bayer Uerdingen 4:2;
Viktoria Aschaffenburg – Werder Bremen 1:3
VfL Bochum – Fortuna Köln 4:1

Halbfinale:
VfL Bochum – Hamburger SV 2:0;
Werder Bremen – Eintracht Frankfurt 0:1

Finale: 28. 05. 1988, Eintracht Frankfurt – VfL Bochum 1:0 (0:0)

Eintracht Frankfurt: Stein, Binz, Schlindwein, Körbel, Kostner (71. Klepper), Sievers, Schulz, Detari, Roth, Friz (78. Turowski), Smolarek
Trainer: Feldkamp

VfL Bochum: Zumdick, Woelk, Oswald, Kree, Rzehaczek, Heinemann, Iwan, Reekers, Legat, Nehl (66. Epp), Leifeld
Trainer: Gerland

Tor: Detari (81.)

Schiedsrichter: Heitmann (Drentwede)

Zuschauer: 76 000 in Berlin

So spielte Eintracht Frankfurt im Europapokal der Pokalsieger Saison 88/89:

1. Runde:	Grasshopper Zürich – Eintracht Frankfurt 0:0 (in Basel)	Eintracht Frankfurt – Grasshopper Zürich 1:0
Achtelfinale:	Eintracht Frankfurt – Sakaryaspor 3:1	Sakaryaspor – Eintracht Frankfurt 0:3
Viertelfinale:	Eintracht Frankfurt – KV Mechelen 0:0	KV Mechelen – Eintracht Frankfurt 1:0

1989: BV 09 Borussia Dortmund

1. Hauptrunde:
1. FC Kaiserslautern – FC St. Pauli 2:1;
Karlsruher SC – Kickers Stuttgart 2:1;
1. FC Köln – SV Darmstadt 98 6:1;
Schalke 04 – Borussia Mönchengladbach 1:1 n. Verl. und 2:1;
SSV Ulm 46 – 1. FC Nürnberg 1:4;
SKG Heidelberg – SV Waldhof Mannheim 1:3;
SV Ottfingen – VfB Stuttgart 0:5;
MSV Duisburg – Hamburger SV 3:5 n. Verl.;
Fortuna Köln – Fortuna Düsseldorf 1:0;
FC Augsburg – Alemannia Aachen 1:4;
SG Düren 99 – Kickers Offenbach 1:3;
FSV Salmrohr – SC Freiburg 2:0;
Wormatia Worms – 1. FC Saarbrücken 1:3;
TuS Hoisdorf – Rot-Weiß Oberhausen 3:0;
FC Türkyemspor Berlin – FC Emmendingen 0:2;
BVL 08 Remscheid – SpVgg Landshut 2:3;
Werder Bremen – Hannover 96 4:1
Borussia Dortmund – Eintracht Braunschweig 6:0
Bayern München – Blau-Weiß 90 Berlin 11:2
SV Meppen – Bayer Uerdingen 1:2
VfL Wolfsburg – Eintracht Frankfurt 1:1 n. Verl., 1:6
Arminia Bielefeld – VfL Bochum 0:0 n. Verl., 1:4 n. Verl.
BSC Erlangen – Bayer Leverkusen 0:5
Wattenscheid 09 – VfL Osnabrück 1:1 n. Verl., 1:2
TSV Verden – Rot-Weiß Essen 1:2
FC Germania Dörnigheim – SpVgg Bayreuth 0:5
TBV Lemgo – FC 08 Homburg 0:4
STV Horst-Emscher – Union Solingen 0:0 n. Verl. und 1:5
VfL Kirchheim/Teck – SV Wehen 1:2
SSV Reutlingen – Hamborn 07 2:1
Meiendorfer SV/Hamburg – TSV Osterholz-Tenever 0:1
FC Bitburg – Saar 05 Saarbrücken 1:3

2. Hauptrunde:
1. FC Köln – SV Waldhof Mannheim 1:2;
VfB Stuttgart – VfL Bochum 3:2 n. Verl.;
VfL Osnabrück – Hamburger SV 0:1;
1. FC Kaiserslautern – Kickers Offenbach 5:0;
TuS Hoisdorf – Bayern München 0:4;
Union Solingen – Fortuna Köln 2:2 n. Verl. und 2:5;
SSV Reutlingen – Rot-Weiß Essen 1:1 n. Verl. und 1:3;
FSV Salmrohr – 1. FC Saarbrücken 0:1 n. Verl.;
1. FC Nürnberg – Karlsruher SC 1:1 n. Verl., 0:1
Bayer Uerdingen – Eintracht Frankfurt 5:4 n. Verl.
Werder Bremen – SpVgg Bayreuth 6:1
Borussia Dortmund – FC 08 Homburg 2:1
TSV Osterholz-Tenever – Bayer Leverkusen 0:6
Saar 05 Saarbrücken – Schalke 04 3:3 n. Verl. und 1:7
SpVgg Landshut – Alemannia Aachen 1:2
FC Emmendingen – SV Wehen 1:3

Achtelfinale 1989 bis 2. Hauptrunde 1990

Achtelfinale:
Schalke 04 – Borussia Dortmund 2:3;
SV Wehen – 1. FC Kaiserslautern 2:3;
Alemannia Aachen – Bayer Uerdingen 1:4;
Hamburger SV – Rot-Weiß Essen 3:1;
Bayer Leverkusen – SV Waldhof Mannheim 5:2
Bayern München – Karlsruher SC 3:4
Werder Bremen – Fortuna Köln 3:1 n. Verl.
VfB Stuttgart – 1. FC Saarbrücken 2:0 n. Verl.

Viertelfinale:
Borussia Dortmund – Karlsruher SC 1:0;
VfB Stuttgart – 1. FC Kaiserslautern 4:0;
Bayer Leverkusen – Bayer Uerdingen 2:0
Hamburger SV – Werder Bremen 0:1

Halbfinale:
Borussia Dortmund – VfB Stuttgart 2:0;
Bayer Leverkusen – Werder Bremen 1:2

Finale: 24. 06. 1989, Borussia Dortmund – Werder Bremen 4:1 (1:1)

Borussia Dortmund: de Beer, Kroth, Helmer, Kutowski, Breitzke (73. Lusch), Zorc, Möller, Rummenigge, MacLeod, Dickel (77. Storck), Mill
Trainer: Köppel

Werder Bremen: Reck, Sauer (77. Burgsmüller), Bratseth, Otten (55. Ordenewitz), Schaaf, Wolter, Votava, Eilts, Hermann, Riedle, Neubarth
Trainer: Rehhagel

Tore: 0:1 Riedle (15.), 1:1 Dickel (21.), 2:1 Mill (58.), 3:1 Dickel (73.), 4:1 Lusch (74.)
Schiedsrichter: Tritschler (Freiburg)
Zuschauer: 76 500 in Berlin

So spielte Borussia Dortmund im Europapokal der Pokalsieger Saison 89/90:

1. Runde:	Besiktas Istanbul – Borussia Dortmund 0:1	Borussia Dortmund – Besiktas Istanbul 2:1
Achtelfinale:	Borussia Dortmund – Sampdoria Genua 1:1	Sampdoria Genua – Borussia Dortmund 2:0

1990: 1. FC Kaiserslautern

1. Hauptrunde:
VfL Bückeburg – Eintracht Braunschweig 0:2;
Arminia Hannover – FC 08 Homburg 2:1;
Kickers Offenbach – Bayer Uerdingen 2:1;
Eintracht Frankfurt – Bayern München 0:1;
Hannover 96 – Borussia Mönchengladbach 0:3;
Bayer Leverkusen (A) – 1. FC Kaiserslautern 0:1;
SpVgg Plattling – Fortuna Düsseldorf 1:2 n. Verl.;
Rot-Weiß Essen – Wattenscheid 09 1:2;
SV Langenau – Kickers Stuttgart 0:6;
SC Jülich 1910 – Blau-Weiß 90 Berlin 2:2 n. Verl. und 0:1;
1. FC Pforzheim – SpVgg Bayreuth 4:1;
TSG Pfeddersheim – VfB Gaggenau 2:0;
SV Edenkoben – Saar 05 Saarbrücken 1:0;
SV Wiesbaden – VfL Bochum 0:2;
Union Solingen – SC Freiburg 1:3 n. Verl.;
Viktoria Aschaffenburg – Karlsruher SC 2:6;
Rot-Weiß Frankfurt – SV Waldhof Mannheim 0:1
FC St. Pauli Hamburg – Werder Bremen 1:2
VfR Sölde – 1. FC Köln 0:3
Hamburger SV – MSV Duisburg 2:4
VfL Wolfsburg – VfB Stuttgart 1:3
Hertha Zehlendorf – 1. FC Nürnberg 0:4
1. FC Saarbrücken – SV Meppen 3:1
VfL Osnabrück – Schalke 04 3:1 n. Verl.
FC Wangen – Darmstadt 98 0:3
FC Gütersloh – Hertha BSC Berlin 1:1 n. Verl. und 1:0
FC Schweinfurt 05 – FC Altona 93 1:0
SC Geislingen – TSV München 1860 0:3
Borussia Dortmund – Fortuna Köln 3:0
Werder Bremen (A) – Bayer Leverkusen 1:4
FSV Salmrohr – TuS Hoisdorf 1:3
FSV Mainz 05 – Alemannia Aachen 2:0

2. Hauptrunde:
Borussia Mönchengladbach – 1. FC Nürnberg 4:1;
SC Freiburg – Karlsruher SC 1:2;
Kickers Stuttgart – Werder Bremen 2:3;
Fortuna Düsseldorf – 1. FC Saarbrücken 4:0;
Arminia Hannover – 1. FC Köln 2:4;
FC Gütersloh – VfB Stuttgart 0:2 n. Verl.;
SV Edenkoben – MSV Duisburg 1:2 n. Verl.;
TSG Pfeddersheim – Kickers Offenbach 1:3;
Bayern München – SV Waldhof Mannheim 2:0
Darmstadt 98 – Bayer Leverkusen 1:0
Borussia Dortmund – Eintracht Braunschweig 2:3
1. FC Pforzheim – VfL Bochum 1:0
FSV Mainz 05 – 1. FC Kaiserslautern 1:3
Wattenscheid 09 – VfL Osnabrück 0:2
FC Schweinfurt 05 – Blau-Weiß 90 Berlin 4:2
TuS Hoisdorf – TSV München 1860 0:2

Achtelfinale:
TSV München 1860 – Werder Bremen 1:2;
VfB Stuttgart – Bayern München 3:0;
FC Schweinfurt 05 – Eintracht Braunschweig 0:2;
MSV Duisburg – Darmstadt 98 4:1;
1. FC Kaiserslautern – 1. FC Köln 2:1
Kickers Offenbach – Borussia Mönchengladbach 1:0 n. Verl.
1. FC Pforzheim – Fortuna Düsseldorf 1:3
VfL Osnabrück – Karlsruher SC 3:2

Viertelfinale:
Werder Bremen – VfB Stuttgart 3:0;
Eintracht Braunschweig – VfL Osnabrück 3:2;
1. FC Kaiserslautern – Fortuna Düsseldorf 3:1
Kickers Offenbach – MSV Duisburg 1:1 n. Verl. und 1:0

Halbfinale:
Werder Bremen – Eintracht Braunschweig 2:0;
Kickers Offenbach – 1. FC Kaiserslautern 0:1

Finale: 19. 05. 1990, 1. FC Kaiserslautern – Werder Bremen 3:2 (3:0)

1. FC Kaiserslautern: Ehrmann, Foda, Stumpf, Friedmann (57. Lutz), Scherr, Schupp (77. Roos), Hotic, Dooley, Lelle, Labbadia, Kuntz
Trainer: Feldkamp

Werder Bremen: Reck, Bratseth, Borowka (52. Burgsmüller), Otten, Wolter (35. Neubarth), Votava, Harttgen, Eilts, Hermann, Riedle, Rufer
Trainer: Rehhagel

Tore: 1:0 Labbadia (19.), 2:0 Labbadia (26.), 3:0 Kuntz (30.), 3:1 Neubarth (54.), 3:2 Burgsmüller (72.)
Schiedsrichter: Neuner (Leimen)
Zuschauer: 76 391 in Berlin

So spielte der 1. FC Kaiserslautern im Europapokal der Pokalsieger Saison 90/91:

1. Runde: 1. FC Kaiserslautern – Sampdoria Genua 1:0 Sampdoria Genua – 1. FC Kaiserslautern 2:0

1991: SV Werder Bremen

1. Hauptrunde:
SV Waldhof Mannheim – VfL Bochum 3:2;
FV 09 Weinheim – Bayern München 1:0;
Kilia Kiel – FC St. Pauli Hamburg 1:4;
Eintracht Trier – VfB Stuttgart 0:1;
DSC Wanne Eickel – Hertha BSC Berlin 1:3;
SpVgg Fürth – Borussia Dortmund 3:1;
Borussia Neunkirchen – Fortuna Düsseldorf 2:3 n. Verl.;
SC Göttingen 05 – Hamburger SV 0:4;
Südwest Ludwigshafen – 1. FC Kaiserslautern 1:7;
Kickers Stuttgart – Darmstadt 98 4:0;
Hessen Kassel – FC Homburg 08 1:0;
FSV Frankfurt – Preußen Münster 3:4 n. Verl.;
Türkiyemsport Berlin – 1. FC Saarbrücken 2:6;
Viktoria Köln – VfL Osnabrück 2:4;
SV Hilden-Nord – SC Freiburg 2:1 n. Verl.;
SV Ludweiler – SV Meppen 0:3;
Alemannia Aachen – Bayer Uerdingen 0:1 n. Verl.
Eintracht Haiger – Borussia Mönchengladbach 1:2
VfL Wolfsburg – 1. FC Köln 1:6
ASC Schöppingen – Eintracht Frankfurt 1:2
Werder Bremen (A) – SG Wattenscheid 09 1:3
SpVgg Weiden – Werder Bremen 1:2
Victoria Hamburg – Bayer Leverkusen 0:5
SSV Reutlingen – Karlsruher SC 3:6 n. Verl.
FC Miltach – 1. FC Nürnberg 1:3
SpVgg Unterhaching – Schalke 04 0:1
FC Wangen – Rot-Weiß Essen 1:2
Teutonia Waltrop – Eintracht Braunschweig 0:1
SC Pfullendorf – MSV Duisburg 0:2
SpVgg Bayreuth – Blau-Weiß 90 Berlin 0:3
TuS Bersenbrück – Hannover 96 0:4
FC Remscheid – Fortuna Köln 3:2 n. Verl.

2. Hauptrunde:
Werder Bremen – FC St. Pauli 2:0;
SV Hilden-Nord – Preußen Münster 0:4;
Bayer Leverkusen – Bayer Uerdingen 0:1;
Karlsruher SC – VfB Stuttgart 0:2;
Fortuna Düsseldorf – Blau-Weiß 90 Berlin 0:0 n. Verl. und 0:1;
Hannover 96 – Hamburger SV 0:0 n. Verl., 1:2;
FC Remscheid – Borussia Mönchengladbach 1:0;
SV Meppen – SV Waldhof Mannheim 2:0;
SpVgg Fürth – 1. FC Saarbrücken 0:1
Schalke 04 – Eintracht Braunschweig 4:0
Eintracht Frankfurt – 1. FC Nürnberg 0:0 n. Verl. und 2:0 n. Verl.
1. FC Kaiserslautern – 1. FC Köln 1:2
Hertha BSC Berlin – MSV Duisburg 1:2
FV 09 Weinheim – Rot-Weiß Essen 1:3
Hessen Kassel – Kickers Stuttgart 3:2
VfL Osnabrück – SG Wattenscheid 09 1:2 n. Verl.

Pokal-Statistik 1991 bis 1992

Achtelfinale 1991 bis 1. Hauptrunde 1992

Achtelfinale:
Preußen Münster – VfB Stuttgart 0:1;
Bayer Uerdingen – Rot-Weiß Essen 4:2 n. Verl.;
MSV Duisburg – Blau-Weiß 90 Berlin 3:2 n. Verl.;
1. FC Saarbrücken – Eintracht Frankfurt 0:0 n. Verl. und 2:3 n. Verl.;
Werder Bremen – Schalke 04 3:1
1. FC Köln – SV Meppen 1:0
FC Remscheid – Hessen Kassel 2:3 n. Verl.
Hamburger SV – Wattenscheid 09 1:2

Viertelfinale:
Bayer Uerdingen – MSV Duisburg 1:4;
Hessen Kassel – Werder Bremen 0:2;
Eintracht Frankfurt – Wattenscheid 09 3:1
1. FC Köln – VfB Stuttgart 1:0 n. Verl.

Halbfinale:
MSV Duisburg – 1. FC Köln 0:0 n. Verl. und 0:3;
Eintracht Frankfurt – Werder Bremen 2:2 n. Verl. und 3:6

Finale: 22. 06. 1991, Werder Bremen – 1. FC Köln 1:1 (1:1, 0:0) n. Verl., 4:3 im Elfmeterschießen

Werder Bremen: Reck, Bratseth, Votava, Borowka, Wolter, Hermann (76. Sauer), Eilts, Neubarth (72. Harttgen), Bode, Rufer, Allofs
Trainer: Rehhagel

1. FC Köln: Illgner, Jensen, Gielchen, Baumann, Greiner, Higl, Littbarski, Sturm (60. Heldt), Andersen (96. Rudy), Götz, Banach
Trainer: Rutemöller

Tore: 1:0 Eilts (48.), 1:1 Banach (63.)
Elfmeter: Rudy verschießt, Illgner hält gegen Allofs, 0:1 Higl, 1:1 Rufer, Reck hält gegen Littbarski, 2:1 Bratseth, 2:2 Bannach, 3:2 Harttgen, 3:3 Götz, 4:3 Borowka
Schiedsrichter: Schmidhuber (Ottobrunn)
Zuschauer: 73 000 in Berlin

So spielte Werder Bremen im Europapokal der Pokalsieger Saison 91/92:

1. Runde: FC Bacau – Werder Bremen 0:6; Werder Bremen – FC Bacau 5:0

Achtelfinale: Werder Bremen – Ferencvaros Budapest 3:2; Ferencvaros Budapest – Werder Bremen 0:1

Viertelfinale: Werder Bremen – Galatasaray Istanbul 2:1; Galatasaray Istanbul – Werder Bremen 0:0

Halbfinale: FC Brügge – Werder Bremen 1:0; Werder Bremen – FC Brügge 2:0

Endspiel am 6. Mai 1992 in Lissabon: Werder Bremen – AS Monaco 2:0 (1:0)

1992: Hannover 96

1. Hauptrunde:
(Freilos: je 20 Bundesliga- und Amateurvereine)
Viktoria Herxheim – FC St. Pauli 2:3 n. Verl.;
ESV Lok Cottbus – VfB Oldenburg 0:3;
SC Jülich 1910 – Hertha Berlin 2:1;
Karlsruher SC (A) – SV Meppen 1:0;
SC Greifswald – Stahl Brandenburg 2:2 n. Verl., Elfmeterschießen 3:1 für Greifswald;
SV 1910 Kahla – Rot-Weiß Erfurt 1:4;
Marathon 02 Berlin – Hannover 96 0:7;
Freiburger FC – FC Chemnitz 3:1;
SpVgg Glas Chemie Wirges – FC Homburg 1:6;
BFC Türkiyemspor Berlin – Blau-Weiß 90 Berlin 2:1;
Preußen Münster – VfL Osnabrück 1:2;
SpVgg Ludwigsburg – Eintracht Braunschweig 3:2
Wismut Aue – VfB Leipzig 2:4 n. Verl.
FC Schweinfurt 05 – SV Waldhof Mannheim 1:6
Arminia Bielefeld – FSV Mainz 05 1:0
SpVgg Fürth – FC Carl Zeiss Jena 1:0
SpVgg Unterhaching – Bayer Uerdingen 0:0 n. Verl., Elfmeterschießen 3:1 für Uerdingen
SpVgg Weisen – SV Darmstadt 98 1:2 n. Verl.
SC Neukirchen – FC Halle 1:3
FC Berlin – SC Freiburg 0:2
Blau-Weiß Parchim – Stahl Eisenhüttenstadt 1:0
Bremer SV – Fortuna Köln 0:7
Borussia Dortmund (A) – 1. FC Saarbrücken 2:5

Pokal-Statistik 1992

2. Hauptrunde:
Borussia Mönchengladbach – Wattenscheid 09 2:0;
Werder Bremen (A) – VfB Stuttgart 1:5;
Werder Bremen – Hamburger SV 3:1;
Hansa Rostock – Darmstadt 98 3:1;
VfL Bochum – Hannover 96 2:3;
SpVgg Ludwigsburg – Eintracht Frankfurt 1:6;
Holstein Kiel – Bayer Uerdingen 1:2;
SpVgg Brakel – Fortuna Köln 0:3;
TSV Havelse – 1. FC Nürnberg 1:1 n. Verl., Elfmeterschießen 4:2 für Havelse;
Arminia Bielefeld – Borussia Dortmund 0:2;
VfL Wolfsburg – Viktoria Aschaffenburg 4:3 n. Verl.;
Rot-Weiß Wernigerode – 1. FC Köln 0:4;
SSV Reutlingen – TSV Krähenwinkel 4:1;
Türkiyemspor Berlin – Kickers Stuttgart 0:4;
FC Remscheid – VfB Oldenburg 2:0;
SC 08 Bamberg – 1. FC Saarbrücken 4:1;
SC Greifswald – Dynamo Dresden 0:2
MSV Duisburg – 1. FC Kaiserslautern 0:2 n. Verl.
Bayern München – FC Homburg 2:4 n. Verl.
Fortuna Düsseldorf – FC St. Pauli 2:1
Rot-Weiß Erfurt – Schalke 04 2:1
Blau-Gelb Berlin – VfB Leipzig 0:5
Bergmann Borsig Berlin – SC Freiburg 2:1
SpVgg Fürth – SV Waldhof 0:3
Rot-Weiß Hasborn – VfL Osnabrück 1:1 n. Verl, Elfmeterschießen 5:4 für Hasborn
TSV Backnang – 1. SV Suhl 1:3
Viktoria Köln – Blau-Weiß Parchim 2:0
Freiburger FC – Karlsruher SC (A) 3:2
Rot-Weiß Essen – Karlsruher SC 0:2
Eintracht Frankfurt – Bayer Leverkusen 0:2
Hamburger SV (A) – FC Halle 1:0
Arminia Hannover – SC Jülich 1910 1:5

3. Hauptrunde:
Fortuna Düsseldorf – Werder Bremen 1:3;
Eintracht Frankfurt – Karlsruher SC 0:1;
Borussia Dortmund – Hannover 96 2:3;
FC Homburg – 1. FC Kaiserslautern 0:0 n. Verl., Elfmeterschießen 3:1 für Kaiserslautern;
Fortuna Köln – Hansa Rostock 5:3 n. Verl.;
VfL Wolfsburg – VfB Stuttgart 1:3;
FC Remscheid – Bayer Uerdingen 1:3;
SC 08 Bamberg – TSV Havelse 4:0;
Bayer Leverkusen – 1. FC Köln 2:0
Kickers Stuttgart – VfB Leipzig 3:1 n. Verl.
Freiburger FC – Rot-Weiß Hasborn 1:0
Hamburger SV (A) – Bergmann Borsig Berlin 2:2 n. Verl., Elfmeterschießen 6:5 für Hamburger SV (A)
1. SV Suhl – Dynamo Dresden 0:5
SC Jülich 1910 – Borussia Mönchengladbach 0:1
SSV Reutlingen – Rot-Weiß Erfurt 3:1
Viktoria Köln – SV Waldhof 1:0

Achtelfinale:
SSV Reutlingen – Bayer Leverkusen 2:3 n. Verl.;
Borussia Mönchengladbach – Fortuna Köln 2:0;
Freiburger FC – VfB Stuttgart 1:6;
Viktoria Köln – Kickers Stuttgart 1:2 n. Verl.;
Werder Bremen – Dynamo Dresden 4:1
Hannover 96 – Bayer Uerdingen 1:0
SC 08 Bamberg – 1. FC Kaiserslautern 0:1
Hamburger SV (A) – Karlsruher SC 0:1

Viertelfinale:
Borussia Mönchengladbach – Kickers Stuttgart 2:0;
Hannover 96 – Karlsruher SC 1:0;
Bayer Leverkusen – VfB Stuttgart 1:0 n. Verl.
Werder Bremen – 1. FC Kaiserslautern 2:0

Halbfinale:
Hannover 96 – Werder Bremen 1:1 n. Verl., Elfmeterschießen 6:5 für Hannover 96;
Borussia Mönchengladbach – Bayer Leverkusen 2:2 n. Verl., Elfmeterschießen 2:0 für Borussia Mönchengladbach

Finale: 23. 05. 1992, Hannover 96 – Borussia Mönchengladbach 0:0 n. Verl., 4:3 im Elfmeterschießen

Hannover 96: Sievers, Wojcicki, Klütz, Sundermann, Schönberg-Christensen, Freund, Kretzschmar, Surmann, Heemsoth (119. Kuhlmey), Djelmas, Koch (68. Jursch)
Trainer: Lorkowski

Borussia Mönchengladbach: Kamps, Fach, Klinkert, Huschbeck (46. Stadler), Kastenmaier, Schneider, Pflipsen, Hochstätter, Neun, Max (73. Dahlin), Criens
Trainer: Gelsdorf

Tore: Fehlanzeige
Elfmeter: 0:1 Kastenmaier; 1:1 Djelmas, 1:2 Criens, 2:2 Wojcicki, Sievers hält gegen Pflipsen, Kamps hält gegen Freund, Sievers hält gegen Fach, 3:2 Kretzschmar, 3:3 Neun, 4:3 Schönberg-Christensen
Schiedsrichter: Heynemann (Magdeburg)
Zuschauer: 76 200 in Berlin

So spielten Hannover 96 und der Titelverteidiger Werder Bremen im Europapokal der Pokalsieger Saison 92/93:

1. Runde:	Werder Bremen – Hannover 96 3:1	Hannover 96 – Werder Bremen 2:1
Achtelfinale:	Werder Bremen – Sparta Prag 2:3	Sparta Prag – Werder Bremen 1:0

1993: Bayer 04 Leverkusen

1. Hauptrunde:
(Freilos: je 20 Bundesliga- und Amateurvereine)
FSV Wacker 90 Nordhausen – 1. FC Köln 0:8;
OT Bremen – 1. FC Nürnberg 1:7;
Bayer Leverkusen (A) – Hamburger SV 2:2 n. Verl., Elfmeterschießen 8:7 für HSV;
Spfr. Siegen – VfB Stuttgart 0:6;
ASV Bergedorf 85 – Bayer Leverkusen 1:3;
Göttingen 05 – Schalke 04 1:3;
Jahn Regensburg – VfB Lübeck 2:1;
Kickers Emden – 1. FC Saarbrücken 1:5;
SV Wehen – Eintracht Frankfurt 2:3;
BSV Stahl Brandenburg – 1. FC Kaiserslautern 0:2
FC Gundelfingen – Bayer Uerdingen 0:1
TSV 1860 München – Dynamo Dresden 1:2
FSV Salmrohr – SG Wattenscheid 09 2:0
SpVgg Fürth – VfL Bochum 0:2
SC Jülich 1910 – Werder Bremen 1:5 n. Verl.
Lüneburger SK – Karlsruher SC 0:3
Hallescher FC – Borussia Dortmund 1:4
Fortuna Düsseldorf (A) – Borussia Mönchengladbach 1:2
Borussia Neunkirchen – Bayern München 0:6

2. Hauptrunde:
Karlsruher SC – Hamburger SV 4:2;
Borussia Dortmund – Bayern München 2:2 n. Verl., Elfmeterschießen 5:4 für Dortmund;
VfL Bochum – Hannover 96 1:2;
Dynamo Dresden – VfB Leipzig 2:3;
Hansa Rostock – VfB Stuttgart 2:0 n. Verl.;
Rot-Weiß Erfurt – Bayer Uerdingen 0:0 n. Verl., Elfmeterschießen 4:2 für Uerdingen;
SC 08 Bamberg – Eintracht Frankfurt 1:3;
SV Beckum – Werder Bremen 0:7;
Fortuna Köln – SV Meppen 0:1;
FC Remscheid – SV Darmstadt 98 2:1;
Viktoria Aschaffenburg – VfL Osnabrück 0:6;
Freiburger FC – FSV Mainz 05 0:3;
VfR Aalen – FC Homburg 1:2;
SSV Ulm 1846 – SV Post Neubrandenburg 2:1;
TuS Hoppstädten – VfR Heilbronn 0:3;
Hertha BSC Berlin (A) – SGK Heidelberg 3:0;
Bayer Leverkusen – 1. FC Kaiserslautern 1:0
MSV Duisburg – 1. FC Köln 0:0 n. Verl., Elfmeterschießen 4:3 für Duisburg
FC St. Pauli – 1. FC Nürnberg 2:3 n. Verl.
FC Carl Zeiss Jena – 1. FC Saarbrücken 2:1
SpVgg 05 Bad Homburg – Eintracht Braunschweig 1:5
Eisenhüttenstädter FC Stahl – Wuppertaler SV 1:1 n. Verl., Elfmeterschießen 5:4 für Eisenhüttenstadt
Werder Bremen (A) – Borussia Mönchengladbach 1:2
Rot-Weiß Essen – Schalke 04 2:0
Stuttgarter Kickers – Chemnitzer FC 1:2
SC Freiburg – Hertha BSC Berlin 2:4
Bischofswerdaer FV 08 – VfB Oldenburg 3:2
Wormatia Worms – Fortuna Düsseldorf 2:4
Rot-Weiß Frankfurt – SV Waldhof Mannheim 3:4
SpVgg Plattling – Jahn Regensburg 2:1
Sportfreunde Ricklingen – SC Verl 5:4 n. Verl.
FSV Altmark Stendal – FSV Salmrohr 0:1

3. Hauptrunde:
1. FC Nürnberg – FC Remscheid 5:2 n. Verl.;
Bayer Uerdingen – Hannover 96 0:1;
Werder Bremen – FSV Mainz 05 3:1;
Bischofswerdaer FV – Karlsruher SC 0:1 n. Verl.;
MSV Duisburg – Eintracht Braunschweig 3:1;
Rot-Weiß Essen – Eisenhüttenstädter FC Stahl 3:2
SV Meppen – Hertha BSC Berlin 2:4 n. Verl.;
Spfr. Ricklingen – Chemnitzer FC 0:2;
FSV Salmrohr – FC Homburg 0:1;
VfL Osnabrück – Borussia Mönchengladbach 4:1
Eintracht Frankfurt – SV Waldhof Mannheim 4:1 n. Verl.
SSV Ulm 1846 – Borussia Dortmund 1:3
VfR Heilbronn – Bayer Leverkusen 0:2
Fortuna Düsseldorf – Hansa Rostock 2:2 n. Verl., Elfmeterschießen 3:0 für Düsseldorf
Hertha BSC Berlin (A) – VfB Leipzig 4:2
SpVgg Plattling – FC Carl Zeiss Jena 1:3

Achtelfinale:
FC Carl Zeiss Jena – MSV Duisburg 3:2 n. Verl.;
FC Homburg – 1. FC Nürnberg 0:0 n. Verl., Elfmeterschießen 4:2 für Nürnberg;
Fortuna Düsseldorf – Karlsruher SC 0:1;
Rot-Weiß Essen – Chemnitzer FC 0:1;
Hertha BSC Berlin (A) – Hannover 96 4:3
Bayer Leverkusen – Hertha BSC Berlin 1:0
Eintracht Frankfurt – VfL Osnabrück 3:1
Werder Bremen – Borussia Dortmund 2:0

Viertelfinale:
Karlsruher SC – Eintracht Frankfurt 1:1 n. Verl., Elfmeterschießen 5:3 für Frankfurt;
FC Carl Zeiss Jena – Bayer Leverkusen 0:2;
Chemnitzer FC – Werder Bremen 2:1 n. Verl.
Hertha BSC Berlin (A) – 1. FC Nürnberg 2:1

Halbfinale:
Eintracht Frankfurt – Bayer Leverkusen 0:3;
Hertha BSC Berlin (A) – Chemnitzer FC 2:1

Finale: 12. 06. 1993, Bayer Leverkusen – Hertha BSC Berlin (A) 1:0 (0:0)

Bayer Leverkusen: Vollborn, Foda, Wörns, Kree, Fischer, Scholz, Lupescu, Hapal, Happe, Thom, Kirsten

Trainer: Stepanovic

Hertha BSC Berlin (A): Fiedler, Meyer, O. Schmidt (73. Höpfner), Nied, A. Schmidt, Kolczyk, Holzbecher, Klews, Ramelow, Kaiser, Gezen

Trainer: Ziegert

Tor: 1:0 Kirsten (77.)

Schiedsrichter: Merk (Kaiserslautern)

Zuschauer: 76 391 in Berlin

So spielte Bayer Leverkusen im Europapokal der Pokalsieger Saison 93/94:

1. Runde:	Bayer Leverkusen – Bobby Brünn 2:0	Bobby Brünn – Bayer Leverkusen 0:3
Achtelfinale:	Panatinaikos Athen – Bayer Leverkusen 1:4	Bayer Leverkusen – Panatinaikos Athen 1:2
Viertelfinale:	Benfica Lissabon – Bayer Leverkusen 1:1	Bayer Leverkusen – Benfica Lissabon 4:4

1994: SV Werder Bremen

1. Hauptrunde:
(Freilos: je 20 Bundesliga- und Amateurvereine)
1. FC Pforzheim – 1. FC Kaiserslautern 0:4;
VfL Osnabrück – Hannover 96 0:4;
SpVgg Blattlingen – FSV Mainz 05 4:3;
Werder Bremen (A) – Bayern München 1:5;
FC Remscheid – Hertha BSC 2:3;
SV Böblingen – MSV Duisburg 0:5;
SV Luttweiler – Borussia Dortmund 1:4
Bayern München (A) – FC Homburg 2:1 n. Verl.
FSV Salmrohr – 1. FC Saarbrücken 3:1
SV Sandhausen – Karlsruher SC 1:4
SpVgg Erkenschwick – Borussia Mönchengladbach 0:2
FC Kilia Kiel – FC Freiburg 0:8

2. Hauptrunde:
SV Mettlach – SG Wattenscheid 0:2;
Hertha BSC – Hamburger SV 3:5 n. Verl;
FC Schalke 04 – VfL Bochum 1:0 n. Verl;
Bayer Leverkusen – 1. FC Nürnberg 3:0
BSV Havelse – Karlsruher SC 0:3;
VfB Gaggenau – Hannover 96 1:3 n. Verl;
Dynamo Dresden – VfL Wolfsburg 0:0,
Elfmeterschießen 4:2 für Dresden;
Alemannia Aachen – 1.FC Saarbrücken 0:3;
Borussia Dortmund – Carl Zeiss Jena 0:1;
FC Freiburg – Fortuna Köln 4:1;
Spielvereinigung Marl – Borussia Fulda 3:2;
Fortuna Düsseldorf – Eintracht Frankfurt 0:2;
1. FC Bocholt – Rot-Weiß Essen 2:3;
Eintracht Haiger – MTV Elmshorn 3:1;
Sportfreunde Ricklingen – MSV Duisburg 0:1;
Eintracht Braunschweig – VfB Oldenburg 4:3;
Carl Zeiss Jena (A) – Bayern München 0:2;
VFB Stuttgart – 1. FC Kaiserslautern 2:6 n. Verl.
Werder Bremen – Stuttgarter Kickers 2:1 n. Verl.
FC Sachsen Leipzig – FC St. Pauli 2:2 n. Verl.,
Elfmeterschießen 4:3 für St. Pauli
FC Augsburg – Rot-Weiß Lüdenscheid 2:0
Darmstadt 98 – Bayern München (A) 1:2 n. Verl.
1. FC Magdeburg – Wuppertaler SV 3:3 n. Verl.,
Elfmeterschießen 5:4 für Magdeburg
Eisenhüttenstädter FC Stahl – SpVgg Unterhaching 0:2
Kickers Offenbach – SV Meppen 4:2 n. Verl
TSC Ditzingen – Hansa Rostock 0:2
FC Oberneuland – Chemnitzer FC 4:1
Greifswalder FC – TSG Feddersheim 0:2
ASV Neumarkt – Tennis Borussia Berlin 0:4
Bayer Uerdingen – VfB Leipzig 1:0
SpVgg Blattlingen – Borussia Mönchengladbach 0:3
1. FC Köln – Waldhof Mannheim 4:1

3. Hauptrunde:
FC Augsburg – Spielvereinigung Marl 3:0;
SpVgg Unterhaching – Hansa Rostock 1:2;
Bayer Uerdingen – Carl Zeiss Jena 2:3;
TSG Feddersheim – MSV Duisburg 1:3 n. Verl.;
Borussia Mönchengladbach – Karlsruher SC 1:0 n. Verl.;
Hannover 96 – Dynamo Dresden 2:3;
1. FC Magdeburg – Bayer Leverkusen 1:5;
Chemnitzer FC – SG Wattenscheid 1:2 n. Verl.;
Rot-Weiß Essen – FC St Pauli 3:2 n. Verl.;
Bayern München (A) – 1. FC Köln 0:0 n. Verl.,
Elfmeterschießen 5:4 für Bayern München
FC Schalke – Bayern München 2:3 n. Verl.
1. FC Saarbrücken – Hamburger SV 2:4
Kickers Offenbach – Werder Bremen 1:1 n. Verl.,
Elfmeterschießen 6:4 für Bremen
Eintracht Braunschweig – Tennis Borussia Berlin 0:1
Eintracht Haiger – 1. FC Kaiserslautern 1:3 n. Verl.
SC Freiburg – Eintracht Frankfurt 5:3 n. Verl.

Achtelfinale:
Dynamo Dresden – Bayern München 2:1;
Carl Zeiss Jena – SG Wattenscheid 1:0;
SC Freiburg – Hansa Rostock 3:0;
Bayern München (A) – Tennis Borussia Berlin 3:3 n. Verl.,
Elfmeterschießen 8:7 für Berlin;
Borussia Mönchengladbach – 1. FC Kaiserslautern 2:3
Werder Bremen – Hamburger SV 4:2
Rot-Weiß Essen – MSV Duisburg 4:2
FC Augsburg – Bayer Leverkusen 0:0 n. Verl.,
Elfmeterschießen 4:3 für Leverkusen

Pokal-Statistik 1994

Viertelfinale bis Finale 1994

Viertelfinale:
Werder Bremen – 1. FC Kaiserslautern 2:2, Elfmeterschießen 6:5 für Bremen;
SC Freiburg – Tennis Borussia Berlin 0:1;
Dynamo Dresden – Bayer Leverkusen 1:1, Elfmeterschießen 6:5 für Dresden
Carl-Zeiss Jena – Rot-Weiß Essen 0:0, Elfmeterschießen 6:5 für Essen

Halbfinale:
Rot-Weiß Essen – Tennis Borussia Berlin 2:0;
Dynamo Dresden – Werder Bremen 0:2

Finale: 14. 05. 1994 Werder Bremen – Rot-Weiß Essen 3:1 (2:0)

Werder Bremen: Reck, Bratseth, Beiersdorfer, Wolter, Basler (75. Wiedener), Votava, Herzog (84. Borowka), Eilts, Bode, Hobsch, Rufer
Trainer: Rehhagel

Rot-Weiß Essen: Kurth, Kügler, Jack, Pickenäcker (39. Geschlecht), Margref, Lipinski, Bangoura, Spyrka, Zedi, Reichert (49. Grein), Dondera
Trainer: Frank

Tore: 1:0 Beiersdorfer (17.), 2:0 Herzog (38.), 2:1 Bangoura (50.), 3:1 Rufer (88.)

Schiedsrichter: Amerell (München)

Zuschauer: 76 391 (in Berlin)

Die ewige Tabelle der Pokalfinalisten von 1935 bis 1994

Platz	Mannschaft	Finals
1.	1. FC Köln	10
2.	Bayern München	9
3.	FC Schalke 04	8
4.	Fortuna Düsseldorf	7
5.	Hamburger SV	6
6.	Werder Bremen	5
	Eintracht Frankfurt	5
	1. FC Kaiserslautern	5
	1. FC Nürnberg	5
10.	Bor. Mönchengladbach	4
11.	Borussia Dortmund	3
	Karlsruher SC	3
	VfB Stuttgart	3
14.	Alemannia Aachen	2
	Hertha BSC Berlin	2
	VfL Bochum	2
	Dresdner SC	2
	MSV Duisburg	2
	Rot-Weiß Essen	2
	TSV 1860 München	2
21.	Hertha BSC Berlin (A)	1
	Schwarz-Weiß Essen	1
	FSV Frankfurt	1
	LSV Hamburg	1
21.	Hannover 96	1
	Fortuna Köln	1
	VfB Leipzig	1
	Bayer 04 Leverkusen	1
	Borussia Neunkirchen	1
	Offenbacher Kickers	1
	Stuttgarter Kickers	1
	Bayer Uerdingen	1
	SV Waldhof	1
	Rapid Wien	1
	Vienna Wien	1

Die ewige Tabelle der Pokalsieger von 1935 bis 1994

Platz	Mannschaft	Siege
1.	Bayern München	8
2.	Eintracht Frankfurt	4
	1. FC Köln	4
4.	SV Werder Bremen	3
	Hamburger SV	3
	1. FC Nürnberg	3
7.	Borussia Dortmund	2
	Dresdner SC	2
	Fortuna Düsseldorf	2
	Karlsruher SC	2
	Bor. Mönchengladbach	2
	TSV 1860 München	2
	FC Schalke 04	2
	VfB Stuttgart	2
15.	Rot-Weiß Essen	1
	Schwarz-Weiß Essen	1
15.	Hannover 96	1
	1. FC Kaiserslautern	1
	VfB Leipzig	1
	Bayer 04 Leverkusen	1
	Offenbacher Kickers	1
	Bayer Uerdingen	1
	Rapid Wien	1
	Vienna Wien	1

Die ewige Tabelle der Pokalfinal-Verlierer von 1935 bis 1994

Platz	Mannschaft	Niederlagen
1.	1. FC Köln	6
	FC Schalke 04	6
3.	Fortuna Düsseldorf	5
4.	1. FC Kaiserslautern	4
5.	Hamburger SV	3
6.	Alemannia Aachen	2
	Hertha BSC Berlin	2
	VfL Bochum	2
	SV Werder Bremen	2
	MSV Duisburg	2
	Bor. Mönchengladbach	2
	1. FC Nürnberg	2
13.	Hertha BSC Berlin (A)	1
	Borussia Dortmund	1
	Rot-Weiß Essen	1
	Eintracht Frankfurt	1
	FSV Frankfurt	1
	LSV Hamburg	1
13.	Karlsruher SC	1
	Fortuna Köln	1
	FC Bayern München	1
	Borussia Neunkirchen	1
	Stuttgarter Kickers	1
	VfB Stuttgart	1
	SV Waldhof	1

Pokal-Statistik von 1935 bis 1994

Die Trainer

Die Finalteilnahmen der Trainer +++ Die Finalteilnahmen der Trainer

Finals	Name, Vorname	Jahr(e)
5	Otto Rehhagel	1980, 89, 90, 91, 94
4	Eppenhoff, Hermann	1963, 65, 66, 68
4	Feldkamp, Karl-Heinz	1981, 85, 88, 90
4	Lattek, Udo	1971, 84, 85, 86
4	Weise, Dietrich	1972, 74, 75, 78
3	Faist, Otto	1937, 41, 42
3	Klötzer, Kuno	1974, 76, 79
3	Lindemann, Hermann	1953, 57, 58
3	Weisweiler, Hennes	1973, 77, 78
2	Cajkovski, Zlatko	1966, 67
2	Frühwirth, Edi	1955, 60
2	Horvath, Ivica	1964, 72
2	Köhler, Georg	1940, 41
2	Oles, Bernd	1959, 60
2	Riemke, Alwin	1939, 40
2	Schmidt, Hans	1935, 36
2	Wurzer, Georg	1954, 58
1	Brocker, Günter	1961
1	Buchmann, Lothar	1981
1	Csernai, Pal	1982
1	Derwall, Jupp	1962
1	Eiling, Martin	1938
1	Entenmann, Willi	1986
1	Flink, Karl	1937
1	Frank, Wolfgang	1994
1	Gelsdorf, Jürgen	1992
1	Gerland, Hermann	1988
1	Gschweidl, Fritz	1943
1	Gutendorf, Rudi	1969
1	Happel, Ernst	1987
1	Hahn, Willibald	1957
1	Heddergott, Karl-Heinz	1980
1	Heynkes, Josef	1984
1	Höger, Karl	1943
1	Hohmann, Karl,	1953

Finals	Name, Vorname	Jahr
1	Janda, Ludwig	1956
1	Kessler, Georg	1977
1	Klug, Udo	1982
1	Knöpfle, Georg	1961
1	Köppel, Horst	1989
1	Kremers, Willibert	1975
1	Lorkowski, Michael	1992
1	Luppen, Martin	1983
1	Mahlmann, Günther	1956
1	Merkel, Max	1964
1	Merkle, Hans	1970
1	Michalke, Dr. Richard	1935
1	Michels, Rinus	1983
1	Multhaup, Willy	1968
1	Neumann Dr., Otto	1939
1	Nitsch, Leopold	1938
1	Patek, Adolf	1955
1	Ocwirk , Ernst	1971
1	Pfau, Oswald	1965
1	Pfaff, Heinrich	1936
1	Renner, Dieter	1987
1	Ribbeck, Erich	1976
1	Rutemöller, Erich	1991
1	Schäfer, Dr. Max	1942
1	Schmidt, Alfred	1970
1	Schneider, Josef	1967
1	Schlott, Rudi	1973
1	Stepanovic, Dragoslav	1993
1	Tippenhauer, Dieter	1979
1	Wendlandt, Hans	1959
1	Widmayer, Herbert	1962
1	Wilke, Martin	1963
1	Winkler, Karl	1954
1	Zebec, Branco	1969
1	Ziegert, Jochem	1993

Die Pokalsiege der Trainer +++ Die Pokalsiege der Trainer

Siege	Name, Vorname	Jahr(e)
3	Feldkamp, Karl-Heinz	1985, 88, 90
3	Lattek, Udo	1971, 84, 86
3	Rehhagel, Otto	1980, 91, 94
3	Weisweiler,Hennes	1973, 77, 78
2	Cajkovski, Zlatko	1966, 67
2	Weise, Dietrich	1974, 75
2	Köhler, Georg	1940, 41
2	Wurzer, Georg	1954, 58
1	Buchmann, Lothar	1981
1	Csernai, Pal	1982
1	Eppenhoff, Hermann	1965
1	Faist, Otto	1937
1	Geschweidl, Fritz	1943
1	Happel, Ernst	1987
1	Hahn, Willibald	1957
1	Hohmann, Karl	1953
1	Horvath, Ivica	1972
1	Janda, Ludwig	1956
1	Klötzer, Kuno	1976
1	Knöpfle, Georg	1961

Siege	Name, Vorname	Jahr
1	Köppel, Horst	1989
1	Lorkowski, Michael	1992
1	Merkel, Max	1964
1	Michalke, Dr. Richard	1935
1	Michels, Rinus	1983
1	Multhaup, Willy	1968
1	Nitsch, Leopold	1938
1	Oles, Bernd	1960
1	Patek, Adolf	1955
1	Pfaff, Heinrich	1936
1	Riemke, Alwin,	1939
1	Schäfer, Dr. Max	1942
1	Schmidt, Alfred	1970
1	Stepanovic, Dragoslav	1993
1	Tippenhauer, Dieter	1979
1	Wendlandt, Hans	1959
1	Widmayer, Herbert	1962
1	Wilke, Martin	1963
1	Zebec, Branco	1969

Die Finalniederlagen der Trainer +++ Die Finalniederlagen der Trainer

Niederlagen	Name, Vorname	Jahr(e)
3	Eppenhoff, Hermann	1963, 66, 68
3	Lindemann, Hermann	1953, 57, 58
2	Faist, Otto	1941, 42
2	Frühwirth, Edi	1955, 60
2	Klötzer, Kuno	1974, 79
2	Rehhagel, Otto	1989, 90
2	Schmidt, Bumbas,	1935, 36
2	Weise, Dietrich	1972, 78
1	Brocker, Günter	1961
1	Derwall, Jupp	1962
1	Eiling, Martin	1938
1	Entenmann, Willi	1986
1	Feldkamp, Karl-Heinz	1981
1	Flink, Karl	1937
1	Frank, Wolfgang	1994
1	Gelsdorf, Jürgen	1992
1	Gerland, Hermann	1988
1	Gutendorf, Rudi	1969
1	Heddergott, Karl-Heinz	1980
1	Heynckes, Josef	1984
1	Höger, Karl	1943

Niederlagen	Name, Vorname	Jahr
1	Horvath, Ivica	1964
1	Kessler, Georg	1977
1	Klug, Udo	1982
1	Kremers, Willibert	1975
1	Lattek, Udo	1985
1	Luppen, Martin	1983
1	Mahlmann, Günther,	1956
1	Merkle, Hans	1970
1	Neumann, Dr., Otto	1939
1	Ocwirk, Ernst	1971
1	Oles, Bernd	1959
1	Pfau, Oswald	1965
1	Renner, Dieter	1987
1	Ribbeck, Erich	1976
1	Riemke, Alwin	1940
1	Rutemöller, Erich	1991
1	Schlott, Rudi	1973
1	Winkler, Karl	1954
1	Schneider, Josef	1967
1	Ziegert, Jochem	1993

Pokal-Statistik von 1935 bis 1994

Die Spieler

Alle Spieler, die bei den Pokalsiegern im Finale zum Einsatz kamen

Siege	Name, Vorname	Jahr(e), Mannschaft(en)
4	Allofs, Klaus	1979, 80 Fortuna Düsseldorf, 1983 1. FC Köln, 1991 Werder Bremen
4	Beckenbauer, Franz	1966, 67, 69, 71 Bayern München
4	Brenninger, Dieter	1966, 67, 69, 71 Bayern München
4	Körbel, Karl-Heinz	1974, 75, 81, 88 Eintracht Frankfurt
4	Maier, Sepp	1966, 67, 69, 71 Bayern München
4	Müller, Gerd	1966, 67, 69, 71 Bayern München
3	Augenthaler, Klaus	1982, 84, 86 Bayern München
3	Flohe, Heinz	1968, 77, 78 1. FC Köln
3	Hölzenbein, Bernd	1974, 75, 81 Eintracht Frankfurt
3	Hoeneß, Dieter	1982, 84, 86 Bayern München
3	Konopka, Harald	1977, 78, 83 1. FC Köln
3	Kraus, Wolfgang	1974 Eintracht Frankfurt, 1982, 84 Bayern München
3	Nachtweih, Norbert	1981 Eintracht Frankfurt, 1984, 86 Bayern München
3	Neumann, Herbert	1977, 78, 83 1. FC Köln
3	Nickel, Bernd	1974, 75, 81 Eintracht Frankfurt
3	Ohlhauser, Rainer	1966, 67, 69 Bayern München
3	Olk, Werner	1966, 67, 69 Bayern München
3	Roth, Franz	1967, 69, 71 Bayern München
3	Rummenigge, Michael	1984, 86 Bayern München, 1989 Borussia Dortmund
3	Schumacher, Harald	1977, 78, 83 1. FC Köln
3	Schwarzenbeck, Georg	1967, 69, 71 Bayern München
3	Sommerlatt,Kurt	1955, 56 Karlsruher SC, 1957 Bayern München
3	Strack, Gerhard	1977, 78, 83 1. FC Köln
3	Zimmermann, Herbert	1977, 78, 83 1. FC Köln
2	Allofs, Thomas,	1979, 80 Fortuna Düsseldorf
2	Baltes, Heiner	1979, 80 Fortuna Düsseldorf
2	Baureis, Walter	1955, 56 Karlsruher SC
2	Beiersdorfer, Dietmar	1987 Hamburger SV, 1994 Werder Bremen
2	Beverungen, Klaus	1974, 75 Eintracht Frankfurt
2	Billmann, Willy	1935, 39 1. FC Nürnberg
2	Blessing, Rolf	1954, 58 VfB Stuttgart
2	Bode, Marco	1991, 94 Werder Bremen
2	Bommer, Rudolf	1979, 80 Fortuna Düsseldorf
2	Borowka, Ulrich	1991, 94 Werder Bremen
2	Bratseth, Rune	1991, 94 Werder Bremen
2	Breitner, Paul	1971, 82 Bayern München
2	Carolin, Heinz	1935, 39 1. FC Nürnberg
2	Carstens, Gustav	1940, 41 Dresdner SC
2	Cullmann, Bernd	1977, 78 1. FC Köln
2	Daniel, Jörg	1979, 80 Fortuna Düsseldorf
2	Dremmler, Wolfgang	1982, 84 Bayern München
2	Dürnberger, Bernd	1982, 84 Bayern München
2	Dzur, Walter	1940, 41 Dresdner SC
2	Eiberger, Max	1935, 39 1.FC Nürnberg
2	Eilts, Dieter	1991, 94 Werder Bremen
2	Fischer, Klaus	1972 Schalke 04, 1983 1. FC Köln
2	Fischer, Rudi	1955, 56 Karlsruher SC
2	Foda, Franco	1990 1. FC Kaiserslautern, 1993 Bayer Leverkusen
2	Geesmann, Siegfried	1955, 56 Karlsruher SC
2	Gerber, Roland	1977, 78 1. FC Köln
2	Gool, Roger van	1977, 78 1. FC Köln
2	Grabowski, Jürgen	1974, 75 Eintracht Frankfurt
2	Gußner, Karl	1935, 39 1. FC Nürnberg
2	Hempel, Heinz	1940, 41 Dresdner SC
2	Kaltz, Manfred	1976, 87 Hamburger SV
2	Köhl, Georg	1935, 39 1. FC Nürnberg
2	Köhnen, Egon	1979, 80 Fortuna Düsseldorf
2	Kohn, Anton	1955, 56 Karlsruher SC
2	Koulmann, Dieter	1966, 67 Bayern München
2	Kremers, Helmut	1970 Kickers Offenbach, 1972 Schalke 04
2	Kress, Willibald	1940, 41 Dresdner SC
2	Kroth, Thomas	1987 Hamburger SV 1989 Borussia Dortmund
2	Küppers, Hans	1959 Schwarz-Weiß Essen 1964 1860 München
2	Kupferschmidt, Peter	1966, 67 Bayern München
2	Lerby, Sören	1984, 86 Bayern München
2	Löhr, Johannes	1968, 77 1. FC Köln
2	Mathy, Reinhold	1984, 86 Bayern München
2	Miller, Karl	1940, 41 Dresdner SC
2	Müller, Dieter	1977, 78 1. FC Köln
2	Nafziger, Rudolf	1966, 67 Bayern München

Siege	Name, Vorname	Jahr(e), Mannschaft(en)
2	Neuberger, Willi	1975, 81 Eintracht Frankfurt
2	Overath, Wolfgang	1968, 77 1. FC Köln
2	Pfaff, Jean-Marie	1984, 86 Bayern München
2	Pohl, Herbert	1940, 41 Dresdner SC
2	Reck, Oliver	1991, 94 Werder Bremen
2	Reichel, Peter	1974, 75 Eintracht Frankfurt
2	Rufer, Wynton	1991, 94 Werder Bremen
2	Rummenigge, K.-H.	1982, 84 Bayern München
2	Schaffer, Heiner	1940, 41 Dresdner SC
2	Schlienz, Robert	1954, 58 VfB Stuttgart
		1957 Bayern München
2	Schmidt, Helmut	1969 Bayern München, 1970 Kickers Offenbach
2	Schön, Helmut,	1940, 41 Dresdner SC
2	Schubert, Helmut	1940, 41 Dresdner SC
2	Seel, Wolfgang	1979, 80 Fortuna Düsseldorf
2	Siedl, Gerd	1956 Karlsruher SC, 1957 Bayern München
2	Simmet, Heinz	1968, 77 1. FC Köln
2	Stein, Ulrich	1987 Hamburger SV, 1988 Eintracht Frankfurt
2	Termath, Bernhard	1953 Rot-Weiß Essen 1956 Karlsruher SC
2	Traub, Oswald	1955, 56 Karlsruher SC
2	Trinklein, Gert	1974, 75 Eintracht Frankfurt
2	Uebelein, Hans	1935, 39 1. FC Nürnberg
2	Votava, Mirko	1991, 94 Werder Bremen
2	Waldner, Erwin	1954, 58 VfB Stuttgart
2	Weidle, Roland	1974, 75 Eintracht Frankfurt
2	Weikl, Josef	1979, 80 Fortuna Düsseldorf
2	Willmer, Holger	1983 1. FC Köln, 1986 Bayern München
2	Wolter, Thomas,	1991, 94 Werder Bremen
2	Zewe, Gerd	1979, 80 Fortuna Düsseldorf
1	Abromeit, Fritz	1953 Rot-Weiß Essen
1	Albrecht, Richard	1962 1. FC Nürnberg
1	Baitinger, Otto	1954 VfB Stuttgart
1	Bansemer, Günther	1980 Fortuna Düsseldorf
1	Barth, Horst	1961 Werder Bremen
1	Barufka, Karl	1954 VfB Stuttgart
1	Basler, Mario	1994 Werder Bremen
1	Bauer, Hans	1957 Bayern München
1	Bayerer, Georg	1942 TSV 1860 München
1	Bechthold, Walter	1970 Kickers Offenbach
1	Beck, Heinz	1956 Karlsruher SC
1	Beer, Wolfgang de	1989 Borussia Dortmund
1	Beierlorzer, Bertram	1982 Bayern München
1	Berg, Walter	1937 FC Schalke 04
1	Binder, Franz	1938 Rapid Wien
1	Binz, Manfred	1988 Eintracht Frankfurt
1	Björnmose, Ole	1976 Hamburger SV
1	Blankenburg, Horst	1976 Hamburger SV
1	Boczek, Emanuel	1940 Dresdner SC
1	Bögelein, Karl	1954 VfB Stuttgart
1	Bonhof, Rainer	1973 Borussia Mönchengladbach
1	Borchers, Ronald	1981 Eintracht Frankfurt
1	Bornemann, Hans	1937 FC Schalke 04
1	Bortoli, Karl	1943 Vienna Wien
1	Botzek, Eberhard	1940 Dresdner SC
1	Boyens, Fritz	1963 Hamburger SV
1	Breidenbach, Hans	1936 VfB Leipzig
1	Breitzke, Günter	1989 Borussia Dortmund
1	Brinkmann, Norbert	1985 Bayer Uerdingen
1	Brülls, Albert	1960 Borussia Mönchengladbach
1	Brungs, Franz	1960 Borussia Mönchengladbach
1	Brunnenmeier, Rudi	1964 TSV 1860 München
1	Bühler, Walter	1954 VfB Stuttgart
1	Buttgereit, Werner	1985 Bayer Uerdingen
1	Cha, Bum-Kun	1981 Eintracht Frankfurt
1	Cyliax, Gerhard	1965 Borussia Dortmund
1	Dachlauer, Kurt	1962 1.FC Nürnberg
1	Dannenmeier, Herbert	1955 Karlsruher SC
1	Danner, Dietmar	1973 Borussia Mönchengladbach
1	Decker, Karl	1943 Vienna Wien
1	Derbfuß, Paul	1962 1. FC Nürnberg
1	Detari, Lajos	1988 Eintracht Frankfurt
1	Dickel, Norbert	1989 Borussia Dortmund
1	Djelmas, Milos	1992 Hannover 96
1	Dobermann, Erich	1936 VfB Leipzig
1	Dörfel, Bernd	1963 Hamburger SV
1	Dörfel, Richard	1943 Vienna Wien
1	Dooley, Thomas	1990 1. FC Kaiserslautern

Alle Spieler, die bei den Pokalsiegern im Finale zum Einsatz kamen

Siege	Name, Vorname	Jahr, Mannschaft
1	Dusend, Ralf	1979 Fortuna Düsseldorf
1	Eder, Norbert	1986 Bayern München
1	Ehrmann, Gerald	1990 1. FC Kaiserslautern
1	Eigl, Kurt	1976 Hamburger SV
1	Eisele, Rolf	1958 VfB Stuttgart
1	Emmerich, Lothar	1965 Borussia Dortmund
1	Engels, Stephan	1983 1. FC Köln
1	Fanz, Reinhold	1979 Fortuna Düsseldorf
1	Fazekas, Arpad	1957 Bayern München
1	Feilzer, Horst	1985 Bayer Uerdingen
1	Fendel, Helmut	1960 Borussia Mönchengladbach
1	Fichtel, Klaus	1972 Schalke 04
1	Fischer, Andreas	1993 Bayer Leverkusen
1	Fischer, Richard	1943 Vienna Wien
1	Fischer, Max	1955 Karlsruher SC
1	Flachenecker, Gustav	1962 1.FC Nürnberg
1	Freund, Oliver	1992 Hannover 96
1	Friedel, Georg	1935 1.FC Nürnberg
1	Friedmann, Kay	1990 1. FC Kaiserslautern
1	Friz, Holger	1988 Eintracht Frankfurt
1	Frontzeck, Friedhelm	1960 Borussia Mönchengladbach
1	Funkel, Friedhelm	1985 Bayer Uerdingen
1	Funkel, Wolfgang	1985 Bayer Uerdingen
1	Gabriel, Herbert	1936 VfB Leipzig
1	Gecks, Horst	1970 Kickers Offenbach
1	Geiger, Rolf	1958 VfB Stuttgart
1	Gellesch, Rudi	1937 FC Schalke
1	Giesemann, Willi	1963 Hamburger SV
1	Goebbels, Hans	1960 Borussia Mönchengladbach
1	Göbel, Willi	1953 Rot-Weiß Essen
1	Gottschalk, August	1953 Rot-Weiß Essen
1	Grobe, Wolfgang	1984 Bayern München
1	Gröbel, Gottfried	1943 Vienna Wien
1	Große, Rudolf	1936 VfB Leipzig
1	Gudmundsson, Larus	1985 Bayer Uerdingen
1	Haaren, Heinz van	1972 Schalke 04
1	Hänel, Klaus	1961 Werder Bremen
1	Hansen, Johnny	1971 Bayern München
1	Hapal, Pavel	1993 Bayer Leverkusen
1	Happe, Marcus	1993 Bayer Leverkusen
1	Hartl, Oskar	1958 VfB Stuttgart
1	Hartmann, Frank	1986 Bayern München
1	Hartmann, Frank	1983 1. FC Köln
1	Harttgen, Uwe	1991 Werder Bremen
1	Haseneder, Kurt	1962 1. FC Nürnberg
1	Heemsoth, Bernd	1992 Hannover 96
1	Heesen, Thomas von	1987 Hamburger SV
1	Heiss, Alfred	1964 1860 München
1	Helmer, Thomas	1989 Borussia Dortmund
1	Hemmersbach, Matth.	1968 1. FC Köln
1	Herkenrath, Fritz	1953 Rot-Weiß Essen
1	Herget, Matthias	1985 Bayer Uerdingen
1	Hermann, Günter	1991 Werder Bremen
1	Herzog, Andreas	1994 Werder Bremen
1	Hesse, Gerd	1956 Karlsruher SC
1	Heynckes, Josef	1973 Borussia Mönchengladbach
1	Hidien, Peter	1976 Hamburger SV
1	Hilpert, Helmut	1962 1. FC Nürnberg
1	Hinterstocker, Ludwig	1954 VfB Stuttgart
1	Hobsch, Bernd	1994 Werder Bremen
1	Hoeneß, Uli	1971 Bayern München
1	Hofer, Franz	1938 Rapid Wien
1	Hoffmann, Rudi	1958 VfB Stuttgart
1	Hofmann, Richard	1941 Dresdner SC
1	Hofstätter, Hans	1938 Rapid Wien
1	Holec, Wilhelm	1938 Rapid Wien
1	Holeschofski, Franz	1943 Vienna Wien
1	Homp, Tobias	1987 Hamburger SV
1	Hornig, Heinz	1968 1. FC Köln
1	Horsmann, Udo	1982 Bayern München
1	Hotic, Demir	1990 1. FC Kaiserslautern
1	Huber, Werner	1957 Bayern München
1	Huhse, Hartmund	1972 Schalke 04
1	Ingenbold, Heinz	1959 Schwarz-Weiß Essen
1	Islacker, Franz	1953 Rot-Weiß Essen
1	Jacobs, Ditmar	1987 Hamburger SV
1	Jähnig, Walter	1936 VfB Leipzig
1	Jagielski, Helmut	1961 Werder Bremen
1	Jahnel, Paul	1953 Rot-Weiß Essen
1	Janda, Ludwig	1942 1860 München
1	Jansen, Albert	1960 Borussia Mönchengladbach
1	Jansen, Günther	1960 Borussia Mönchengladbach
1	Jensen, Henning	1973 Borussia Mönchengladbach
1	Jobst, Rudi	1957 Bayern München
1	Jursch, Uwe	1992 Hannover 96
1	Jusufi, Sascha	1987 Hamburger SV
1	Kalb, Jürgen	1974 Eintracht Frankfurt
1	Kaller, Otto	1943 Vienna Wien
1	Kalwitzki, Ernst	1937 FC Schalke
1	Kanitz, Rolf	1942 1860 München
1	Kargus, Rudi	1976 Hamburger SV
1	Kasperski, Edmund	1959 Schwarz-Weiß Essen
1	Kastl, Manfred	1987 Hamburger SV
1	Keis, Hans	1942 1860 München
1	Kirsten, Ulf	1993 Bayer Leverkusen
1	Kleff, Wolfgang	1973 Borussia Mönchengladbach
1	Klepper, Thomas	1988 Eintracht Frankfurt
1	Klodt, Bernhard	1937 FC Schalke
1	Klöckner, Theo	1959 Schwarz-Weiß Essen
1	Klütz, Jörg-Uwe	1992 Hannover 96
1	Knauer, Willi	1957 Bayern München
1	Koch, Michael	1992 Hannover 96
1	Köchling, Willi	1953 Rot-Weiß Essen
1	Kohlhars, Wilfried	1964 1860 München
1	Kohn, Uli	1960 Borussia Mönchengladbach
1	Kokartis, Heinrich	1961 Werder Bremen
1	Konietzka, Timo	1965 Borussia Dortmund
1	Koppenhöfer, Karl-Heinz	1971 Bayern München
1	Kostner, Michael	1988 Eintracht Frankfurt
1	Kraus, Engelbert	1964 1860 München
1	Kree, Martin	1993 Bayer Leverkusen
1	Kremers, Erwin	1972 Schalke 04
1	Kretzschmar, Jörg	1992 Hannover 96
1	Kreuz, Ernst	1963 Hamburger SV
1	Krieger, Pit	1954 VfB Stuttgart
1	Krückeberg, Heinz	1942 1860 München
1	Krug, Gerhard	1963 Hamburger SV
1	Kugler, Heiner	1941 Dresdner SC
1	Kuhlmey, Mathias	1992 Hannover 96
1	Kulik, Christian	1973 Borussia Mönchengladbach
1	Kund, Willy	1939 1.FC Nürnberg
1	Kunkel, Ernst	1955 Karlsruher SC
1	Kunter, Dr. Peter	1974 Eintracht Frankfurt
1	Kuntz, Stefan	1990 1. FC Kaiserslautern
1	Kurbjuhn, Jürgen	1963 Hamburger SV
1	Kurrat, Dieter	1965 Borussia Dortmund
1	Kutowski, Günter	1989 Borussia Dortmund
1	Kuzorra, Ernst	1937 FC Schalke
1	Labbadia, Bruno	1990 1. FC Kaiserslautern
1	Landerer, Ludwig	1957 Bayern München
1	Lange de, Heinz	1960 Borussia Mönchengladbach
1	Larsen, Preben-Elkjer	1977 1.FC Köln
1	Lelle, Frank	1990 1. FC Kaiserslautern
1	Libuda, Reinhard	1972 Schalke 04
1	Littbarsky, Pierre	1983 1. FC Köln
1	Loo, Ludger van de	1985 Bayer Uerdingen
1	Loontiens, Peter	1985 Bayer Uerdingen
1	Lorant, Werner	1981 Eintracht Frankfurt
1	Lorenz, Bernd	1975 Eintracht Frankfurt
1	Luber, Georg	1939 1. FC Nürnberg
1	Lütkebohmert, Herbert	1972 Schalke 04
1	Lupescu, Ion	1993 Bayer Leverkusen
1	Lusch, Michael	1989 Borussia Dortmund
1	Luttrop, Otto	1964 1860 München
1	Lutz, Roger	1990 1. FC Kaiserslautern
1	Lux, Peter	1987 Hamburger SV
1	Machate, Fritz	1940 Dresdner SC
1	MacLeod, Murdo	1989 Borussia Dortmund
1	Manthey, Siegfried	1957 Bayern München
1	Martin, Bernd	1984 Bayern München
1	Matthäus, Lothar	1986 Bayern München
1	May, Jacob	1936 VfB Leipzig
1	Mayer, Thomas	1957 Bayern München
1	Memering, Caspar	1976 Hamburger SV
1	Merchel, Hermann	1959 Schwarz-Weiß Essen
1	Michallik, Heinz	1973 Borussia Mönchengladbach
1	Mill, Frank	1989 Borussia Dortmund
1	Möller, Andreas	1989 Borussia Dortmund
1	Mozin, Karl-Heinz	1959 Schwarz-Weiß Essen
1	Mrosko, Karl-Heinz	1971 Bayern München
1	Mühlhausen, Karl-Heinz	1960 Borussia Mönchengladbach
1	Müller, Helmut	1974 Eintracht Frankfurt
1	Müller, Manfred	1982 Bayern München
1	Munkert, Andreas	1935 1.FC Nürnberg

Pokal-Statistik von 1935 bis 1994

Alle Spieler, die bei den Pokalsiegern im Finale zum Einsatz kamen

Siege	Name, Vorname	Jahr, Mannschaft
1	Nachtwey, Walter	1961 Werder Bremen
1	Nerlinger, Helmut	1970 Kickers Offenbach
1	Netzer, Günter	1973 Borussia Mönchengladbach
1	Neubarth, Frank	1991 Werder Bremen
1	Niedermayer, Kurt	1982 Bayern München
1	Nigbur, Norbert	1972 Schalke 04
1	Noack, Rudi	1943 Vienna Wien
1	Nogly, Peter	1976 Hamburger SV
1	Nowak, Hans	1966 Bayern München
1	Oehm, Richard	1935 1.FC Nürnberg
1	Okonski, Miroslaw	1987 Hamburger SV
1	Okudera, Yasuhiko	1978 1. FC Köln
1	Pahl, Jürgen	1981 Eintracht Frankfurt
1	Paul, Wolfgang	1965 Borussia Dortmund
1	Pesser, Hans	1938 Rapid Wien
1	Pezzey, Bruno	1981 Eintracht Frankfurt
1	Pfänder, Alfred	1939 1.FC Nürnberg
1	Pfeiffer, Bert	1960 Borussia Mönchengladbach
1	Pflügler, Hans	1986 Bayern München
1	Piontek, Josef	1961 Werder Bremen
1	Pips, Gerd	1959 Schwarz-Weiß Essen
1	Pledl, Georg	1942 1860 München
1	Pörtgen, Ernst	1937 FC Schalke
1	Pott, Fritz	1968 1. FC Köln
1	Prestin, Dieter	1983 1. FC Köln
1	Praxl, Dieter	1958 VfB Stuttgart
1	Pumm, Peter	1969 Bayern München
1	Radenkovic, Petar	1964 1860 München
1	Raftl, Rudolf	1938 Rapid Wien
1	Rahn, Helmut	1953 Rot-Weiß Essen
1	Redder, Theodor	1965 Borussia Dortmund
1	Reich, Hans	1970 Kickers Offenbach
1	Reichmann, Georg	1936 VfB Leipzig
1	Reimann, Willi	1976 Hamburger SV
1	Reisch, Stefan	1962 1. FC Nürnberg
1	Retter, Erich	1954 VfB Stuttgart
1	Richter, Gerhard	1936 VfB Leipzig
1	Rigotti, Hans	1966 Bayern München
1	Rockinger, Josef	1942 1860 München
1	Rohrbach, Thomas	1974 Eintracht Frankfurt
1	Roos, Axel	1990 1. FC Kaiserslautern
1	Roth, Werner	1955 Karlsruher SC
1	Roth, Dietmar	1988 Eintracht Frankfurt
1	Rühl, Carl-Heinz	1968 1. FC Köln
1	Rüßmann, Rolf	1972 Schalke 04
1	Rummel, Manfred	1959 Schwarz-Weiß Essen
1	Rupp, Bernd	1973 Borussia Mönchengladbach
1	Ruppenstein, Heinz	1956 Karlsruher SC
1	Sabeditsch, Ernst	1943 Vienna Wien
1	Sauer, Gunnar	1991 Werder Bremen
1	Sawitzki, Günter	1958 VfB Stuttgart
1	Schäfer, Winfried	1970 Kickers Offenbach
1	Schäfer, Wolfgang	1985 Bayer Uerdingen
1	Scheer, Klaus	1972 Schalke 04
1	Scherr, Uwe	1990 1. FC Kaiserslautern
1	Schieth, Hubert	1959 Schwarz-Weiß Essen
1	Schiller, Martin	1942 1860 München
1	Schimeczek, Helmut	1961 Werder Bremen
1	Schlauf, Rudolf	1938 Rapid Wien
1	Schlindwein, Dieter	1988 Eintracht Frankfurt
1	Schmeiser, Franz	1942 1860 München
1	Schmidhuber, Engelbert	1942 1860 München
1	Schmidt, Alfred	1965 Borussia Dortmund
1	Schmitt, Egon	1970 Kickers Offenbach
1	Schmitt, Sepp	1935 1.FC Nürnberg
1	Schmitz, Hubert	1979 Fortuna Düsseldorf
1	Schmöller, Frank	1987 Hamburger SV
1	Schneider, Edgar	1971 Bayern München
1	Schnoor, Horst	1963 Hamburger SV
1	Schön, Martin	1936 VfB Leipzig
1	Schönberg-Christen-sen, Michael	1992 Hannover 96
1	Scholz, Heiko	1993 Bayer Leverkusen
1	Schors, Georg	1938 Rapid Wien
1	Schröder, Willi	1961 Werder Bremen
1	Schütz, Pico	1961 Werder Bremen
1	Schulz, Frank	1988 Eintracht Frankfurt
1	Schupp, Markus	1990 1. FC Kaiserslautern
1	Schwarzer, Hans	1943 Vienna Wien
1	Seeler, Dieter	1963 Hamburger SV
1	Seeler, Uwe	1963 Hamburger SV
1	Seibold, Günter	1939 1.FC Nürnberg
1	Sieloff, Klaus-Dieter	1973 Borussia Mönchengladbach
1	Sievers, Ralf	1988 Eintracht Frankfurt
1	Sievers, Jörg	1992 Hannover 96
1	Skoumal, Stefan	1938 Rapid Wien
1	Smolarek, Wlodzimir	1988 Eintracht Frankfurt
1	Sold, Willy	1939 1. FC Nürnberg
1	Sontow, Erny	1937 FC Schalke
1	Soskic, Milutin	1968 1. FC Köln
1	Soya, Willi	1961 Werder Bremen
1	Spieß, Willy	1935 1.FC Nürnberg
1	Sperlich, Hans-Jürgen	1976 Hamburger SV
1	Sperner, Heribert	1938 Rapid Wien
1	Stapelfeldt, Hubert	1963 Hamburger SV
1	Starek, August	1969 Bayern München
1	Steimle, Richard	1954 VfB Stuttgart
1	Steiner, Paul	1983 1. FC Köln
1	Steiner, Rudolf	1964 1860 München
1	Steinmann, Heinz	1959 Schwarz-Weiß Essen
1	Stemmer, Alfons	1964 1860 München
1	Stielike, Ulrich	1973 Borussia Mönchengladbach
1	Storck, Bernd	1989 Borussia Dortmund
1	Straschitz, Hermann	1965 Borussia Dortmund
1	Strehl, Heinz	1962 1. FC Nürnberg
1	Strittmatter, Hans	1955 Karlsruher SC
1	Stumpf, Reinhard	1990 1. FC Kaiserslautern
1	Sturm, Wilhelm	1965 Borussia Dortmund
1	Sundermann, Axel	1992 Hannover 96
1	Surmann, Karsten	1992 Hannover 96
1	Szepan, Fritz	1937 FC Schalke
1	Sziedat, Michael	1981 Eintracht Frankfurt
1	Thiele, Erich	1936 VfB Leipzig
1	Thielen, Karl-Heinz	1968 1. FC Köln
1	Thom, Andreas	1993 Bayer Leverkusen
1	Thomas, Wayne	1985 Bayer Uerdingen
1	Tibulski, Otto	1937 FC Schalke
1	Tilkowski, Hans	1965 Borussia Dortmund
1	Trimhold, Horst	1959 Schwarz-Weiß Essen
1	Turowski, Janusz	1988 Eintracht Frankfurt
1	Uebelein, Julius	1939 1.FC Nürnberg
1	Urban, Adolf	1937 FC Schalke
1	Velhorn, Peter	1957 Bayern München
1	Vogts, Hans-Hubert	1973 Borussia Mönchengladbach
1	Volkert, Georg	1976 Hamburger SV
1	Vollack, Werner	1985 Bayer Uerdingen
1	Vollborn, Rüdiger	1993 Bayer Leverkusen
1	Volz, Karlheinz	1970 Kickers Offenbach
1	Wabra, Roland	1962 1. FC Nürnberg
1	Wagner, Franz	1938 Rapid Wien
1	Wagner, Manfred	1964 1860 München
1	Weber, Günter	1968 1. FC Köln
1	Weida, Roland	1970 Kickers Offenbach
1	Weilbächer, Josef	1970 Kickers Offenbach
1	Weiner, Hans	1982 Bayern München
1	Weise, Lothar	1958 VfB Stuttgart
1	Wenauer, Ferdinand	1962 1. FC Nürnberg
1	Wenzel, Rüdiger	1980 Fortuna Düsseldorf
1	Wewers, Heinz	1953 Rot-Weiß Essen
1	Widhalm, Franz	1943 Vienna Wien
1	Wienhold, Günther	1974 Eintracht Frankfurt
1	Wiedener, Andree	1994 Werder Bremen
1	Wientjes, Clemens	1953 Rot-Weiß Essen
1	Wild, Tasso	1962 1. FC Nürnberg
1	Willimowski, Ernst	1942 1860 München
1	Wilmowius, Willi	1961 Werder Bremen
1	Wimmer, Herbert	1973 Borussia Mönchengladbach
1	Winkler, Klaus	1970 Kickers Offenbach
1	Wirtz, Heinz	1980 Fortuna Düsseldorf
1	Wöhrlin, Karl-Heinz	1985 Bayer Uerdingen
1	Wöllner, Bruno	1936 VfB Leipzig
1	Wörns, Christian	1993 Bayer Leverkusen
1	Wojcicki, Roman	1992 Hannover 96
1	Wohlfarth, Roland	1986 Bayern München
1	Wosab, Reinhold	1965 Borussia Dortmund
1	Wulf, Peter	1963 Hamburger SV
1	Zaczyk, Klaus	1976 Hamburger SV
1	Zeiser, Rudolf	1964 1860 München
1	Zobel, Rainer	1971 Bayern München
1	Zorc, Michael	1989 Borussia Dortmund

Pokal-Statistik von 1935 bis 1994

Die Torschützen

Alle Final-Torschützen der Pokalsieger +++ Alle Final-Torschützen der Pokalsieger

Tore	Name, Vorname	Finaljahr(e)
4	Müller, Gerd	1967 (2), 1969 (2)
3	Brenninger, Dieter	1966 (2), 1967
3	Eiberger, Max	1935, 1939 (2)
3	Rummenigge, Michael	1984*, 1986 (2)
3	Seeler, Uwe	1963
3	Wohlfarth, Roland	1986
2	Beckenbauer, Franz	1966, 1971
2	Beiersdorfer, Dietmar	1987, 1994
2	Dickel, Norbert	1989
2	Dremmler, Wolfgang	1984*
2	Kraus, Wolfgang	1974, 1982
2	Kremers, Helmut	1972
2	Labbadia, Bruno	1990
2	Müller, Dieter	1977 (2 Finals, je 1 Tor)
2	Noack, Rudi	1943
2	Ohlhauser, Rainer	1966, 1967
2	Rühl, Carl-Heinz	1968
2	Rufer, Wynton	1991*, 1994
2	Rummel, Manfred	1959
2	Rummenigge, Karl-Heinz	1982, 1984*
2	Termath, Bernhard	1956
2	Waldner, Erwin	1954, 1958
1	Allofs, Thomas	1980
1	Binder, Franz	1938
1	Björnmose, Ole	1976
1	Borchers, Ronald	1981
1	Borowka, Uli	1991*
1	Bratseth, Rune	1991*
1	Breitner, Paul	1982
1	Brülls, Albert	1960
1	Brunnenmeier, Rudi	1964
1	Carstens, Gustav	1941
1	Cha, Bum-kun	1981
1	Cullmann, Bernd	1978
1	Decker, Karl	1943
1	Detari, Lajos	1988
1	Djelmas, Milos	1992*
1	Eilts, Dieter	1990
1	Emmerich, Lothar	1965
1	Feilzer, Horst	1985
1	Fischer, Klaus	1972
1	Friedel, Georg	1935
1	Gabriel, Herbert	1936
1	Gecks, Horst	1970
1	Geiger, Rolf	1958
1	Gool, Roger van	1978
1	Grobe, Wolfgang	1984*
1	Harttgen, Uwe	1991*
1	Haseneder, Kurt	1962
1	Herzog, Andreas	1994
1	Hoeneß, Dieter	1982
1	Hölzenbein, Bernd	1974
1	Hofstätter, Hans	1938
1	Hornig, Heinz	1968
1	Islacker, Franz	1953
1	Jagielski, Helmut	1961
1	Jobst, Rudi	1957
1	Kalwitzki, Ernst	1937
1	Kaltz, Manfred	1987
1	Kirsten, Ulf	1993
1	Klöckner, Theo	1959
1	Kohlars, Wilfried	1964
1	Kohn, Anton	1956
1	Kohn, Uli	1960
1	Körbel, Karl-Heinz	1975
1	Kretzschmar, Jörg	1992*
1	Kugler, Heiner	1941
1	Kunkel, Ernst	1955
1	Kuntz, Stefan	1990
1	Lerby, Sören	1984*
1	Littbarski, Pierre	1983
1	Löhr, Johannes	1968
1	Lütkebohmert, Herbert	1972
1	Lusch, Michael	1989
1	Nachtweih, Norbert	1984*
1	Machate, Fritz	1940
1	Martin, Bernd	1984*
1	May, Jacob	1936
1	Mill, Frank	1989
1	Mühlhausen, Karl-Heinz	1960
1	Neuberger, Willi	1981
1	Netzer, Günther	1973
1	Nogly, Peter	1976
1	Praxl, Dieter	1958
1	Rahn, Helmut	1953
1	Schäfer, Wolfgang	1985
1	Schaffer, Heiner	1940
1	Scheer, Klaus	1972
1	Schieth, Hubert	1959
1	Schlotterbeck, Niels	1987 (Eigentor)
1	Schmidhuber, Engelbert	1942
1	Schmidt, Alfred	1965
1	Schneider, Edgar	1971
1	Schönberg-Christensen, Michael	1992*
1	Schors, Georg	1938
1	Schröder, Willi	1961
1	Seel, Wolfgang	1979
1	Sommerlatt, Kurt	1955
1	Szepan, Fritz	1937
1	Traub, Oswald	1955
1	Trimhold, Horst	1959
1	Trinklein, Gert	1974
1	Weise, Lothar	1958
1	Wenzel, Rüdiger	1980
1	Wild, Tasso	1962
1	Willimowski, Ernst	1942
1	Wimmer, Herbert	1973
1	Winkler, Klaus	1970
1	Wojcicki, Roman	1992*

* Tor im Elfmeterschießen

Pokal-Statistik von 1935 bis 1994

Schiedsrichter, Spielorte, DFB-Pokalsieger/Damen, FDGB-Pokalsieger

Alle Schiedsrichter der Pokalfinals +++ Alle Schiedsrichter der Pokalfinals

Einsätze	Name, Vorname (Ort)	Jahr(e)
3	Dusch, Albert (Kaiserslautern)	1954, 57, 60
3	Schulenburg, Gerd (Hamburg)	1959, 66, 70
2	Aldinger, Heinz (Waiblingen)	1972, 80
2	Treichel, Werner (Berlin)	1955, 58
1	Amerell, Manfred (München)	1994
1	Birlem, Alfred (Berlin)	1935
1	Biwersi, Ferdinand (Bliesransbach)	1971
1	Engel, Walter (Reimsbach)	1983
1	Eschweiler, Walter (Euskirchen)	1976
1	Fink, Helmuth (Frankfurt)	1941
1	Föckler, Werner (Weisenheim)	1985
1	Frickel, Rudolf (München)	1977 (1. Finale)
1	Fritz, Helmut (Oggersheim)	1969
1	Gabor, Peter (Berlin)	1987
1	Grabler, Hans (Regensburg)	1937
1	Heitmann, Wilfried (Drentwede)	1988
1	Hennig, Gerd (Duisburg)	1982
1	Heynemann, Bernd (Magdeburg)	1992
1	Horstmann, Walter (Groß-Escherede)	1975
1	Jakobi, Rudibert (Sandhausen)	1965
1	Joos, Horst (Stuttgart)	1981
1	Kreitlein, Rudolf (Stuttgart)	1963
1	Linn, Günter (Altendiez)	1979

Einsätze	Name, Vorname (Ort)	Jahr
1	Loser, Adi (Essen)	1956
1	Malka, Johannes (Herten)	1964
1	Merk Dr., Markus, (Kaiserslautern)	1993
1	Multer, Albert (Landau)	1942
1	Neuner, Manfred (Leimen)	1990
1	Niemeyer, Karl (Bad Godesberg)	1967
1	Ohmsen, Klaus (Hamburg),	1977 (2. Finale)
1	Pauly, Dieter (Rheydt)	1986
1	Pennig, Alois (Mannheim)	1940
1	Redelfs, Jan (Hannover)	1978
1	Reinhardt, Alois (Stuttgart)	1953
1	Riegg, Karl (Augsburg)	1968
1	Roth, Volker (Salzgitter)	1984
1	Rühle, Fritz (Merseburg)	1938
1	Schmetzer, Emil (Mannheim)	1943
1	Schmidhuber, Aaron (Ottobrunn)	1991
1	Schütz, Carl (Düsseldorf)	1939
1	Seekamp, Rolf (Bremen)	1962
1	Sparing, Günter (Kassel)	1961
1	Tritschler, Karl-Heinz (Freiburg)	1989
1	Tschenscher, Kurt (Mannheim)	1973
1	Weyland, Joachim (Oberhausen)	1974
1	Zacher, Egon (Berlin)	1936

Die Austragungsorte der DFB-Pokalendspiele

Finals	Stadt
16	Berlin
9	Hannover (1977 2 Finals)
5	Stuttgart
5	Düsseldorf
5	Frankfurt
3	Gelsenkirchen
2	Köln
2	Ludwigshafen
2	Kassel
1	Braunschweig
1	Karlsruhe
1	Augsburg

DFB-Pokalsieger/Damen

Jahr	Mannschaft
1974	TuS Wörrstadt
1975	Bonner SC
1976	Bayern München
1977	SSG Bergisch Gladbach
1978	SC Bad Neuenahr
1979	SSG Bergisch Gladbach
1980	SSG Bergisch Gladbach
1981	SSG Bergisch Gladbach
1982	SSG Bergisch Gladbach
1983	SSG Bergisch Gladbach
1984	SSG Bergisch Gladbach
1985	KBC Duisburg
1986	FSV Frankfurt
1987	TSV Siegen
1988	TSV Siegen
1989	TSV Siegen
1990	FSV Frankfurt
1991	Grün-Weiß Brauweiler
1992	FSV Frankfurt
1993	TSV Siegen
1994	Grün-Weiß Brauweiler

FDGB-Pokalsieger der ehemaligen DDR

Jahr	Mannschaft
1949	BSG Waggonbau Dessau
1950	BSG EHW Thale
1951	nicht ausgetragen
1952	SG VP Dresden
1953	nicht ausgetragen
1954	ZSK Vorwärts Berlin
1955	SC Wismuth Karl-Marx-Stadt
1956	SC Chemie Halle-Leuna
1957	SC Lok Leipzig
1958	SC Einheit Dresden
1959	SC Dynamo Berlin
1960	nicht ausgetragen
1961	SC Motor Jena
1962	SC Chemie Halle
1963	BSG Motor Zwickau
1964	SC Aufbau Magdeburg
1965	SC Aufbau Magdeburg
1966	BSG Chemie Leipzig
1967	BSG Motor Zwickau
1968	1. FC Union Berlin
1969	1. FC Magdeburg
1970	FC Vorwärts Berlin
1971	SC Dynamo Dresden
1972	FC Carl Zeiss Jena
1973	1. FC Magdeburg
1974	FC Carl Zeiss Jena
1975	BSG Sachsenring Zwickau
1976	1. FC Lok Leipzig
1977	SG Dynamo Dresden
1978	1. FC Magdeburg
1979	1. FC Magdeburg
1980	FC Carl Zeiss Jena
1981	1. FC Lok Leipzig
1982	SG Dynamo Dresden
1983	1. FC Magdeburg
1984	SG Dynamo Dresden
1985	SG Dynamo Dresden
1986	1. FC Lok Leipzig
1987	1. FC Lok Leipzig
1988	BSC Dynamo
1989	BSC Dynamo
1990	1. FC Dynamo Dresden
1991	FC Hansa Rostock

Impressum:

Autor/Herausgeber:
Ralf Grengel

Co-Autor:
Rafael Jockenhöfer

Redaktions-Assistenz:
Britta Wels

Recherche:
Daniel Gäsche
Ralf Grengel
René Hiepen
Rafael Jockenhöfer
Tina Joyeux
Markus Othmer
Thomas Reckermann

Statistik:
Stefan Backs
Simone Brackrog
Britta Wels

Idee, Konzeption, Gestaltung/Layout:
Ralf Grengel
Rafael Jockenhöfer
Gabriele Szeszkat

Covergestaltung:
motus Atelier, Berlin
Susanne Filter
Ralf Grengel

Anzeigen:
Bonifatius GmbH
Lunenburg & Partner

Gesamtherstellung:
Bonifatius GmbH, Druck · Buch · Verlag / Creator, 1994

Papier:
Galerie Art Gloss 115 g/m²
holzfrei glänzend mit Classic-Strich
chlorfrei gebleicht – TCF

Papierhersteller:
Papierfabrik Äänekoski
Metsä-Seri Paper & Board Ltd., Finnland

Die Deutsche Bibliothek – CIP-Einheitsaufnahme

Das **deutsche Wembley** : 60 Jahre Vereinspokal ; 1935 - 1994 / Ralf Grengel. – Paderborn : Creator im Bonifatius Verlag, 1994
ISBN 3-87088-833-4
NE: Grengel, Ralf

powerplay
Radio- & TV-Produktionen, Verlag GmbH
Kaiserdamm 27 · 14057 Berlin

Fotografie:
LORENZ BAADER
baumann
BONGARTZ
dpa
Jürgen Engler
HORSTMÜLLER GmbH
Schirner
SVEN SIMON
WEREK
Wilfried Witters

Peter Brenneken
firo
Günter B. Kögler
Klaus Krüger
Alfred Harder
Ferdi Hartung
Uwe Hauth
Claus-Peter Holzigel
Wolf-Rüdiger Pfrang
Hans Rauchensteiner
Kurt Schmidtpeter
Michael Sieber
Ralf Stockhoff
Herbert Sündhofer
Bernd Wende
WENHO
Heiner Witte

Archivfotos:
BVB/Kolbe
1. FC Nürnberg
1860 München
Deutsches Historisches Museum / Schirner
Dresdner SC
Rapid Wien
Süddeutscher Verlag
WAZ

Privatfotos:
Karl Decker
Rudi Fischer
Herbert Gabriel
Eckhard Psyk

CREATOR im Bonifatius Verlag
ISBN: 3-87088-833-4

Die powerplay GmbH bedankt sich bei:

Susanne Seiffert-Schirner
Norbert Seiffert
den Mitarbeitern der HORSTMÜLLER GmbH
Jürgen Engler

Klaus Allofs, Harry Bähre, Franz Beckenbauer, Franz Binder, Karl Bögelein, Michael Bolz, Rainer Bonhof, Brigitte Brädl, Norbert Brinkmann, Albert Brülls, Boris Budniok, Herbert Burdenski, Manfred Burgsmüller, Bernd Cullmann, Karl Decker, Norbert Dickel, Rolf Dittrich, Erich Dobermann, Thomas Dohren, Walter Dzur, Philipp Eibelshäuser, Max Eiberger, Kurt Emmerich, Stephan Engels, Berthold Erb, Hans-Roland Fäßler, Horst Feilzer, Klaus Fischer, Rudi Fischer, Heinz Flohe, Herbert Gabriel, Gerd Gellner, Christel Gerstenberger, Willi Giesemann, Günter Grabs, Alexa Gref, Klaus Grundgeiger, Petra Güngör, Ralf Haas, Heiner Hackmann, Claudia Harde, Matthias Herget, Christa Heinz, Alfred Heymann, Dieter Hoeneß, Heinz Ingenbold, Jörg Jacob, Helmut Jagielski, Erik Janus, Manfred Kaltz, Gerhard Kleeberg, Kuno Klötzer, Andreas Koll, Egon Köhnen, Karl-Heinz Körbel, Sabine Krause, Martin Kree, Stefan Kuntz, Hoppy Kurrat, Marko Langer, Dirk Lips, Klaus Löw, Norbert Ludwig, Karl Markgraf, Bernhard Megele, Caspar Memering, Karl Mozin, Gerd Müller, Günter Netzer, Herbert Neugart, Wolfgang Niersbach, Heinz Palme, Wolf-Rüdiger Pfrang, Georg Pledl, Toni Pointinger, Heimke Psyk, Petar Radenkovic, Theo Redder, Curt Reinisch, Stefan Reisch, Gerhard Richter, Paul Röder, Philipp Rohr, Werner Roß, Günter Sawitzki, Hubert Schieth, Wolf-Tilmann Schneider, Georg Schwarzenbeck, Johann Schwarzer, Uwe Seeler, Günther Seibold, Jörg Sievers, Kurt Sommerlatt, Hedwig Spin, Anton Stodal, Bernhard Termath, Ralf-Stefan Triesch, Karlheinz Volz, Manfred Wagner, Roland Weida, Sepp Weikl, Seppl Weilbecher, Lothar Weise, Andreas Weiß, Gerhard Welz, Heinz Wewers, Ulrich Winzer

sowie Norbert Pflippen und Lothar Matthäus